Shams Ul-Haq

»Eure Gesetze interessieren uns nicht!«

Shams Ul-Haq

»Eure Gesetze interessieren uns nicht!«

Undercover in europäischen Moscheen –
wie Muslime radikalisiert werden

orell füssli Verlag

Orell Füssli Verlag, www.ofv.ch
© 2018 Orell Füssli Sicherheitsdruck AG, Zürich
Alle Rechte vorbehalten

Umschlaggestaltung: Hauptmann & Kompanie Werbeagentur, Zürich
unter Verwendung eines Fotos von © Marco Vacca / Getty Images
Druck und Bindung: CPI books GmbH, Leck

ISBN 978-3-280-05682-0

Die Deutsche Nationalbibliothek verzeichnet diese Publikation in der Deutschen Nationalbibliografie; detaillierte bibliografische Daten sind im Internet unter www.dnb.de abrufbar.

Inhalt

»Nicht vielen gelingt es, hinter die Mauern von Moscheen zu blicken. Shams Ul-Haq hat es gewagt.«
Dr. Christoph Hein, Asienexperte und Autor, Deutschland

»Was passiert eigentlich in den Moscheen? Merkwürdigerweise wissen wir darüber nicht besonders viel. Aus falscher Rücksichtnahme ist das Thema viel zu lange unrecherchiert geblieben. Doch mit diesem erstaunlichen Buch ändert sich das, es schließt eine große Informationslücke.«
Andreas Kunz, Redaktionsleiter, Sonntagszeitung, Schweiz

»Furchtlos berichtet Shams Ul-Haq aus den Hinterzimmern der Radikalislamisten im Herzen Europas. Erschreckend und eindrücklich zugleich.«
Ingo Hasewend, Politischer Senior-Editor, Kleine Zeitung, Österreich

Vorwort

Nach zwei Jahren intensiver Undercover-Recherche war mein Buch über die Situation in den Flüchtlingsheimen Europas im Juni 2016 gerade erst erschienen. Doch ohne mir eine Atempause zu gönnen, widmete ich mich bereits wieder einem durchaus verwandten Thema. Auslöser waren mehrere Artikel in Schweizer, österreichischen und deutschen Printmedien, die darüber berichteten, dass in vielen Moscheen gezielt radikal-islamische Lehren verbreitet werden. Wer könnte besser dazu recherchieren als ein ehemaliger pakistanischer Flüchtling und gläubiger Muslim, der vor rund 30 Jahren selbst mit einem Schlepper illegal nach Deutschland gekommen war? Im Gegensatz zu mir bekommen westliche Journalisten normalerweise kaum die Chance, Kontakte zu den Verantwortlichen oder den Imamen der Moscheen aufzubauen, da diese offiziell keine Interviews geben. Und ohne diese Kontakte ist es fast unmöglich, über die Vorkommnisse in den muslimischen Gebetshäusern aus erster Hand zu berichten. Hier steht ganz einfach eine Mauer des Schweigens.

Also veränderte ich wieder ein wenig mein Äußeres. Ich ließ mir einen ansehnlichen Bart wachsen und gab mich unter anderem als Geschäftsmann aus Pakistan aus, der in der Schweiz (und in späterer Folge auch in Österreich und in Deutschland) einige Immobilien erwerben möchte. Mit dieser falschen Identität und in etwas eleganterer Garderobe als in den Flüchtlingsheimen besuchte ich über zwei Jahre verschiedene Gebetshäuser in der gesamten Schweiz, Österreich und in Deutschland. Ich betete, hielt mich in den dortigen Cafés auf, ließ mir beim ansässigen Friseur die Haare schneiden und den Bart stutzen – und betete erneut. Ich war freundlich zu jedermann, suchte den Kontakt, lud Personen auf Getränke und zum Essen ein, und ich akzeptierte Einladungen in Privathäuser. Immer darauf bedacht, meine wahre Identität als Journalist durch nichts zu verraten. Außerdem spendete ich Geld, sehr viel Geld: mehr als 100 bis 300 Euro in jeder einzelnen Moschee. Nur so ließ sich das Interesse der Imame und Vorstandsmitglieder erwecken, die bald einen besonders gläubigen Muslim in mir sahen. Letztendlich verliefen meine Recherchen über weitere zwei Jahre und kosteten mehrere Tausend Euro.

In diesem Buch beschreibe ich die Zusammenhänge, die zur Radikalisierung von Gläubigen führen können. Ich zeige Mechanismen auf, die in allen westlichen Ländern auf ähnliche Weise ablaufen. Dabei sprach ich mit Hintermännern und anderen Kontaktpersonen, um an jene Details zu gelangen, über die normalerweise nicht gesprochen wird. Um Verknüpfungen aufzudecken, über die man in den Medien meist nichts liest.

Bevor ich jedoch im Folgenden in meine umfassenden Recherchen einsteige und beschreibe, was tatsächlich in radikalen Moscheen passiert und wie ganz normale Menschen zu verbissenen Islamisten werden, möchte ich Ihnen ein paar Dinge über die Bedeutung von Moscheen für den gläubigen Muslim erzählen. Eine Frage, die ich nämlich häufig gestellt bekomme, lautet: »Warum werden Moscheen so intensiv besucht, selbst wenn es sich um ganz einfache, manchmal sogar stark renovierungsbedürftige Gebetsstätten handelt?«

Ich denke, um in dieses Buch einzutauchen, um das Prinzip der Radikalisierung überhaupt erst zu verstehen, muss man wissen, welche Rolle die Moschee für uns Muslime überhaupt einnimmt.

Die Funktion und die Rolle einer Moschee

Eine Moschee (»Ort der Niederwerfung«) ist im Islam ein ritueller Ort des gemeinschaftlichen islamischen Gebets und darüber hinaus der friedlichen, rechtlichen und lebenspraktischen Wertevermittlung im Sinne des Islam sowie ein sozialer Treffpunkt. Die erste Moschee im Islam ließ der Prophet Mohammed während seiner Umsiedlung von Mekka nach Madina (Alternativschreibweise von Medina) errichten. Die Moschee Quba nennt sich in der islamischen Historie die »Moschee der Gottesfurcht«. In derselben Zeit wurde auch eine weitere, zweite Moschee errichtet. Bauherr dieser zweiten Moschee waren die sogenannten »Heuchler« (unter diesem Begriff werden im Islam Gläubige verstanden, die den Gesetzen des Islam nur wenig Beachtung schenken oder sie in Frage stellen). Diese Heuchler wollten dem Islam Schaden zufügen und verbreiteten bereits damals falsche Glaubenssätze und eigene Propaganda unter Bezug auf den Islam. Diese Moschee nennt man in der islamischen Geschichte: die »Moschee des Schadens«, weil mit ihr versucht wurde, die Einheit der Muslime zu spalten. Auch die damaligen Muslime haben also die Erfahrung gemacht, wie manche »Luxus-Moscheen«, die von verhassten Machthabern zur Legitimierung ihrer »Islam-Treue« mit gigantischen Geldsummen gebaut wurden, das ganze Jahr leer stehen. In manchen Stellen des Korans steht auch, dass der Prophet die »Moschee des Schadens« (Masgid Darir) später demontieren ließ.

Der Missbrauch von Moscheen ist also ein sehr altes Phänomen, das der Koran selbst bereits thematisiert. In der heutigen Zeit werden zahlreiche Moscheen von Islamfeinden wie Islamisten, ISIS, al-Qaida und anderen für Hassbotschaften und falsche, islamfeindliche Propaganda benutzt. Ich, der ich selbst Moslem bin, habe einige für mich sehr überzeugende Koranzitate gefunden, die sehr gut die Frage beantworten, welche Motive mich, einen muslimischen Journalisten, dazu bewegt haben, als Undercover-Journalist in Moscheen zu recherchieren. Es gibt in Sure 9, Vers 106–107 einige konkrete Hinweise dafür. Natürlich sind die meisten muslimischen Gebetshäuser als gemäßigt anzusehen, dort wird ein friedlicher Islam gepredigt, keine Frage. Doch es gibt einen geringen Prozentsatz unter ihnen, in denen eine radikale Sichtweise vermittelt wird. Dort predigen die Imame islamistische Inhalte, die die Gläubigen aufstacheln und verblenden. Erst durch sie entstehen diese furchtbaren Auswüchse, dass junge Menschen – von der Idee des Heiligen Krieges (»Dschihad«) verblendet – freiwillig und voller Begeisterung in die Kriegsgebiete Syriens, Iraks und an viele andere Orte ziehen, um sich dort Terrororganisationen anzuschließen und andere Menschen umzubringen.

Sie denken, sie folgen damit den Anweisungen des Korans, doch tatsächlich sind sie lediglich den Worten eines Heuchlers auf den Leim gegangen. Genau diese Missstände will ich in diesem Buch aufzeigen und anprangern, indem ich versuche, die subtilen Techniken der Hassprediger (»Heuchler«) offenzulegen.

Was ich mit diesem Buch erreichen möchte

Ich habe dieses Buch geschrieben, weil ich als Journalist meinen Beitrag zur Aufklärung leisten will. Hierzu versuche ich, Missstände aufzuzeigen und auf Entwicklungen hinzuweisen, die schlecht für unsere Gesellschaft und für unsere staatliche Ordnung sind. Ich bin in Pakistan geboren, habe meine familiären Wurzeln in Indien und bin ein gläubiger Muslim. Gleichzeitig bin ich aber auch ein deutscher Staatsbürger, der diesem Land wahnsinnig viel zu verdanken hat. Aus diesem Grund fühle ich mich verpflichtet, genau die Dinge aufzudecken, die unser Land und den Frieden hier und anderswo gefährden, selbst wenn ich durch diese Enthüllungen mein Leben in Gefahr bringe. Dieses Risiko besteht durchaus, dessen bin ich mir bewusst, andererseits betrachte ich diesen Weg – meinen Kampf gegen die Heuchler – als meinen Dschihad.

Dabei hoffe ich, dass dieses Buch zum einen hilft, ein differenziertes Bild vom Islam zu entwickeln. Denn nicht die Religion selbst ist schlecht, sondern das, was einige wenige Verrückte und Verbrecher daraus machen. Zum anderen besteht eine große Gefahr, dass gerade unsere junge Generation von radikalen Islamisten gewissermaßen »übernommen« wird. Viele islamistische Gruppierungen fokussieren sich insbesondere auf junge Deutsche, Österreicher und Schweizer beiderlei Geschlechts. Und sie sind dabei – leider – ziemlich erfolgreich. Das muss sich ändern und dabei soll dieses Buch einen Beitrag leisten, indem es Aufklärung betreibt.

Und schließlich muss auch auf grundsätzlicher, auf politischer Ebene etwas passieren, wenn wir verhindern wollen, dass Anschläge wie in Berlin, München oder in Ansbach künftig häufiger vorkommen. Auch wenn der islamische Staat allem Anschein nach besiegt wurde, existiert diese Terrororganisation weiterhin, rekrutiert nach wie vor neue Glaubenskrieger. Und ist es nicht der IS, dann sind es andere Terrorgruppen – auch neue, bislang unbekannte –, die radikalisierte Muslime zu Gotteskriegern ausbilden und in den Dschihad schicken.

Man darf auch nicht vergessen, mit Moscheen können – über Spendengelder etc. – durchaus hohe Summen erwirtschaftet werden. Da so gut wie alle diese Gebetsstätten als Vereine geführt werden, lassen sie sich wirtschaftlich gut führen. Das ist auch schon der nächste Punkt, der im Fokus meiner Recherchen stand: Die Gründung eines Vereins lässt sich viel zu einfach durchführen. Die Satzungen und der Vereinszweck vieler Moscheen, die ich besuchte, stimmten nicht mit dem überein, was tatsächlich in diesen Moscheen gelebt wurde. Hier muss es künftig schärfere Kontrollen geben, und zwar bei der Neugründung wie auch bei der Umsetzung. Das bedeutet, es muss für radikale Islamisten schwerer werden, einen neuen Verein zu gründen – und damit eine neue Moschee zu eröffnen –, nachdem der bisherige Verein von den Behörden geschlossen wurde. Zudem sollte es Kontrollen geben, ob dieser Verein auch den ursprünglich angegebenen Zweck umsetzt oder nicht.

Dann ist mir auch die Ausbildung der Kinder ein wichtiges Anliegen, das ich in diesem Buch immer wieder thematisiere. Ich habe viele Beispiele erlebt, in denen Kindern ein radikaler Islam vermittelt wird. Ich sehe diese Entwicklung als ein großes Problem und ich beobachtete es viel zu häufig. Es müssen aus meiner Sicht auch dafür Lösungen geschaffen werden, dass diese Kinder geschützt werden und nicht bereits in einem Alter ab zwei Jahren derart fundamentalistischen Thesen ausgesetzt werden. Dass es sich hier nicht lediglich um Einzelfälle handelt, konnte ich im Laufe meiner Recherchen beweisen und diese Beispiele stelle ich ebenfalls vor.

Ich beginne in diesem Buch mit einer Beschreibung der Vorgänge in Österreich, genauer gesagt: in den Grazer Moscheen. Warum gerade in Graz? Natürlich existieren auch in Wien oder in anderen österreichischen Städten Moscheen mit radikalen Predigern und islamistischen Mitgliedern. Doch nirgendwo sonst stieß ich auf eine derartige Konzentration von radikal-islamischen Moscheen wie in Graz.

Da ich in diesem Buch nicht den Anspruch erhebe, ein Lexikon der radikalen Moscheen zu erstellen, sondern die Mechanismen der Radikalisierung anhand einiger Beispiele aufdecken will, konzentriere ich mich auf einige Gebetsstätten, die ich jedoch intensiv besuchte. Das betrifft auch die Schweiz und Deutschland. In diesen Ländern habe ich mich vor allem auf Winterthur, Berlin, Hamburg und Essen fokussiert.

Ich kenne die Namen der meisten Personen und Imame, doch diese Menschen vertrauten mir und gaben mir aus diesem Grund viele vertrauliche Informationen preis. Dieses Vertrauen werde ich nicht missbrauchen, daher verwende ich in diesem Buch ausschließlich frei erfundene Namen. Ich bin schließlich selbst gläubiger Muslim und möchte mit diesem Vertrauen keinen Missbrauch betreiben, indem ich diese Identitäten preisgebe. Falls die eine oder andere Person juristisch verfolgt werden sollte, ist es die Aufgabe der Polizei, die Strafverfolgung durchzuführen. Als Journalist sehe ich meine Aufgabe darin, Missstände aufzuzeigen und nicht, Personen zu verraten.

Weitere Bilder und Informationen finden Sie auf meiner Webseite http://s-haq.com

Kapitel 1

Die tschetschenische Moschee in Graz

Als ich den Raum betrat, fixierten mich etwa fünfzehn Augenpaare, allesamt Männer. Einige von ihnen starrten mich unverhohlen an, andere wiederum wandten den Blick nach wenigen Sekunden wieder ab und widmeten sich ihrer ursprünglichen Beschäftigung, während sie mich weiterhin heimlich beobachteten. So muß sich ein Schaf beim Betreten eines Schlachthauses fühlen.

Niemand sprach mich an, doch in der Luft lag Aggression und das erste Mal seit dem Beginn meiner Recherchen über die Situation der Moscheen in Deutschland, Österreich und in der Schweiz fühlte ich mich ausgesprochen unbehaglich. Meine Hände wurden feucht und meine Kehle trocken, kein gutes Zeichen.

»Wo bekomme ich bitte einen Tee?«, fragte ich einen Mann um die Fünfzig. Er trug einen langen Bart, der ihm über den Kehlkopf reichte, kurze Haare und seine Augenbrauen wuchsen über der Nase zusammen. Für einen kurzen Augenblick bildete sich oberhalb seiner Nase eine Falte. Er musterte mich und versuchte augenscheinlich, mich einzuschätzen.

»Dort hinten«, antwortete er mir in beinahe akzentfreiem Deutsch und deutete dabei gleichzeitig mit dem Kopf auf einen anderen Raum.

Die Tawhid-Moschee

Ich befand mich am 12. April 2018 das erste Mal in der »Tawhid-Moschee« in der Grazer Herrgottwiesgasse. Ein Glaubenszentrum, das von Tschetschenen besucht wird. Bei den Tschetschenen handelt es sich um eine Bevölkerungsgruppe, die ursprünglich aus dem Nordkaukasus stammt und für ihr extrem traditionelles Weltbild bekannt ist. Sie gelten im Allgemeinen als misstrauisch, aggressiv und ausgesprochen gewaltbereit. Diese auffällige Gewaltbereitschaft stellte bereits das deutsche Bundeskriminalamt (BKA) im Jahre 2017 fest, nachdem es in Deutschland gehäuft zu schweren kriminellen Auseinandersetzungen gekommen war. Auch in deutschen Flüchtlingsunterkünften sind an körperlichen Auseinandersetzungen zumeist Tschetschenen beteiligt, wie das BKA weiter feststellte.[1] Das liegt sicherlich auch daran, dass viele der Männer, die heute als Flüchtlinge in Europa leben, in einem der beiden Tschetschenienkriege kämpften, die Ende der neunziger Jahre und um die Jahrtausendwende stattfanden.[2] Diese Kriege wurden mit großer Brutalität geführt und derartige Erlebnisse hinterlassen natürlich ihre seelischen Spuren. Diese Kombination, die grundsätzliche Gewaltbereitschaft, das extrem traditionelle Weltbild und ein möglicherweise radikal-islamischer Glaube sorgten dafür, dass ich mich schon mal wohler gefühlt hatte, als ich diese Moschee aufsuchte.

Ich ging in das Hinterzimmer dieser Moschee, die rein äußerlich überhaupt nichts mit einer dieser typischen Moscheen gemein hat, sondern lediglich aus einem angemieteten ehemaligen Ladenlokal besteht. Ich bestellte mir einen Chai, einen Tee mit verschiedenen Gewürzen. In so gut wie allen islamischen Gebetshäusern befinden sich neben dem eigentlichen Gebetsraum auch andere Bereiche, in die sich die Besucher zurückziehen können. Dazu gehören ein Café, in dem man normalerweise auch eine Kleinigkeit essen kann, eine Art Kiosk, in dem es Dinge des täglichen Lebens zu kaufen gibt, und häufig finden sich hier auch noch die Unterkünfte des Imam und ein Raum, in dem der Islam- oder Koranunterricht abgehalten wird. Aus meinen Recherchen der letzten Jahre in unterschiedlichen Moscheen Europas weiß ich auch, dass diese Hinterzimmer mitunter auch dazu genutzt werden, um Drogengeschäfte abzuwickeln oder um fundamentalistische Themen zu diskutieren. Schließlich ist man hier normalerweise unter sich, ohne neugierige Besucher oder Spitzel der Polizei oder des Verfassungsschutzes. Normalerweise.

Die grundsätzliche Frage, die sich mir hier stellt: Ist der Betrieb derartiger Lokale überhaupt erlaubt oder werden diese illegal betrieben? Diese Frage stelle ich mir auch in Bezug auf steuerliche Aspekte (werden die Einnahmen überhaupt an das Finanzamt abgeführt? Gibt es Ausschanklizenzen und ähnliches?)

Nach etwa einer halben Stunde sprach mich ein junger Mann an und fragte mich, wie es mich hierher verschlagen hat. Durch meine pakistanische Herkunft falle ich mit meinem dunklen Teint inmitten der hellhäutigen Tschetschenen so auf wie ein Kanarienvogel in einem Schwarm Amseln. Ich erzählte ihm, dass ich aus Deutschland gekommen sei und jetzt in Graz studieren möchte und die verschiedenen Moscheen in der Nähe meines Wohnortes kennenlernen will. Er wollte von mir wissen, wo ich wohne, und ich sagte: »Am Griesplatz.« Er nickte, lächelte sogar, stand auf und ging.

Der Grazer Bezirk Gries zählt zu den Migrantenhochburgen der steirischen Hauptstadt und am Griesplatz treffen sie alle zusammen: die Tschetschenen, Bosnier, Syrer, Iraker, Afghanen, Pakistani, Einwanderer aus den Maghreb-Staaten und die Österreicher. Von dort aus lassen sich auch sechs Moscheen bequem zu Fuß erreichen, und genau deswegen suchte ich mir auch hier eine Wohnung.

In den nächsten Wochen besuchte ich immer wieder die Tawhid-Moschee, meist zum Morgen- oder Abendgebet, jedoch immer zum traditionellen Freitagsgebet, das vergleichbar ist mit dem sonntäglichen Kirchgang im Christentum. Dabei vermied ich es, aufzufallen, stellte keine Fragen, zeigte mich freundlich, jedoch zurückhaltend und spendete immer wieder Geldbeträge in der Höhe von zwanzig oder fünfzig Euro.

Ich wusste aus verschiedenen Zeitungsberichten, dass diese Moschee als eines der aktivsten Zentren der islamischen Radikalisierung gilt. So wurden beispielsweise im Jahre 2015 drei junge Frauen mit tschetschenischen Wurzeln aus dem Umfeld dieser Moschee verhaftet, nachdem bekannt wurde, dass sie nach Syrien ausreisen wollten, um dort in den Heiligen Krieg zu ziehen.[3] Einige Männer wurden ebenfalls in dieser Moschee radikalisiert und schlossen sich daraufhin Terrorgruppen in Syrien und im Irak an, wie man mir erzählte. Dann hörte ich noch Gerüchte über Tschetschenen, die irgendwohin innerhalb von Europa weiterzogen und im engen Kontakt mit dem IS und den Taliban stünden.

Insgesamt zählt Graz unter Experten zu einem der gefährlichsten Hotspots für islamischen Fundamentalismus in Europa. Normalerweise werden in diesem Zusammenhang immer Städte wie Berlin, Paris, Brüssel oder London genannt. Tatsächlich jedoch befindet sich in der steirischen Hauptstadt die höchste Konzentration radikalislamischer Imame, die systematisch – bereits bei Kleinkindern – fundamentalistisches Gedankengut verbreiten. Das alles findet weitgehend unter dem Radar von Polizei und Verfassungsschutz statt, denn schließlich lernen die terroristischen Vereinigungen auch dazu. So versucht die österreichische Politik dieser Entwicklung zwar Herr zu werden und führt ständige Überprüfungen von Moscheen und Imamen durch, doch die dabei erzielten Erfolge, wie etwa die Schließung von sieben türkischen Moscheen in Österreich,[4] sind dabei lediglich die Spitze eines gewaltigen Eisbergs. Außerdem halte ich das Verhalten der österreichischen Politik und der Exekutive für wenig zielführend, wie ich später noch erläutern werde.

Insgesamt hielt ich mich sechs Monate lang in Graz auf, besuchte in dieser Zeit alle 16 Moscheen in der Stadt sowie drei nicht gemeldete islamische Gebetshäuser. Natürlich konzentrierte ich mich insbesondere auf die radikal-islamischen Gebetshäuser. Von ihnen erfuhr ich über Informanten, denn einige davon existieren offiziell überhaupt nicht. Diese »Moscheen« sind meist nichts Weiteres als Hinterzimmer in irgendwelchen Wohnhäusern und deren Imame agieren weitgehend unentdeckt. Dort verbreiten sie ihre Hassbotschaften, wie ich selbst erfahren musste. Doch auch hier lernten die islamischen Fundamentalisten in den letzten Jahren einiges dazu. Hasspredigten werden heute nicht mehr verbreitet, indem der Prediger brüllend zum Dschihad – dem heiligen Krieg – gegen die Ungläubigen aufruft. Heute wissen die Imame und die Betreiber der Moscheen, dass sie sich längst im Visier staatlicher Stellen befinden und dass sich verdeckte Ermittler – V-Männer – unter die Gläubigen mischen. Heute werden islamistische Hassbotschaften weitaus subtiler verbreitet und auch darauf gehe ich an späterer Stelle in diesem Kapitel noch genauer ein.

Apropos V-Männer: Auch in der Tawhid-Moschee in der Herrgottwiesgasse treibt sich ein solcher herum, wie mir Abdul (Name verändert) später einmal erzählte. Abdul lebt bereits seit etwa sieben Jahren in Österreich, dürfte so um die sechzig Jahre sein und spricht akzeptables Deutsch. Ich baute langsam Kontakt zu ihm auf. Doch das Eis zwischen uns brach erst so richtig, als er mich am 6. Mai 2018 darum bat, ob ich mit ihm einen Freund abholen könnte. Ein wichtiger Mann, wie er mir sagte. »Außerdem sei es eilig«, ließ er mich wissen und so raste ich durch Graz, bis ich eine unscheinbare Wohngegend erreichte. Erst jetzt erfuhr ich, dass es sich bei dieser Person um den syrischen Imam Jusuf (Name verändert) handelte, der – wie ich später noch herausfand – in den meisten Grazer Moscheen eine ebenso wichtige wie undurchsichtige Rolle spielte.

Abdul wusste, dass ich ein Auto besaß, ein gewaltiger Vorteil gegenüber den meisten Besuchern der Tawhid-Moschee, die allesamt in ärmlichen Verhältnissen leben. Das drückt sich übrigens auch im Zustand der Moschee selbst aus, in der alles brüchig und zerfallen wirkt. Es ist nicht einmal genügend Geld vorhanden, um das Dach zu reparieren. Stattdessen stehen an verschiedenen Stellen Eimer, um das Wasser aufzufangen. Das somit häufig kolportierte Gerücht, Terrororganisationen wie Taliban, al-Qaida oder der IS würden europäische Moscheen mit großen Geldmengen versorgen, konnte ich in diesem Umfang bislang nicht feststellen. Mir ist zwar bekannt, dass es durchaus finanzielle Unterstützung durch Terrororganisationen gibt, jedoch nur ganz gezielt und keine mir bekannte Moschee lebt deswegen in Saus und Braus. Niemand hat etwas zu verschenken, auch keine Terrororganisation.

Ich erfuhr von Abdul, dass in der Tawhid-Moschee ein V-Mann unterwegs sein soll, und sprach ihn darauf an. Er lachte.

»Ja, das wissen wir alle«, antwortete er mir.

»Und ihr unternehmt nichts dagegen?«

»Ach Haq, er ist doch ein Bruder von uns. Glaubst du wirklich, dass auch nur eine einzige Information das Haus verlässt, ohne dass wir sie abgesegnet hätten?«

Auch das war mir übrigens nicht völlig neu. Viele Moscheen in Österreich und auch in anderen Ländern waren inzwischen von V-Leuten infiltriert worden, doch Regierungen wie Polizeiapparate haben häufig keine Ahnung, wie islamische Fundamentalisten denken und leben. Niemals würden sie ihre Brüder verraten, sie lassen sich von der Polizei nur zum Schein anwerben. In Wahrheit lachen sie sich gemeinsam mit ihren Glaubensgenossen scheckig über die Naivität der »Ungläubigen«. Vermutlich sind weit über neunzig Prozent aller V-Männer, die sich in Moscheen oder im radikal-islamischen Umfeld aufhalten, so etwas wie Doppelspione, die den Dschihad fest im Blick haben.

Koranunterricht für Kinder

Wie viele andere Moscheen führt auch die Tawhid-Moschee einen Islam- und Koranunterricht durch. Während viele Gebetshäuser den Zutritt auch für Frauen gestatten – jedoch in einem von den Männern getrennten Bereich –, steht diese Moschee nur männlichen Besuchern offen. Die einzige Ausnahme bildet dabei der Unterricht für Kinder, wobei allerdings Mädchen und Jungen strikt getrennt voneinander unterrichtet werden.

Dieser Unterricht findet für erwachsene Männer ebenso statt wie für Jugendliche und für Kinder. So lernen die Teilnehmer zum einen die Prinzipien des Islams und seine Regeln kennen, zum anderen wird im Koranunterricht das Lesen des Korans vermittelt. Dabei müssen zunächst einmal die arabischen Schriftzeichen erlernt werden, schließlich wurde der Koran auf Arabisch verfasst und sollte – wenn nur irgendwie möglich – immer im Original gelesen werden. Sobald die Teilnehmer die Schriftzeichen beherrschen und die Texte lesen können, wird ihnen der jeweilige Sinn der einzelnen Sure, also der Kapitel, vermittelt. Wie bei der Bibel können auch im Koran die Interpretationen einzelner Textstellen durchaus unterschiedlich ausfallen. Das bedeutet, ein religiöser Fundamentalist wird in diesen Texten eine andere Bedeutung erkennen als ein gemäßigter Gläubiger. Grundsätzlich treffen wir auf dieses Problem in allen Religionen, es handelt sich dabei also um kein ausschließliches Spezifikum der islamischen Religion. Das bedeutet jedoch auch, dass in den gemäßigten Moscheen eine andere Bedeutung einzelner Korantexte vermittelt wird als in radikal-islamischen Gebetshäusern.

Jetzt muss man sich vorstellen, wie ein derartiger Unterricht in einer fundamentalistischen Moschee auf zweijährige Kinder wirkt. Ich bekam in der Tawhid-Moschee mehrmals die Gelegenheit, einem derartigen Unterricht beizuwohnen. Da sitzen Mädchen und Jungen im Vorschulalter – getrennt voneinander – und der »Imam« – meist kein ausgebildeter Geistlicher, sondern ein Mitarbeiter der Moschee – erklärt ihnen, dass es ihre Pflicht als gläubige Muslime ist, alle Ungläubigen zu bekämpfen, denn nur so käme man auch ins Paradies. Welche Wirkung so etwas auf ein Kind erzielt, kann man sich vermutlich lebhaft vorstellen.

Einmal versuchte ein etwa zweijähriger Junge während des Unterrichts zu den Mädchen hinüberzulaufen. Ich vermute, er wollte zu seiner Schwester, die auf der anderen Seite des Raumes ebenfalls Koranunterricht erhielt. Nach wenigen Schritten holte ihn der Imam ein, schüttelte das Kind und schrie es an. Er mußte sich wieder hinsetzen und durfte bis zum Unterrichtsende nicht mehr aufstehen.

Grundsätzlich beginnt in derartigen Unterrichtseinheiten bereits die Radikalisierung von Kindern und natürlich auch die von Jugendlichen und Erwachsenen.

Der syrische Imam

Der syrische Imam, den ich mit Abdul gemeinsam abholte, führte auch den Unterricht mit den erwachsenen Mitgliedern der Tawhid-Moschee durch. Er war etwa 35 Jahre alt, knapp zwei Meter groß und trug einen Bart, der ihm bis zur Brust reichte. Durch seine Erscheinung fiel er jedem sofort auf, doch am besten blieben mir seine Augen in Erinnerung: Selbst wenn er lächelte, strahlten sie eine sonderbare Kälte aus. Insgesamt verhielt er sich sehr zurückhaltend, ganz anders, als man es von einem Geistlichen erwartet. Ein Gespräch kam nur zustande, wenn man ihn direkt ansprach und dann beschränkten sich seine Informationen auf das absolut Notwendige. Das typische herzliche Verhalten, das man von anderen Imamen kennt – und das man im Grunde auch erwartet –, vermisste ich bei ihm vollkommen.

Er sprach erstaunlicherweise ein perfektes Tschetschenisch und Arabisch, jedoch nur ein ausgesprochen gebrochenes Deutsch. Man erzählte mir, dass er aus Syrien extra nach Graz geholt worden war, doch niemand konnte – oder wollte – mir sagen, warum er die tschetschenische Sprache so exzellent beherrschte. Erst später fand ich heraus, dass er eine siebenjährige Ausbildung zum Imam in Tschetschenien absolviert hatte.

Die Frage, die sich dabei immer stellt, lautet: Wird diese Ausbildung in Österreich überhaupt anerkannt? Das ist nämlich nur dann der Fall, wenn es sich um eine anerkannte Schule handelt, und genau diese Frage konnte mir niemand beantworten. Dann bleibt natürlich auch offen, wer in Österreich die Ausbildung der Imame kontrolliert. Hier braucht es ein System, das garantiert, dass zumindest durch die hier erfolgende Ausbildung keine radikal-islamischen Lehren unterrichtet werden, die der jeweilige Imamschüler dann künftig weiter vermitteln könnte.

In diesem Fall blieb außerdem offen, aus welchem Grund ein Syrer ausgerechnet in Tschetschenien eine solche Ausbildung absolvierte, obwohl er die tschetschenische Sprache in der Regel überhaupt nicht beherrscht. Da man als Syrer natürlich Arabisch spricht, wäre es an sich für ihn viel leichter, diese Ausbildung in Saudi Arabien, im Oman oder in Algerien durchzuführen. Und schließlich bleibt – ganz allgemein – auch immer ungeklärt, wie ein Imam finanziert wird, wie also sein Lebensunterhalt sichergestellt wird. Mir wurde im Falle des syrischen Imams erzählt, dass die Vereinsmitglieder für ihn spenden würden und er dadurch seinen Alltag finanzieren kann. So ganz glauben konnte ich das jedoch nicht, denn er wohnte in einer eigenen Wohnung in Graz – und günstig ist das Leben in Österreich auch nicht.

Um überhaupt an vertrauliche Informationen heranzukommen, führte kein Weg daran vorbei, mit mehreren Mitgliedern ein Vertrauensverhältnis aufzubauen. Das brauchte natürlich seine Zeit, denn diese Menschen sind ausgesprochen misstrauisch. Deswegen hielt ich mich auch sechs Monate lang in Graz auf, um an sensible Informationen heranzukommen, für die ich jedoch auch bezahlen musste. Da die meisten dieser Personen ohnehin mit ihrer finanziellen Situation zu kämpfen hatten, »lieh« ich ihnen Geld. Geld, das ich nie zurückverlangte. Im Gegenzug spielten sie mir Informationen zu. Eine nicht ganz ungefährliche Sache, denn wenn man mich dabei erwischt hätte, wäre eine Tracht Prügel die wohl geringste Strafe für mich gewesen. Ohne Geld läuft letztlich gar nichts. Man muss in den Moscheen Spenden leisten, um überhaupt halbwegs akzeptiert zu werden, und dann braucht es weitere finanzielle Unterstützung für diesen oder jenen, um die Dinge zu erfahren, über die sonst niemand hier öffentlich spricht. Eine dieser Vertrauenspersonen, die ich in den sechs Monaten gewonnen hatte, erzählte mir, dass dieser Imam von Quellen aus Tschetschenien finanziert wird. Diese Information deckt sich auch damit, dass dieser Prediger während meines Aufenthalts in Graz mindestens drei Mal nach Tschetschenien reiste. Laut österreichischem Recht ist diese Form der Finanzierung jedoch illegal, da Auslandsfinanzierungen zum Erhalt von Moscheen oder zur Bezahlung von Imamen in Österreich strafbar sind. Das wissen natürlich auch die Vorstandsmitglieder der Tawhid-Moschee und setzen daher Mittelsmänner ein. Diese beschaffen das Geld aus Tschetschenien (oder aus anderen Quellen) und spenden es offiziell.

Ein weiterer Punkt, weshalb ich mir sicher bin, dass der syrische Imam aus dem Ausland finanziert wird, sind die Spenden, die diese Moschee erhält. Jeden Freitag erfolgen nach dem Gebet Spendenaufrufe an die anwesenden Gläubigen. Das ist in jeder Moschee so üblich. In der tschetschenischen Moschee – wie auch in den meisten anderen Gebetshäusern in Graz – kommen hier nur sehr kleine Summen durch die Besucher zusammen. Hier kann man eins und eins zusammenzählen, um festzustellen, dass dieses Geld nie und nimmer reicht, um den laufenden Betrieb der Moschee und den Imam zu bezahlen. Dieses Geld muss daher von außerhalb kommen, anders ist ein solcher Betrieb gar nicht möglich.

Übrigens wohnen viele Imame – und hier bildet Jusuf wohl eher die Ausnahme – direkt in der Moschee. Meist in einem Hinterzimmer. Nach meinen Recherchen sind sie deshalb auch häufig nicht offiziell angemeldet. Das bedeutet, dass sie nicht im Melderegister der jeweiligen Stadt erscheinen und daher auch im Untergrund leben. Auch viele Mitglieder werden auf diese Weise untergebracht. So befindet sich beispielsweise im Falle der Al-Nur-Moschee in Graz das Grundstück, auf dem sich diese Moschee befindet, in Privatbesitz eines Arabers. In diesem Gebäude gibt es oberhalb der Al-Nur-Moschee mehrere Wohnungen, die vom Imam und teilweise sogar von radikalisierten Muslimen bewohnt werden. Alles übrigens unter dem Radar der Behörden.

Mir fiel auch auf, dass sich um Jusuf herum immer eine Gruppe von jungen Männern aufhielt. Sie befanden sich immer dann in der Moschee, wenn dieser syrische Imam anwesend war. Auch als ich diesen Imam das erste Mal traf, als ich ihn mit Abdul gemeinsam in dessen Wohnung abholte, wurde er von einem Mann begleitet, der sich mit ihm dort aufhielt. Dass er eine für die Tschetschenen in Graz wichtige Rolle spielte, zeigte sich auch darin, da er im Vorstand der Moschee ein Mitspracherecht besaß. Auch das ist eher ungewöhnlich, denn normalerweise halten sich Imame aus der eigentlichen Vorstandstätigkeit eher heraus, um sich voll und ganz ihrer Aufgabe als Prediger widmen zu können.

An einem anderen Tag, am 26. Mai, als ich den syrischen Imam erneut mit meinem neuen Freund Abdul – diesmal von einer anderen Moschee – abholte, hielt er in der Tawhid-Moschee einen Vortrag über den Koran. Eine Art Informationsveranstaltung, zu der auch mehr Leute als sonst kamen. Obwohl er ausschließlich tschetschenisch sprach – und ich ihn nicht verstand – wurde mir sofort klar, welche Brisanz seine Worte hatten. Das zeigte mir bereits seine Mimik, die Reaktion der anderen Besucher, die sichtlich an seinen Lippen hingen, und auch die Worte »Kafir« und »Graz«. Kafir ist der arabische Ausdruck für »Ungläubige«, der von so ziemlich allen Muslimen überall auf der Welt verwendet wird. In Graz leben sie, die Ungläubigen. Darüber sprach er. Ich fragte Abdul, was der syrische Imam denn sagte, und er antwortete mir: »So allgemeine Dinge über den Koran« und wechselte schnell das Thema. Manchmal findet sich die Wahrheit in den Worten, die jemand nicht ausspricht.

Die Rolle der Frau

Insbesondere unter Tschetschenen haben sich Frauen einem ausgesprochen traditionellen Weltbild zu fügen, um es mal zurückhaltend auszudrücken. Von einigen Mitgliedern der Tawhid-Moschee erfuhr ich, dass sie ihre Ehefrauen wie Leibeigene betrachteten, die sich in der Küche aufhielten, sich um die Erziehung der Kinder kümmerten und die Wohnung sauber hielten. Aus diesem Grund hatten auch Frauen in jener Moschee nichts zu suchen. Einige Männer, mit denen ich sprach, erklärten mir, sie hätten noch nie einen Fuß in die Küche gesetzt – sie meinten das tatsächlich ernst. Auch halten sich die tschetschenischen Männer komplett aus der Kindererziehung raus. Das alles ist in ihren Augen die alleinige Aufgabe der Frau, weshalb ich oben von einer »ausgesprochen traditionellen« Lebensweise sprach.

Natürlich steht es jedem Menschen frei, wie er sein Leben lebt, keine Frage. Doch es sind in diesem Fall eben allein die tschetschenischen Ehefrauen, die ihre Kinder erziehen und ihnen ausschließlich ihre Werte vermitteln. Mit diesen Werten und Überzeugungen wachsen diese Kinder auf und finden und definieren dementsprechend ihren Platz in der Gesellschaft. Und genau an dieser Stelle halte ich dieses Rollenbild für ausgesprochen gefährlich. Diese Frauen erziehen ihre Kinder, kommen jedoch selbst nicht aus der Wohnung heraus, es sei denn, sie kaufen Lebensmittel ein. Sämtlicher Austausch über die Welt, Ereignisse, Personen und Erlebnisse findet fast ausschließlich zwischen ihren Ehemännern statt.

Wir müssen daher davon ausgehen, dass diese Kinder – die nächste Generation – ebenfalls ein derartig fundamentalistisch-eingeschränktes Weltbild entwickeln werden wie ihre Mütter, die selbst nichts anderes kennen.

Ich denke, dass man diese Situation nicht achselzuckend hinnehmen muss. Aus meiner Sicht sollten die österreichischen Behörden gerade in diesem Umfeld intensiv mit den Jugendämtern und den Sozialdiensten zusammenarbeiten. Diese Frauen müssen öfter in Kontakt mit derartigen Stellen kommen und Unterstützung erhalten. Nur so können sie sich ein umfangreicheres Bild von dem Land verschaffen, in dem sie jetzt leben. Wahrscheinlich ist dieser Vorschlag nur ein Tropfen auf dem heißen Stein, doch irgendetwas muss unternommen werden, damit diese Kinder nicht automatisch radikale Weltbilder entwickeln und schlimmstenfalls zu radikalen Islamisten heranwachsen, die die Gesellschaft um sie herum genauso ablehnen wie ihre verklärten Väter, die dieses Weltbild wiederum ihren Ehefrauen einimpfen.

Kampf gegen den politischen Islam

Die österreichische Bundesregierung, angeführt von Bundeskanzler Sebastian Kurz und seinem Vize, dem FDP-Politiker Heinz-Christian Strache, verfolgt einen rigorosen Kurs gegen den radikalen Islamismus. Die Basis dafür besteht im 2015 erneuerten Islamgesetz[5], das vor allem den Vorrang des österreichischen Gesetzes gegenüber den islamischen Glaubensrichtungen betont. Auch die Lehre des Islam in deutscher Sprache sieht dieses Gesetz vor sowie das Verbot der Auslandsfinanzierung von Moscheen und anderen Einrichtungen. Damit geht Österreich mit einer klaren Haltung zur Sache. So sollen etwa im Juni 2018 sechs Moscheen geschlossen werden und im Falle von 61 Imamen begannen die Überprüfungen, ob diese aus der Alpenrepublik ausgewiesen werden können. Grundsätzlich begrüße ich diese klare Haltung der österreichischen Regierung, jedoch könnte eine zu einseitige Vorgehensweise auch dazu führen, die Situation noch zu verschärfen, anstatt sie zu verbessern. Die Imame, die ausgewiesen werden sollen, sind häufig nicht die richtigen Leute. Die wahren Drahtzieher bleiben im Hintergrund. Die meisten jener 61 Imame sind lediglich Bauernopfer. Aus meiner Sicht sind es vielmehr einflussreiche Personen unter den Vorstandsmitgliedern, die die entscheidenden Fäden ziehen.

Von Abdul erfuhr ich etwa, dass er 2016 in Untersuchungshaft saß und man ihm vorwarf, sich an einem terroristischen Netzwerk zu beteiligen. Obwohl er kein ausgebildeter Imam ist, hielt er zeitweise Predigten vor jungen Gläubigen, eine Tätigkeit, die er auch heute noch ausübt. Er erzählte mir, dass er ihnen sagte, sie dürften als Muslime keinen Alkohol trinken, keine Drogen nehmen und sie müssten sich von den Diskotheken fernhalten. Stattdessen sollten sie lieber zum Beten in die Moschee gehen. Er gab zu, damals seine Worte in einem aggressiven Tonfall verbreitet zu haben, und das wurde ihm – seiner Darstellung nach – zum Verhängnis. Die Grazer Polizei bekam von einem V-Mann Wind von der Sache, und da sie seine Worte nicht verstanden, vermuteten sie radikal-islamische Hasspredigten und verhafteten ihn. So erzählte er es mir zumindest. Seitdem besitzt er keinen Reisepass mehr, denn dieser wurde eingezogen, weshalb er auch seinen Job verloren hatte. Auch wird er seitdem von der Polizei überwacht.

Klar ist jedoch, dass der Verdacht gegen ihn nicht erhärtet werden konnte, sonst wäre er nach so kurzer Zeit Untersuchungshaft entlassen worden. Natürlich traf es nicht nur Abdul, weitere Personen wurden ebenfalls verhaftet und auch ihnen wurde der Pass abgenommen. Auch sie befanden sich einige Zeit in Untersuchungshaft und mußten anschließend wieder freigelassen werden. Dass diese Personen allesamt künftig weitaus vorsichtiger und misstrauischer agieren, versteht sich von selbst. Solche Aktionen der Polizei führen zu nichts, hier sollten die Behörden zukünftig subtiler vorgehen. Denn derartige Aktionen wirken zwar in der österreichischen Bevölkerung durchaus positiv, weil die Exekutive mit starker Hand auftritt, bei den ohnehin fundamentalistisch ein-gestellten Muslimen sorgt dies jedoch für eine weitere Radikalisie-rung.

Die Polizei in Österreich versteht in weiten Teilen nicht die In-halte, die in den Moscheen von den Imamen verbreitet werden, und gleichzeitig denkt sie scheinbar auch nicht daran, daran etwas zu ändern. Etwa indem sie entsprechende Dolmetscher einsetzt. Noch besser wäre es, wenn sich die Politik endlich dafür einsetzen würde, dass sämtliche Predigten in den Moscheen auf Deutsch zu halten sind. Doch das passiert leider nicht, daher liegt es im Ermessen der österreichischen Exekutive, allein anhand des Tonfalles, den der Imam verwendet, Hasspredigten zu erkennen.

Dies trägt inzwischen reichlich sonderbare Blüten, denn die is-lamischen Prediger merkten selbstverständlich nach kurzer Zeit, worauf die Polizei achtet und passen dementsprechend ihre Predig-ten weitgehend an. Das bedeutet, dass wenn ein radikal-islamischer Imam in einer Grazer Moschee eine Hasspredigt gegen alle Ungläu-bigen hält, er die »kritischen« Stellen tendenziell leiser sprechen wird, während seine Tonlage sich bei harmlosen Passagen durchaus verschlägt. Diese Situation hat etwas Groteskes und ich durfte sie zum ersten Mal miterleben, als ich dem syrischen Imam in der tschetschenischen Moschee zuhörte. Dabei nahm seine Stimme ei-nen beinahe väterlich liebevollen Ton an, als er von den Kafir in Graz sprach.

In den meisten Moscheen der westlichen Länder – so natürlich auch in Graz – ist die Zeit der typischen Hassprediger im Rahmen des Freitagsgebetes längst Geschichte. Heute steht kein Imam mehr vor seinen Gläubigen und brüllt mit heiserer Stimme, dass alle Un-gläubigen abgeschlachtet werden müssen und überhaupt alle in den Heiligen Krieg – den Dschihad – ziehen sollen. Eine anschließende Verhaftung wäre die wahrscheinliche Folge und darauf lässt sich nie-mand mehr ein. Der »moderne« Hassprediger ruft nicht mehr zum Dschihad auf, vielmehr wählt er seine Worte so geschickt, dass er die Gedanken der Muslime, die ohnehin bereits von der Notwendigkeit des Dschihad überzeugt sind, in die gewünschte Richtung des radikalen Islam lenkt. Diese Prediger wurden schließlich dafür ausgebildet, die richtigen, das heißt entsprechend empfänglichen Personen zu identifizieren und diese dann schrittweise zu radikalisieren. Es handelt sich dabei um ausgesprochen versierte Psychologen, die genau wissen, welches Gift sie in die Köpfe der Menschen injizieren müssen, damit sich diese aus scheinbar eigener Initiative einer Terrororganisation anschließen. Organisationen, die ihre Mittelsmänner in allen größeren Städten in Europa haben und die mit den radikalislamischen Imamen eng zusammenarbeiten.

Das rigorose Vorgehen der Politik gegen Moscheen führte auch leider dazu, dass sich radikal-islamische Fundamentalisten nicht mehr in den Moscheen austauschen, wie es früher häufig der Fall war. Wie ich selbst mitbekommen habe, verabreden sie sich inzwischen in privaten Wohnungen. Sie wechseln immer wieder die Treffpunkte und tauschen sich dort aus. Nicht nur das, Salafisten, Hassprediger und Kontaktmänner von Terrororganisationen treffen sich in ganz normalen Geschäften, um sich auszutauschen. Beispielsweise wäre so mancher Friseur am Grazer Griesplatz sicherlich verwundert, würde er erfahren, dass in seinem Laden sehr konkrete Gespräche über die Radikalisierung junger Muslime geführt werden.

Diese Leute, die radikalen Muslime, sind ausgesprochen schlau und sie passen sich sehr schnell an, das sollte man immer bedenken.

Ich besuchte tagsüber immer wieder Vorlesungen an der Grazer Universität. Dabei wohnte ich den Vorträgen des Religionswissenschaftlers Franz Winter bei, der über den Islam und insbesondere über den Islamismus referierte. Dabei sprach er über die falschen Wege des Islam am Beispiel der Taliban, al-Qaida und einige weiteren. Diese Vorträge waren ausgesprochen interessant, Winter ist ein ausgezeichneter Kenner dieses Metiers. Was mich jedoch störte: Er sprach mit keinem Wort über die positiven Wege des Islam. Das bedeutet, dass die dort anwesenden Studenten lediglich über radikalislamische Ausrichtungen informiert wurden und nichts über den gemäßigten Weg des friedlichen Islam erfuhren.

Außerdem fand am 17. Mai 2018 um 17 Uhr eine Buchpräsentation des Werkes »Islam, Recht und Diversität« statt, die von der Universitätsleitung organisiert wurde. Leider wurde zu dieser Veranstaltung kein einziger Muslim eingeladen, vielmehr war ich dort der einzige Moslem.

Auf dem Uni Campus befindet sich neben dem Hauptgebäude ein kleiner Raum, der für die Studenten als Moschee verwendet werden darf. Diese »Moschee« befand sich jedoch unter der Leitung bosnischer Hardliner, wie ich herausfand. Auch in diesem Fall hatte der Imam mal wieder nichts zu sagen und wurde komplett von diesen bosnischen Islamisten beeinflusst.

Das bedeutet, auch der Gebetsraum auf dem Universitätscampus befindet sich zumindest tendenziell fest im Griff der Islamisten, eine Entwicklung, die ich für sehr bedenklich halte. Schließlich ist die Grazer Universität auch international bekannt und wird von vielen ausländischen Studenten besucht. Hier sollte sich die Universitätsleitung Gedanken machen, wie man dieses Problem gemeinsam mit den Behörden lösen kann.

Hassan

Doch es gibt sie leider auch, die anderen Fälle, denn nicht umsonst befindet sich die Tawhid-Moschee im Visier der Fahnder.

Ich lerne Hassan (Name verändert) am 18. April 2018 kennen, einen jungen Mann Mitte zwanzig, klein, drahtig. Wir treffen uns einige Male in der Moschee, irgendwann kommen wir ins Gespräch miteinander. Ich spreche ihn auf seine Nase an, die sichtlich mehrfach gebrochen wurde.

»Wrestling, Judo. Und wenn mir jemand blöd kommt, dann schlage ich zu. Manchmal bleibe ich liegen, doch meistens sind es die anderen, die nicht mehr aufstehen«, antwortete er mir mit einem Grinsen. Ich lade ihn öfters zum Essen ein, er erzählt mir von seiner Familie. Davon, dass er keinen Realschulabschluss hat, dass er die Schule abbrach, den Abschluss nachholen wollte und es doch nie klappte und dass er seit seiner Kindheit hier in Graz lebt. Wir gehen Billardspielen, er erwähnt beiläufig seine aktuellen finanziellen Schwierigkeiten, ich leihe ihm Geld.

Zwei seiner Freunde kamen vor kurzem ins Gefängnis, erzählte er mir.

»Warum?«, frage ich.

»Weil sie in den Dschihad gehen wollten«, antwortet er.

Ich bohre nach und erfahre, dass sie den IS unterstützten und dafür den Staat um Geld betrogen hatten. Einer der beiden half einem anderen Freund dabei, nach Syrien zu kommen, um für den IS in Syrien zu kämpfen. Damit er weiterhin die sogenannte »Notstandshilfe« (eine Leistung der österreichischen Arbeitslosenversicherung) bekommt, gab sich dieser kurzerhand für seinen Freund aus. »Sozialbetrug« nennt dass das österreichische Gesetz, »Dschihad« nannten es Hassan und sein Kumpel. Auch der zweite Freund wollte über die Türkei nach Syrien gelangen und auch dafür betrogen sie den Staat. Jetzt sitzen beide im Knast – und zwar wegen Bildung einer »kriminellen Vereinigung«, terroristischen Organisation sowie Terrorfinanzierung, wie es im Juristendeutsch genannt wird.

Hassan spricht viel über den Dschihad. Er erzählte mir, dass er früher »viel mit Frauen rumgemacht hat und auch so einige Dinge mit Alkohol und Drogen«, doch dann fand er zu seinem Glauben zurück und gelangte dadurch auf den rechten Weg, wie er es nannte.

Die Österreicher sind für ihn alle Kafir, Ungläubige. Wir saßen in einem Café am Griesplatz, als er mir davon erzählte. Dann dachte er einen Moment lang nach. »Nicht nur die Österreicher, alle hier in Europa sind Kafir«, sagte er schließlich.

»Wo fandst du zu deinem Glauben zurück, hier in der Moschee?«, fragte ich ihn.

Er nickte.

Hassan ist davon überzeugt, dass seine Kumpels unfair behandelt wurden, denn sie übten nur ihre Religion aus. »Sie verfolgen uns wegen unseres Glaubens. Weil sie Angst davor haben, dass die Wahrheit rauskommen könnte«, sagte er.

»Welche Wahrheit?«

»Dass wir in allem recht haben. Dass nur der wahre Islam die einzig richtige Religion ist und unser Weg zwangsläufig notwendig ist«, antwortete er.

»Welchen Weg meinst du«, fragte ich ihn.

»Na, der Dschihad. Was sonst?«

Er sprach darüber, dass die Imame in der Tawhid-Moschee ihm den wahren Islam vermittelten, ihm und seinen Freunden. Er deutete auch an, dass einige andere ebenfalls nach Syrien gingen und auch in andere europäische Länder weiterreisten.

»Gotteskrieger, von denen niemand etwas weiß, vor allem nicht die Polizei oder die Politik, denn die sind hier sowieso viel zu blöd dazu. Die merken nicht mal ansatzweise, was wir hier aufbauen.«

Irgendwann erzählte mir Hassan von seinem Frust. Davon, dass er nach seinem Schulabbruch unzählige Bewerbungsschreiben abgeschickt hatte und in den meisten Fällen nicht einmal eine Antwort bekam. Er wollte daraufhin weiter studieren, doch diesen Plan verwarf er schließlich. Hassan ist voller Wut. Wut auf die Behörden, auf die Kafir. Um seine Aggression unter Kontrolle zu halten, nimmt er an Kampfsport-Turnieren teil. Viele davon finden innerhalb der Moschee statt, unter Tschetschenen.

Eines Tages riet er mir, ich solle mir einen längeren Bart wachsen lassen, so wie es die meisten Tschetschenen machen.

»Damit wir uns von den Christen unterscheiden «, erklärte er.

»Im Moment ermorden die Christen viele Muslime in Syrien«, fügte er plötzlich hinzu.

»Woher weißt du das?«, fragte ich ihn.

»Ein Imam erzählte es uns«, antwortete Hassan und starrte einen Moment lang auf den Boden. »Diese Menschen werden die Strafe von Gott erhalten. Ich warte auf ein Zeichen von ihm. Nach dem Ramadan werde ich es bekommen, davon bin ich überzeugt«, sagte er schließlich. Dann hob er den Kopf und sah mich an.

Dieser Moment lässt sich nur schwer beschreiben. Als Terrorismus-Experte kam ich in der Vergangenheit mit vielen Fundamentalisten zusammen, interviewte Terroristen, sprach mit Kämpfern in

Ländern wie Oman und Pakistan, besuchte Terrorcamps im Auftrag von Nachrichtensendern. Ich kenne diesen Blick.

Für mich ist es an der Zeit, das Thema zu wechseln. »Was ist mit dem Studium, willst du es nochmal probieren?«, frage ich nach, weil mir nichts Besseres einfällt.

Hassan schüttelte den Kopf. »Das macht keinen Sinn. Ich gebe mir keine Mühe mehr. Ich warte auf das Zeichen von Gott.«

Tschetschenische Helden

Immer wieder treffe ich im Rahmen meiner Recherchen vor allem auf junge Männer, die sich an Identifikationsfiguren klammern. Meist handelt es sich dabei um Jugendliche, die ohnehin labil sind und daher besonders empfänglich für Hasspredigten radikal-islamischer Imame. Auch in der tschetschenischen Moschee in der Herrgottwiesgasse gab es diese Helden, die in den Gesprächen in den Hinterzimmern immer wieder erwähnt wurden und deren Videos untereinander geteilt wurden. Häufig handelt es sich dabei um Youtube-Videos mit Hassbotschaften gegen die Ungläubigen. Botschaften, die keinerlei Interpretationsspielraum mehr zulassen und ausschließlich einem Zweck dienen: einen radikalen Islam zu verbreiten. Jeder normal denkende Muslim würde angesichts dieser Filme diese sofort angewidert ausschalten, für bestimmte Jugendliche wirken sie jedoch wie eine Droge.

Der tschetschenische Prediger Khamzat Chumakow ist so ein Held. Er überlebte vor einigen Jahren ein Attentat, das vermutlich von der russischen Mafia verübt wurde oder vom russischen Geheimdienst, so genau kam es nie heraus. Damals explodierte eine Autobombe und er verlor ein Bein. Bereits vor diesem Attentat galt er als Salafist und danach wurden seine Botschaften immer extremer. Er ruft zum Dschihad auf, zum Terrorismus gegen alle Ungläubigen.

Seine Predigten sind brutal, laut und voller Hass. Für radikalislamische Imame sind solche Videos wichtig, denn damit versorgen sie ihre Gläubigen beinahe rund um die Uhr mit ihren Kernbotschaften. Eine Art Gehirnwäsche, die nur dann funktioniert, wenn der

Geist permanent mit solchem Müll befeuert wird. Da Khamzat Chumakow nur tschetschenisch spricht, verstand ich seine Worte nicht, ließ mir jedoch einige seiner Videos beschreiben und bereits nach wenigen Minuten reichte es mir.

Seine Videos werden auch regelmäßig im Unterricht gezeigt und auch bei Treffen von Gläubigen und Vorstandsmitgliedern wird er als Vorbild gehandelt. Hier handelt es sich nur um ein Beispiel und es gibt viele Chumakows. Wir dürfen nicht vergessen, die Radikalisierung findet inzwischen bevorzugt über die sozialen Medien statt, und da spielen derartige Videos eine wichtige Rolle.

Ausländerfeindlichkeit in Graz

Um es klar auf den Punkt zu bringen: Ich bin noch nie einer Bevölkerung begegnet, die Ausländern gegenüber so viel Wut und Hass empfindet. Dieses Thema wurde in allen Grazer Moscheen immer wieder diskutiert, in etwa vergleichbar mit dem Thema »Nationalteam« während einer Fußballweltmeisterschaft. Es verging kein Tag, an dem sich nicht irgendjemand über die »Austrian Nazis« in Graz beschwerte. Der syrische Imam wetterte besonders intensiv gegen die Ungläubigen in dieser Stadt, doch auch andere Imame sagten mir, dass die Menschen hier ein Gefühl vermittelten, als wäre der Geist Hitlers in dieser Stadt nach wie vor präsent. So hätten Ausländer kaum eine Möglichkeit, eine Wohnung zu erhalten, und sie hätten de facto kaum Chancen auf einen Arbeitsplatz in einem von einem Österreicher geführten Unternehmen. Auf der Straße würde man als Ausländer von Grazern schief angesehen. Und auch die Polizei ginge mit Immigranten weitaus härter und respektloser um, als es eigentlich notwendig wäre, wie mir von vielen Menschen – weit über dreißig – erzählt wurde.

Auch ich hatte keine Chance eine Wohnung zu mieten, obwohl ich deutscher Staatsbürger bin und als Journalist arbeite. Ausnahmslos alle österreichischen Vermieter lehnten mich sofort ab, als sie meinen pakistanischen Namen hörten. Und erst als ich auf einen ausländischen Vermieter traf, konnte ich eine Wohnung beziehen.

Einmal unterhielt ich mich in einem am Griesplatz bekannten Kulturcafé mit einem Türken. Wir redeten auf Deutsch und unterhielten uns über Religionen, als uns plötzlich eine Österreicherin lautstark anblaffte, wir sollten endlich das Maul halten.

Wie ich erfuhr, gehört diese Form der offen gezeigten Ablehnung von Ausländern in Graz inzwischen zur Tagesordnung und dadurch entstehen schließlich Gräben, die sich nur noch schwer überwinden lassen. Wenn sich nicht beide Seiten öffnen und aufeinander zugehen, werden Konflikte und Gewalttaten weiter zunehmen.

Am Ende meiner Recherchen über die Tawhid-Moschee entdeckte ich in einem frei zugänglichen Bücherregal in der Nähe eines Gebetsraumes Unterlagen, die Hinweise auf eine weitere Moschee enthielten. Ein islamisches Gebetshaus, das in den Medien als eine der fundamentalistischen Hochburgen in Österreich gilt. Gleich am nächsten Tag machte ich mich auf den Weg dorthin.

Kapitel 2

Die Moschee Subul El Salam in Graz

Als ich die »Subul El-Salam Moschee« im April betrete, dringt sofort ein verdächtiger Geruch in meine Nase. Es handelte sich dabei um den typischen Geruch von Marihuana. Es ist für mich das erste Mal, dass ich in einer Moschee Haschisch roch.

Die »Subul El Salam-Moschee« befindet sich in der Grazer Großmarktstraße Nummer 10 im Stadtteil Gries, in den Räumen eines ehemaligen Lagerhauses. Grundsätzlich geht es dort sehr eng zu und die Atmosphäre ist weit von jener entfernt, wie man sich als Außenstehender vermutlich eine Moschee vorstellt. Es existiert je ein großer Gebetsraum für Frauen und für Männer (mit jeweils separatem Eingang), die komplett mit rotem Teppich ausgelegt sind. Dort finden die Predigten sowie der Koran- und der Islamunterricht statt. Außerdem gibt es eine Art Aufenthaltsraum im hinteren Teil – vergleichbar mit einem Kiosk –, in dem man Getränke und Speisen kaufen kann, die dort frisch zubereitet werden. Dann gab es noch einen Raum, in dem der Imam mit seiner Familie wohnte, wie ich später erfuhr.

Ich folgte dem Marihuanageruch, gelangte in einen Nebenraum der Moschee und traf auf einen Mann Mitte vierzig mit längeren, gelockten Haaren und einem Bart. Als ich den Raum betrat, drückte er eine Zigarette aus, blies den Rauch aus und begrüßte mich. Ich stand da und versuchte die Situation zu überspielen, denn so etwas Groteskes hatte ich noch niemals zuvor erlebt. Mit der Zeit fand ich heraus, dass es sich bei diesem Mann um eines der Vorstandsmitglieder handelte, und ich stellte nach einigen Besuchen zudem fest, dass in dieser Moschee irgendwas nicht stimmte, denn die Mitglieder dort verhielten sich ungewöhnlich misstrauisch gegenüber allen anderen Personen, die sich dort aufhielten. Auch nachdem ich über mehrere Wochen regelmäßig dort war, sprach so gut wie niemand mit mir, und auf Fragen von mir erhielt ich lediglich einsilbige Antworten.

Das alles hatte natürlich einen guten Grund, denn die Subul El Salam-Moschee zählte zu den radikalsten Moscheen überhaupt in Österreich und vermutlich sogar in ganz Europa. Durchaus vergleichbar mit der Al-Nur-Moschee in Winterthur, über die ich im vierten Kapitel berichte. Das bedeutete, diese Männer waren bereits öfter mit Polizei und V-Männern in Kontakt gekommen und verhielten sich daher Fremden gegenüber sehr zurückhaltend.

Apropos geschlossen: Auch die Tawhid-Moschee aus dem ersten Kapitel war in der Vergangenheit bereits einmal von der österreichischen Exekutive nach einer Razzia dicht gemacht worden. Damals befand sie sich noch auf dem Lendplatz und wurde dann kurzerhand in die Herrgottwiesgasse verlegt. Die Radikalisierung in diesen Gebetshäusern wird nicht unterbunden, indem die Fundamentalisten lediglich aus diesen Räumen vertrieben werden. Sie ziehen nämlich einfach um und machen dann am neuen Ort genauso weiter wie zuvor.

Wie ich bereits im ersten Kapitel schrieb, handelt es sich bei den meisten Moscheen im deutschsprachigen Raum um keine prunkvollen Gebetshäuser, die z.B. mit katholischen Kirchen vergleichbar wären. Es handelt sich meist um einfache Zimmer in irgendwelchen ehemaligen Lagerräumen oder sogar in Wohnungen, weshalb radikale Islamisten überhaupt kein Problem damit haben, ihre Zelte an immer wieder neuen oder anderen Stellen aufzuschlagen.

Radikalisierung in der Subul El Salam-Moschee

Recherchiert man im Internet über diese Moschee in der Grazer Großmarktstraße, stößt man sehr schnell auf Berichte diverser Tageszeitungen, die von möglichen terroristischen Vereinigungen, staatsfeindlichen Verbindungen oder von Männern berichten, die von dieser Moschee direkt in den Krieg nach Syrien zogen und sich dort Terrorgruppen anschlossen. So kam es beispielsweise am 26. Januar 2017 zu einem Einsatz einer österreichischen Spezialeinheit im Grazer Bezirk Lend, bei dem 14 ehemalige Mitglieder der Subul El Salam-Moschee, die sich zu einer neuen Gruppierung – dem Verein TAQWA – zusammengeschlossen hatten, verhaftet wurden.[6]

Während meiner mehrwöchigen Recherche in dieser Moschee traf ich auf einige Salafisten und andere Gläubige, deren Gespräche mit Glaubensbrüdern auf unweigerlich radikale Tendenzen hinwiesen. So traf ich in dieser Moschee erneut auf jenen syrischen Imam, der so perfekt Tschetschenisch sprach. Er erkannte mich natürlich, ließ sich jedoch nichts anmerken. In dieser Moschee sprach er ausschließlich arabisch und auch diesmal wählte er seine Worte so geschickt, dass ihm niemand Hasspredigten vorwerfen konnte, doch seine Botschaften waren aus meiner Sicht eindeutig. Mit etwas Hintergrundwissen, das übrigens ebenso geschickt im Koranunterricht vermittelt wird (der auch in dieser Moschee stattfindet), wird jenen Gläubigen, die ohnehin bereits empfänglich für eine Radikalisierung sind, die fundamentalistische Botschaft eingepflanzt.

Mit anderen Worten ausgedrückt: Die Radikalisierung in den entsprechenden Moscheen findet in Kombination von Koran- und Islamunterricht sowie im Rahmen des Machrib und des Ischra – dem Abend- und dem Nachtgebet – statt. Wenn also ein Außenstehender, beispielsweise ein V-Mann oder ein Journalist, lediglich an den Predigten oder nur an den Unterrichtseinheiten teilnimmt, wird er höchstwahrscheinlich nichts Verdächtiges feststellen können. Erst wenn man sich die Zeit nimmt und beide Bereiche über einen gewissen Zeitraum hinweg in Anspruch nimmt, wird einem das gesamte Bild vermittelt. Das macht es übrigens für die Justiz auch so schwer, diese Imame strafrechtlich zu belangen, da staatsfeindliche Aktivitäten nicht klar bewiesen werden können.

Dieses Thema ist deswegen so wichtig, da etwa auch in der Subul El Salam-Moschee in der Großmarktstraße Unterrichtseinheiten für Kinder durchgeführt werden. Keiner der Außenstehenden – also Nicht-Mitglieder – weiß, was diesen Kindern tatsächlich vermittelt wird. Auch ich hatte keine Chance, denn als ich versuchte, diesem Unterricht als Besucher beizuwohnen, wurde ich von deren Lehrer gefragt, was ich hier zu suchen hätte, und dann unmissverständlich aufgefordert, wieder zu gehen. Bei diesem Lehrer handelte es sich übrigens um das kiffende Vorstandsmitglied.

Darin sehe ich vielleicht das größte Problem, denn wir wissen nicht, ob und wie stark diese Kinder radikalisiert werden. Schließlich handelt es sich dabei um die nächste Generation von Muslimen, die in Europa aufwachsen. Ich möchte an dieser Stelle dennoch nicht etwa behaupten, dass in diesen Moscheen kommende Generationen von Terroristen herangezüchtet werden. Wir können jedoch davon ausgehen, dass die Mädchen und Jungen in diesen radikal-islamischen Moscheen ein fundamentalistisches Weltbild vermittelt bekommen, das sich nur schwer mit dem österreichischen Gesetz in Einklang bringen lässt.

Die Imame der Subul El Salam-Moschee

Im August 2017 wurden zwei Imame in Graz verhaftet. Dabei handelte es sich um die beiden Prediger Ebu Muhammad alias Nedžad B., ein gebürtiger Wiener und ehemaliger Kickboxer, sowie um den aus Afghanistan stammende Farhad Q., in radikalen Kreisen besser bekannt unter dem Namen Abu Hamzah al-Afghani. Beide Männer waren laut meinen Recherchen auch in der Subul El Salam-Moschee aktiv. Insbesondere Ebu Muhammad unterhielt zahlreiche Kontakte zu Terrororganisationen wie dem IS sowie zu Terrorkämpfern, die aus Syrien wieder nach Österreich zurückkehrten. Auch konnte ihm nachgewiesen werden, dass er einige Gläubige direkt an die Front in Syrien und Irak vermittelte.[7]

Dabei ging es immer um den sogenannten »Dschihad«, um den Heiligen Krieg. Der Dschihad ist fest im muslimischen Glauben verwurzelt, wobei radikale Fundamentalisten diesen Begriff bevorzugt dafür nutzen, um Gläubige in eine physisch geführte Auseinandersetzung zu führen. Sozusagen »Krieg« als eine gewalttätige Auseinandersetzung, wie beispielsweise eben Kriegseinsätze an

Schauplätzen wie Syrien (normalerweise auf der Seite von Terrorgruppen) oder sogar als Aktivist im Rahmen eines Terroranschlags. In einer Sache ist sich die überwiegende Zahl islamischer Religionswissenschaftler einig: Unter »Dschihad« wird eine bestimmte geistige Haltung verstanden, die der Verteidigung der Grundwerte des Islam dient. Und logischerweise macht es einen gewaltigen Unterschied, ob man in den Dschihad zieht und mittels Worte, Schrift oder einer bestimmten Haltung die wahren Werte des Islam verteidigt, oder ob man mit einem Maschinengewehr auf Soldaten schießt oder mit einem LKW in eine Menschenmenge rast.

Auch ich habe meinen Dschihad, indem ich mitunter gefährliche Recherchen undercover durchführe und anschließend Bücher und Zeitungsartikel darüber schreibe oder Interviews dazu gebe und damit die negativen Auswüchse des Islam aufdecke. Mein Dschihad besteht also darin, mit Worten jene Menschen oder Einrichtungen zu entlarven, die im Namen der Religion Verbrechen begehen.

Nach den Verhaftungen der beiden Imame und nach den Ermittlungen der österreichischen Behörden in der Subul El Salam-Moschee waren deren Vorstandsmitglieder gezwungen, ihre bisherige Taktik zu ändern. Daraus ergaben sich zwei Konsequenzen.

Die erste bestand darin, einen Imam als offiziellen Prediger in die Moschee zu holen, der über jeden Zweifel erhaben war. Dabei handelte es sich um einen Geistlichen aus Ägypten, der seit Anfang 2018 in dieser Moschee arbeitete. Er ist Mitte Vierzig, trägt seine Haare kurz und auch sein Bart ist sehr modern geschnitten. Eine eine Art Fünf-Tage-Bart, also weit von einem Bartwuchs entfernt, wie ihn beispielsweise Salafisten für gewöhnlich tragen. Ich lernte ihn persönlich kennen und nur selten habe ich einen so freundlichen und warmherzigen Imam wie ihn getroffen. Eine ungemein nette Person, die bereits nach einem kurzen Gespräch erkennen ließ, dass sie für einen gemäßigten Islam steht. Sozusagen der ideale Prediger für eine Moschee. Da er erst seit kurzem in Österreich lebt, spricht er auch kein Deutsch, von Englischkenntnissen ganz zu schweigen.

In diesem idealen Bild existiert lediglich ein einziger Schönheitsfehler: Als ich Gespräche zwischen ihm und anderen Mitarbeitern der Moschee mitverfolgte, wurde mir sehr schnell klar, dass er so gut wie kein Mitspracherecht besaß. Das ist sehr ungewöhnlich, denn normalerweise genießen Imame hohe Autorität und das drückt sich auch in der Zusammenarbeit mit dem Vorstand aus. Auch hielt er nur in Ausnahmefällen das für die Muslime so wichtige Freitagsgebet, sondern predigte meist nur während der Woche, wenn sich nur wenige Gläubige in der Moschee aufhielten. Außerdem führte er während meiner Anwesenheit keinen einzigen Islam- oder Koranunterricht durch. Auch das ist sehr ungewöhnlich und wäre etwa so, als würde ein Busfahrer sein Fahrzeug zwar regelmäßig reinigen, jedoch so gut wie nie mit diesem fahren. Dieser Imam war nichts anderes als eine Symbolfigur, um öffentliche Stellen zum Narren zu halten.

Ich bin mir jedoch sicher, dass der Imam diese für ihn sicherlich unbefriedigende Situation gerne in Kauf nimmt. Schließlich kann er dafür mit seiner Familie in einem europäischen Land leben und bekommt dafür auch noch Geld. Wenn man bedenkt, dass alleine in Ägypten jährlich mehrere tausend Imame ihre Ausbildung abschließen – wie mir ein befreundeter Prediger vor einiger Zeit erläuterte –, dann erscheint es klar, dass diese Männer froh sind, überhaupt irgendwo unterzukommen. Ein Verbindungsmann erzählte mir, dass dieser Imam monatlich etwa 600 Euro erhält und sein Gehalt aus Ägypten überwiesen wird. Auch das ergibt Sinn, denn wie im Falle der Tawhid-Moschee erhält auch dieses Gebetshaus keine ausreichenden finanziellen Zuwendungen, um sich diesen Prediger leisten zu können. Das erfuhr ich, als ich ein Gespräch zwischen Mitgliedern des Vorstandes belauschen konnte, die darüber stritten, wie sie die prekäre Finanzlage in den Griff bekommen könnten. Es kam außerdem häufiger zu teilweise lautstarken Auseinandersetzungen in der Cafeteria der Moschee, die immer die Zukunft dieser Moschee zum Thema hatten.

Vor dem Hintergrund dieser schwierigen Ausgangslage wird dieser Imam wohl auch froh gewesen sein, nicht in die Vorstandsarbeit hineingezogen zu werden.

Die Zusammenarbeit mit der Tawhid-Moschee

Die zweite Konsequenz bestand für die Subul El Salam-Moschee darin, eine enge Kooperation mit der tschetschenischen Moschee einzugehen, obwohl sich die Tawhid-Moschee ebenfalls unter Beobachtung der österreichischen Behörden befand. Ich fand die Verbindung zwischen den beiden Gebetshäusern heraus, als ich entsprechende Unterlagen jüngeren Datums in der tschetschenischen Moschee entdeckte, wie ich am Ende des ersten Kapitels schon erwähnte. Darunter befanden sich Vereinsrichtlinien, Vereinsregister und Anmeldebestätigungen. Diese dokumentierten die Verbindung zwischen den beiden Moscheen, die jeweils als Vereine geführt werden, einige Vorstandsmitglieder waren in beiden Moscheen eingetragen. Außerdem handelte es sich auch um mehr als um einen bloßen Zufall, dass sich sensible Vereinsunterlagen der Subul El Salam-Moschee in der Tawhid-Moschee wiederfanden. Dazu wollte ich natürlich mehr erfahren und tatsächlich bestätigte mir ein Mitglied, dass die Vorstände beider Vereine eng zusammenarbeiteten und sich abwechselnd in den beiden Moscheen trafen. Wobei ich in meiner sechsmonatigen Recherche in Graz feststellen konnte, dass sich diese beiden Moscheen herzlich wenig um ihre Vereinssatzung kümmerten und stattdessen ihre ganz eigenen Interessen verfolgten. Das betrifft übrigens so gut wie alle Moscheen in Graz, wie ich erfuhr. Häufig werden sie offiziell lediglich als Kulturvereine geführt, betreiben jedoch tatsächlich stattdessen ausschließlich eine Moschee. Manche geben sich nach außen hin auch als Verein aus, obwohl sie überhaupt keinen Vereinsstatus besitzen. Ein Beispiel dafür ist die afghanische Moschee, über die ich im Laufe des Kapitels noch berichten werde.

Die Vorstände der Subul El Salam- und der Tawhid-Moschee arbeiten also eng zusammen, wobei die meisten Besprechungen nicht direkt in den Gebetshäusern stattfanden, sondern in den Privatwohnungen von Vorstandsmitgliedern abgehalten wurden. Eine davon befindet sich gleich hinter der Subul El Salam-Moschee. Dazu musste man lediglich einen schmalen Bach überqueren, der hinter dem ehemaligen Lagerhaus verläuft, um so direkt zu einem der Treffpunkte zu gelangen. Da diese Treffen vorwiegend im Geheimen stattfanden, kann davon ausgegangen werden, dass die Vorstandsmitglieder etwas zu verbergen hatten. Auch eine Situation, die ich bereits von der radikal-islamischen Al-Nur-Moschee in Winterthur kannte.

Hohe Besucherzahlen während der Freitagsgebete

Grundsätzlich stellte ich fest, dass sämtliche Grazer Moscheen gut besucht wurden, vor allem an dem für Muslime so wichtigen Freitagsgebet. Durchschnittlich 200 Besucher – Männer, Frauen und Kinder – wohnten den Freitagsgebeten bei. Eine Zahl, von der christliche Kirchen häufig nur träumen können. Während der Woche kamen jedoch immer nur relativ wenige Gläubige in die Moscheen, vor allem, wenn es sich um bekanntermaßen radikal-islamische Gebetshäuser handelte. Ein Grund dafür dürfte sein, dass die meisten dieser Begegnungsstätten auch der Polizei bekannt sind und die Gläubigen wenig Lust verspüren, von der österreichischen Exekutive befragt oder sogar verhaftet zu werden.

Bei der Subul El Salam-Moschee wunderte mich außerdem, wie viele Frauen und Kinder dort anzutreffen waren. Es gab dort – wie in so ziemlich allen anderen Moscheen auch – einen eigenen Eingang für die Frauen. Doch wurde ich das Gefühl nicht los, dass die Frauen hier weitaus aktiver waren als die Männer. Das ist untypisch und ich konnte keine Begründung dafür finden, außer der überdurchschnittlich hohen Zahl an Kindern, die dort ebenfalls unterrichtet wurden. Leider war es mir unmöglich herauszufinden, wer die Frauen und die Mädchen unterrichtete, denn in gemäßigten Moscheen übernehmen diese Aufgaben häufig weibliche Imame. In der Subul El Salam-Moschee gab mir niemand darüber Auskunft, und sobald ich danach fragte, wurde schnell das Thema gewechselt. Dieses Verhalten blieb mir schleierhaft, denn es ist schließlich nichts dabei, ob ein Imam oder eine Imamin den Islam- und Koranunterricht durchführt. Der einzige Grund für diese seltsame Verschwiegenheit könnte darin liegen, dass in diesen Unterrichtseinheiten bereits eine gezielte Radikalisierung durchgeführt wurde und ich – als Außenstehender – sollte nichts darüber erfahren. Das würde auch erklären, weshalb man nicht wollte, dass ich dem Unterricht mit den Kindern beiwohnte.

Jeden Freitag war insbesondere die Moschee in der Großkreuzstraße ungemein gut besucht, es herrschte dort beinahe Volksfeststimmung. Der Grund dafür lag auch darin, dass nach dem Freitagsgebet immer ein gemeinsames Essen stattfand, das in dem Kiosk in einem der Hinterzimmer zubereitet wurde. Dort gab es dann für alle Gläubigen Pizza, die vor allem bei den Kindern für Begeisterung sorgte.

Man möchte unter sich bleiben

Generell lässt sich feststellen, dass in einer gemäßigten Moschee die Türen für jeden Besucher grundsätzlich offen stehen. Das bedeutet, niemanden wird der Eintritt verwehrt – ganz gleich welchen Glaubens –, es finden Tage der offenen Türe statt, die Imame gehen freundlich auf sämtliche Fragen ein. Nur Moscheen, die etwas zu verbergen haben, zeigen sich auch verschlossen. Ihre Imame vermeiden jeglichen Kontakt oder antworten ausgesprochen schmallippig auf Anfragen augenscheinlich Ungläubiger. So eine Moschee ist etwa die bosnische Moschee in Graz, auf die ich im dritten Kapitel ausführliche eingehen werde. Meist ist sie tagsüber ohnehin verschlossen oder man wird an der Tür abgewiesen. Wenn der ägyptische Imam anwesend ist, dann gibt dieser natürlich auf freundliche Weise Auskunft, wobei es sich dabei – dieses Gefühl wurde ich die ganze Zeit über nicht los – meist um abgesprochene Phrasen handelte. Diese Moschee birgt viele Geheimnisse, da sich die Mitglieder sehr verschwiegen zeigen. Vor allem bleibt die Frage ungeklärt, was den Kindern gelehrt wird und welche Rolle dabei die Frauen spielen.

Natürlich gibt es die gemäßigten, die offenen Moscheen, wie etwa das islamische Kulturzentrum in Graz, ein beeindruckendes Gebäude übrigens. Dort findet man genau das vor, was ich vorhin als positives Beispiel beschrieb, doch auch dazu mehr im dritten Kapitel. Zuvor widme ich mich noch einer weiteren Moschee, die zu den radikal-islamischen Gebetshäusern zu zählen ist.

Die afghanische Moschee

Die fundamentalistischen Taliban befinden sich in Afghanistan weiterhin auf dem Vormarsch. Ein Grund dafür dürfte in der geringen Alphabetisierungsrate in diesem Land liegen. So beenden etwa 35 Prozent der Kinder nicht die Grundschule und nach offiziellen Angaben können etwa 42 Prozent der Erwachsenen weder lesen noch schreiben. Das sind immerhin 70 Millionen Menschen.[8] Angesichts dieser Zahlen ist der ungebrochen rege Zulauf zu den Taliban nicht sonderlich überraschend. Geschätzte 80 000 Kämpfer stehen der radikal-islamischen Terrororganisation zur Verfügung. Schließlich sind diese Menschen besonders leicht zu beeinflussen und außerdem besitzen sie nur schlechte Zukunftsaussichten. Da eine große Zahl von Afghanen als Flüchtlinge auch in die deutschsprachigen Länder kommt, befinden sich auch viele Analphabeten unter ihnen. Wie ich feststellen konnte, waren die meisten Gläubigen in der afghanischen Moschee weder des Schreibens noch des Lesens mächtig. Darin liegt logischerweise eine Menge Zündstoff, vor allem, wenn in diesem Gebetshaus Fundamentalisten am Werk sein sollten.

Als ich die Moschee im April betrat, traf ich nach wenigen Minuten auf den Imam und dachte, ich sehe nicht richtig: Er sah aus wie ein Doppelgänger des 2011 getöteten Terroristen Osama bin Laden, auch wenn er etwas älter wirkte (ich schätzte ihn auf sechzig). Schal, Bart und seine Kleidung wirkten täuschend ähnlich. So etwas hatte ich zuvor noch nicht erlebt. Doch Äußerlichkeiten allein lassen natürlich keinen Hinweis darauf zu, welche Einstellungen jemand besitzt. Während meiner kurzen Unterhaltung mit ihm wirkte er freundlich und offen. Dieser Geistliche gab sich zwar durchaus freundlich, verhielt sich jedoch ausgesprochen überlegt mir gegenüber. Wenn ich mit ihm sprach, hatte ich immer das Gefühl, er dachte sehr genau darüber nach, was er mir sagte. In jedem Fall war ich mir sicher, dass er mir nicht vertraute.

Mit der Zeit fand ich außerdem heraus, dass er überhaupt keine Ausbildung als Imam hatte. Er war also lediglich ein Laienprediger, der sich alles selbst beibrachte.

Die afghanische Moschee befindet sich in der Grazer Ungargasse 6 und ist von außen nicht als solche zu erkennen. Sie zählt zu den vielen illegalen Moscheen, also zu jenen Einrichtungen, die offiziell weder als Moschee noch als Kulturverein geführt werden. Diese Gebetshäuser genießen zwar keine staatliche Unterstützung oder sonstige Förderungen, können jedoch beinahe ungestört arbeiten, weil sie meist unter dem Radar von Verfassungsschutz und Polizei agieren. Läuft man die Ungargasse entlang, kommt man zunächst an einer Kneipe vorbei, passiert dann einen Friseurladen, um dann einige Meter später direkt vor der afghanischen Moschee zu stehen: einem ehemaligen Ladenlokal mit brauner Fassade. Lediglich die Menschen aus der näheren Umgebung kennen diese Moschee, und auch ich wurde erst durch einen Bekannten auf sie aufmerksam gemacht. Als ich sie das erste Mal besuchte, klopfte ich an der Türe und es dauerte einen Augenblick, bis sich jemand auf der anderen Seite meldete. Durch die verschlossene Tür wurde ich gefragt, was ich hier wolle. Erst als ich sagte, ich sei neu in der Stadt und hätte die Adresse von einem Freund erhalten, öffnete sich die Türe. Auch diese Moschee besuchte ich mehrmals und immer traf ich – neben Afghanen – auf viele Bosnier und Albaner, die in so ziemlich allen Grazer Moscheen anzutreffen waren und auch insgesamt sehr aktiv sind.

Die afghanische Moschee selbst besteht aus einem Raum, in dem die Predigten sowie der Islam- und Koranunterricht stattfinden. Alles ist sehr klein und sehr einfach gehalten. Großes Thema an diesem Tag war ein Anschlag im afghanischen Kundus wenige Tage vor meinem ersten Besuch, bei dem viele Kinder starben. Da die Männer hier weitaus offener waren als in der Tawhid- oder in der Subul El Salam-Moschee, kam ich mit den Mitgliedern sehr schnell ins Gespräch. Natürlich spendete ich auch hier regelmäßig nach dem Freitagsgebet Geld, das besonders in der afghanischen Moschee dankend angenommen wurde.

So baute ich auch relativ schnell zu einigen Mitgliedern ein herzliches Verhältnis auf und erfuhr, dass der »Vorstand« aus lediglich zwei Personen bestand. Nämlich aus zwei Afghanen, die sämtliche Geschicke dieser Moschee lenkten. Damit meine ich nicht nur die übliche Vereinsarbeit, sondern sie sagten dem Imam auch, was er zu predigen habe und wie er sich den Leuten gegenüber verhalten solle. Ihre Vorgaben gehen so weit, dass sie ihm sogar die Predigten für das Freitagsgebet vorschreiben und welche Inhalte im Islam- und Koranunterricht (der immer sonntags stattfindet) an die Gläubigen vermittelt werden sollen.

An einer dieser sonntäglichen Unterrichtseinheiten war ich anwesend und sah etwa 30 junge Mädchen und Frauen, die dort unterrichtet wurden. Auch die beiden Vorstandsmitglieder waren anwesend und kontrollierten gut erkennbar, was in diesem Unterricht alles besprochen wurde.

Ein Vorstand ist Mitte sechzig, relativ klein und trägt einen weißen Bart. Der andere ist etwa 45 Jahre alt und spricht perfektes Deutsch mit starkem österreichischen Akzent. Er ist es auch, der die Kinder unterrichtet.

Ein besonders junges Publikum

Mir fiel vor allem auf, dass im Rahmen der Freitagsgebete sehr viele junge Männer im Alter von 18 bis 30 Jahren anwesend waren. Sie machten weit mehr als die Hälfte der anwesenden Gläubigen aus, etwas, was ich in bislang keiner anderen Moschee hatte beobachten können. Weder hier in Graz noch sonst wo in Europa. Ich halte diese Feststellung auch deshalb für bemerkenswert, da in dieser Moschee mit Sicherheit systematische Radikalisierungen durchgeführt werden. Jedenfalls wiesen die Predigten der verschiedenen Imame, aber auch die Unterrichtseinheiten, die inzwischen typischen Anzeichen dafür auf, aber auch im grundsätzlichen Verhalten der Mitglieder sprach einiges dafür. Dazu zählte das Misstrauen, das man Besuchern entgegenbrachte, die stets verschlossenen Türen, die eher auf einen Privatklub hindeuteten als auf eine islamische Moschee, aber auch die Art und Weise, wie der Koran interpretiert wurde. Die Gebete selbst sprachen die Imame in der bereits typisch ruhigen Weise, die ich zuvor schon in anderen radikal-islamischen Moscheen kennengelernt hatte. Die Inhalte waren subtil und unterschwellig aggressiv und erst in Kombination mit den Unterrichtseinheiten ergab alles einen Sinn. Jedenfalls was die radikal-islamischen Botschaften anging.

Unter den Gläubigen in der afghanischen Moschee befanden sich auch außerordentlich viele Flüchtlinge, die teilweise erst seit kurzer Zeit in Graz lebten. Manche davon erst Teenager, die ganz allein aus Afghanistan oder aus Syrien hierhergekommen waren.

Wiedersehen im Grazer Stadtpark

Mit einigen von ihnen kam ich nach ein paar Wochen immer häufiger ins Gespräch und es entwickelte sich eine Art Freundschaft, obwohl diese Männer stets darauf achteten, nicht zu viel über die Moschee und deren Hintermänner zu erzählen. Dennoch fand ich heraus, dass nach dem Machrib, also nach dem Abendgebet, häufiger Treffen in einem der Hinterzimmer oder manchmal in Privatwohnungen zwischen dem Imam und Gläubigen stattfanden. Das alles halte ich für ausgesprochen kritisch, da es sich um junge Menschen handelt, die normalerweise besonders leicht beeinflussbar sind. Vor allem, wenn sie ohnehin vom Krieg traumatisiert sind und völlig allein in einem für sie vollkommen fremden Land leben müssen.

Stellen Sie sich vor, es verschlägt Sie – aus welchen Gründen auch immer – nach China, dann versuchen Sie wahrscheinlich auch, Gleichgesinnte zu finden. Menschen, mit denen Sie sich austauschen können, die Ihre Sprache sprechen und deren Kultur und Gebräuche Ihnen vertraut sind. Wenn Sie dann auch noch Zukunftsängste plagen und Sie sich womöglich von der chinesischen Regierung ungerecht behandelt fühlen, werden Sie vermutlich eher bereit sein, jemandem Gehör zu schenken, dessen Worte Balsam für Ihre Seele sind. Genau so ergeht es den meisten Jugendlichen und den Flüchtlingen sowieso. Das weiß ich zumindest aus meinen Undercover-Recherchen in europäischen Flüchtlingsheimen, die ich vor etwa zwei Jahren durchführte. Jetzt schenkte ihnen in dieser Moschee sogar der Imam, eine absolute Autorität für gläubige Muslime, seine Zeit, und das sogar noch nach dem Abendgebet. Was in den Köpfen dieser jungen Männer vorgeht, kann man sich sicher gut vorstellen.

Einer der Flüchtlinge, den ich mehrmals zum Essen außerhalb der Moschee einlud, erzählte mir von einem Freund, der unter den Taliban kämpfte und als Flüchtling nach Graz gekommen war. Ob er tatsächlich einen Kumpel meinte oder in Wahrheit von sich selbst erzählte, konnte ich nicht restlos klären. Ich kenne einige ehemalige Frontkämpfer, die sich meist durch ganz bestimmte Verhaltenszüge verraten, die dieser Mann – nennen wir ihn an dieser Stelle »Ahmad« – ebenfalls aufwies.

Ich traf Ahmad zufällig einige Tage nach unserem Gespräch im Grazer Stadtpark, eine Parkanlage mit einer Fläche von über 12 Hektar. Wir unterhielten uns und schließlich erzählte er mir, dass dieser Park vollständig in der Hand von Afghanen sei. Natürlich fiel mir schon vorher auf, dass sich dort besonders viele Flüchtlinge tummelten, einige von ihnen kannte ich von der afghanischen Moschee. Ich fragte ihn, was er damit meine.

»Wir verkaufen hier Drogen, also in erster Linie Haschisch. Hier haben wir das Sagen«, sagte er.

Wir steuerten auf eine Parkbank zu und setzten uns. »Nur Drogen?«, fragte ich.

»Manche, vor allem die neuen Flüchtlinge, verkaufen sich auch selbst. Für Sex, du weißt schon«, antwortete er, nachdem er einige Sekunden lang geschwiegen hatte.

Das vermutete ich bereits, denn mich erinnerte diese ganze Szene hier an einen Park in Berlin. Auch dort waren es fast ausschließlich Afghanen, die Drogen und Sex verkauften.

Immer wieder sah ich Polizisten durch den Park gehen. Sie kontrollierten jemanden, dann zogen sie weiter.

»Was ist damit? Hat denn niemand Angst, verhaftet zu werden?«, fragte ich Ahmad, während ich auf eine kleine Gruppe uniformierter Polizisten deutete, die sich gerade besprachen.

»Die können uns nichts anhaben. Wir spielen mit ihnen«, begann er zu erzählen. »Beispielsweise geben wir einem Kunden nie sofort die Ware. Das bedeutet, er bezahlt uns für – sagen wir mal: Marihuana –, dann gehen wir, verstecken das Zeug irgendwo und geben dem Kunden ein Zeichen. Dann kann er sich die Ware dort holen. So kann uns nicht nachgewiesen werden, dass wir mit Drogen handeln. Schließlich findet ja keine Übergabe statt. Das machen wir auch, wenn die Polizei direkt neben uns steht. Wir spielen mit denen. Wir haben unseren Spaß und die werden verrückt dabei.« Er lachte und rieb sich dabei die Oberschenkel.

»Wie meinst du das mit dem Verstecken?«, fragte ich nach.

»Na, wir deponieren das Zeug in einem Mülleimer, unter Bäumen, unter Parkbänken. Irgendwo gibt es immer einen Platz, der dafür geeignet ist. Das ist todsicher und vor allem eine sichere Einnahmequelle.«

Ich schwieg, denn aus früheren Recherchen wusste ich, dass viele Afghanen diese Drogen bereits selbst ins Land schmuggelten. Häufig befanden sie sich direkt an ihrer Kleidung, etwa im Saum eingenäht. Dahinter steckten wiederum kriminelle Organisationen, deren Mittelsmänner sich ebenfalls hier aufhalten und die nun ihr Geld sehen wollten. Diese Flüchtlinge befinden sich daher in einem Teufelskreis, aus dem sie nicht mehr herauskommen.

Ich wunderte mich, dass diese jungen Menschen auf der einen Seite strenggläubige Muslime waren und auf der anderen Seite mit Drogen handelten oder sich selbst für Sex verkauften, denn das ist mit dem Koran nicht vereinbar. Andererseits ist die afghanische Moschee die meiste Zeit über geschlossen und keines der Mitglieder sah ich jemals im Grazer Stadtpark, um mit diesen jungen Männern zu sprechen. So etwas hätte ich nämlich erwartet: Dass ihnen jemand ins Gewissen redet. Jemand, vor dem sie auch Respekt haben, ein Imam beispielsweise.

Ich fragte Ahmad, ob sein Kumpel auch hier sei. Jener, der für die Taliban gekämpft hatte. Ich wollte seine Reaktion beobachten, während ich diese Frage stellte.

»Da gibt es ja nicht nur den, da sind einige hier, die an vorderster Front kämpften und denen es dann irgendwann zu viel wurde«, antwortete er, während er sich suchend umblickte. Er vermied ganz offensichtlich den Augenkontakt zu mir.

»Siehst du jemanden und meinst du, ich könnte mich mal mit einem von ihnen unterhalten?«, fragte ich weiter.

»Nein, momentan ist da niemand und offiziell weißt du nichts davon. Das habe ich dir im Vertrauen erzählt.« Jetzt sah er mich direkt an.

»Weiß denn der Imam davon? Also, dass sich Frontkämpfer unter seinen Gläubigen befinden?«

»Ja klar«, antwortete Ahmad. »Er spricht viel über den Dschihad und er unterhält sich mit diesen Leuten.«

Insbesondere an den Wochenenden halten sich viele Menschen im Grazer Stadtpark auf. Die Afghanen sind immer hier, doch jetzt herrscht gewissermaßen Hochbetrieb. Als besonders ekelhaft empfand ich immer die Situationen, in denen ältere Männer ganz offen auf die teilweise noch sehr jungen Afghanen zugingen und sie dann gemeinsam verschwanden. Für die Polizei muss die Situation hier ausgesprochen frustrierend sein, denn sie hat nichts in der Hand, um gegen den Drogenhandel vorzugehen, und wenn sie mal einen erwischen, handelt es sich dabei lediglich um den berühmten Tropfen auf dem heißen Stein.

Ein explosives Gemisch

Ich halte die afghanische Moschee für absolut gefährlich, weil vieles im Hintergrund stattfindet und selbst ich – als erfahrener Undercover-Journalist, Muslim und gebürtiger Pakistani – in sechs Monaten nicht viel herausfinden konnte. Eindeutig war für mich zumindest, dass Hasspredigten durchgeführt wurden. Natürlich nach dem neuen System, also keine offensichtlichen Hassbotschaften, sondern subtile Andeutungen, die sich erst zusammenfügten, wenn man den Unterricht und die Gebete gemeinsam verfolgte. Da diese Vorgehensweise der Prediger so einheitlich wirkte, gehe ich davon aus, dass sich die Gruppe der radikalisierten Grazer Imame entweder gezielt absprechen oder diese Techniken sogar von einer anderen Stelle aus vermittelt werden. Um Zufälle handelt es sich dabei ganz sicher nicht.

Die drei Moscheen – Tawhid, Subul El Salam und die afghanische Moschee – halte ich für die entscheidenden Orte, wenn es um die Radikalisierung von Muslimen geht. Zumal die Vorstandsmitglieder aller drei Gebetshäuser nach meinen Recherchen den Kontakt zueinander pflegen und sich an verschiedenen Orten treffen und austauschen.

Dann bestehen mit hoher Wahrscheinlichkeit auch Kontakte zu terroristischen Gruppierungen wie dem IS und den Taliban. Dazu konnte ich viele Indizien erhalten, ganz abgesehen davon, dass ich aus früheren Recherchen weiß, dass sich Mittelsmänner von Terrororganisationen bevorzugt in Flüchtlingsunterkünften und in den Moscheen aufhalten, sofern dort Besucher gestattet sind.

Das größte Problem stellt natürlich der Unterricht der Kinder dar, denn sie sind nun mal die nächste Generation, und je nachdem, welches Weltbild ihnen vermittelt wird, werden sie innerhalb unserer Gesellschaft ihren Platz finden – oder auch nicht. Ich war ausgesprochen überrascht über die hohe Zahl von Jugendlichen, die sich in der afghanischen Moschee aufhielt. Männer, die ihr Geld mit Drogenhandel und Prostitution verdienen, die allein schon durch ihre Lebensumstände und Lebensgeschichten ein hohes Gefährderpotenzial darstellen und in engem Kontakt zur afghanischen Moschee stehen. Aus meiner Sicht handelt es sich hier gesellschaftspolitisch um eine Art leicht entzündlichen Molotow-Cocktail, der jederzeit hochgehen kann.

Kapitel 3

Weitere radikale Moscheen und auch positive Beispiele

In einem anderen Park in Graz traf ich im Mai 2018 zufällig auf eine Gruppe von afghanischen und pakistanischen Männern, die dort regelmäßig Kricket spielten. Dazu sollte man wissen, dass dieser Sport nach dem Ende der Taliban-Herrschaft sehr schnell zu einer der beliebtesten Sportarten in Afghanistan heranwuchs. Auch ein paar Pakistani mischten sich unter die Kricketspieler und so begann ich ebenfalls, mich in die Gruppe einzubringen. Ein weiterer Grund für meinen spontan aufkeimenden sportlichen Enthusiasmus bestand auch darin, dass am Rande dieser Gruppe immer wieder junge Männer auftauchten, die ich tendenziell als radikal-islamisch einstufte, und nun meine Wahrnehmung überprüfen wollte.

Natürlich gab es während der Spiele auch diese typischen Gespräche – wir würden es bei uns Stammtischgespräche nennen –, bei denen die eine oder andere radikale Meinung geäußert wurde. So meinte ein Afghane, dass das pakistanische Volk endlich mehr Mut zeigen sollte, so wie etwa der türkische Präsident Erdogan. Er sagte, da Pakistan über Atombomben verfüge, sollte er sich mit Afghanistan zusammenschließen und dann würde man es den Ungläubigen so richtig zeigen. Dann, so schloss er sein Plädoyer ab, würde der Islam die Welt regieren. Außerdem sei Erdogan der wichtigste Präsident für die Muslime, der den anderen zeige, wo es wirklich langginge. Ich gab nichts auf dieses Geschwätz, denn derartige Dinge höre ich immer wieder und sie finden sich innerhalb der Bevölkerung eines jeden Landes überall auf dieser Welt. Natürlich geht es dabei nicht immer um die pakistanische Atombombe, sondern auch um aktuell politische sowie persönliche Themen.

Dieser junge Afghane, er war etwa 25 Jahre alt, trug einen ganz kleinen Bart und eine weiße Kappe, lief immer im Park umher und redete vor Gruppen. Zwischendurch spielte er mit uns Kricket, doch ich stellte fest, dass er eine weitaus größere Rolle spielte, denn immer mehr wurde mir klar, dass er ganz gezielt Hasspredigten hielt. Er hetzte gegen die österreichische Regierung und gegen deren damals relativ neu eingeführtes Kopftuchverbot. Er wetterte offen gegen die Ungläubigen und sagte, dass nur gläubige Muslime einen Platz im Paradies bekämen. Er sprach außerdem von der heiligen Pflicht eines jeden Muslim, in den Dschihad zu gehen, ohne sich jedoch darauf festzulegen, worin dieser Heilige Krieg tatsächlich bestehe. Während meiner Zeit in Graz wuchs seine Zuhörerschaft immer stärker an, und obwohl ich ihn in keiner der Moscheen antraf, die ich besuchte, hielt ich diesen Mann für gefährlich.

Dann sah ich in diesem Park auch einen Pakistani, ein seltsamer Typ Anfang zwanzig mit einem langen schwarzen Bart, der ständig telefonierte. Meist mit drei Smartphones in der Hand lief er durch den Park und unterhielt sich angestrengt über seinen Kopfhörer. Ich versuchte, mit ihm ins Gespräch zu kommen, doch er grüßte lediglich und verschwand sofort wieder. Er blieb ständig in Bewegung und vermied jeglichen Kontakt zu den Personen im Park. Vermutlich gehörte er entweder einer kriminellen Organisation an, die in Graz die Drogengeschäfte kontrollierte, oder es handelte sich bei ihm um einen Verbindungsmann aus dem radikal-islamischen Umkreis. Sicherlich handelte es sich bei ihm nicht nur um einen Verrückten, der mit drei Mobiltelefonen in der Hand versuchte, sich zu Tode zu telefonieren. Ein weiteres Indiz, dass mit ihm irgendetwas nicht stimmte, sah ich in meinen vergeblichen Versuchen, mehr über ihn herauszufinden. Obwohl ich mehrere Personen in den verschiedenen Moscheen auf ihn ansprach, bekam ich keine Auskunft. Einige dieser Leute kannten ihn, doch sie wollten mir nicht mehr über ihn erzählen.

Sechs Muslime aus London

Am 24. Mai 2018 kam in der afghanischen Moschee in der Ungergasse ein blauer Van aus Großbritannien an. Es stiegen sechs Männer im Alter von 21 bis 65 Jahre aus, betraten die Moschee, begrüßten einige der anwesenden Besucher. Sie trugen alle einen Vollbart, jedoch weit entfernt von jenem Bartwuchs, den man von radikalen Muslimen kennt. Vielmehr hatte ich den Eindruck, strenggläubigen Männern gegenüberzustehen, die eine Mission erfüllten, durchaus vergleichbar mit den Zeugen Jehovas, die man in Deutschland häufig in Fußgängerzonen sieht, wo sie ihre Missionstätigkeit durchführen. Der Jüngste unter ihnen, ich nenne ihn »Faisal«, führte die Gruppe an. Er stammte ursprünglich aus Pakistan und wurde sieben Jahre lang in London ausgebildet. Faisal erzählte mir, dass er bereits mit sechs Jahren begonnen hatte, den Koran auswendig zu lernen, bis er schließlich nach London zog, um dort studieren zu können. Er trug auch die ganze Zeit über traditionelle pakistanische Kleidung, ebenso wie seine Mitstreiter, die aus Pakistan und Afghanistan stammten und sich entsprechend kleideten.

Ich erfuhr, dass diese Londoner Gruppe in Österreich ausgezeichnet vernetzt war und häufiger Fahrten nach Graz unternahm. Dort besuchten sie diverse Moscheen, brachten Bücher mit und sprachen mit Gläubigen, Vorstandsmitgliedern und verschiedenen Imamen.

Zunächst dachte ich spontan an Fundamentalisten, die ihre wahren Absichten geschickt zu verbergen wussten. Da sich alle sechs sehr auskunftsfreudig gaben, verwickelte ich sie immer wieder in Gespräche. Zunächst einmal gab ich vor, die grundsätzliche Ideologie des Islamischen Staates zu begrüßen, um herauszufinden, ob sie letztlich doch eine radikal-islamische Richtung verfolgten. Doch davon distanzierten sie sich sofort. Sie lehnten jegliches fundamentalistische Gedankengut kategorisch ab. Gleichzeitig gaben sie mir zu verstehen, dass ihre Mission darin bestünde, die Herzen der Menschen für den Islam zu öffnen. So lud mich etwa Faisal ein, mit ihnen gemeinsam für 20 Tage den Weg des Islam zu gehen, also mit ihnen mitzufahren, mit den Menschen zu sprechen, um auf diese Weise Gott näherzukommen. Als ich fragte, wovon ich in dieser Zeit leben sollte und dass ich eine Familie zu ernähren hätte, entgegnete er mir, dass ich mich einfach auf Gott verlassen solle und dass er mir auch zu essen und zu trinken geben würde.

Faisal erzählte mir auch, dass sie von afghanischen und pakistanischen Moscheen aus London beauftragt wurden, die Menschen wieder auf den richtigen Weg zum Islam zu führen.

Ich erfuhr, dass diese Gruppe eine Tour durch Österreich machte und als nächste Stationen Linz und Salzburg auf dem Programm standen. Bevor sie in Graz ankamen, hatten sie bereits in Wien einen Zwischenstopp eingelegt.

Als ich am 25. Mai die afghanische Moschee in der Ungargasse aufsuchte, kam Faisal auf mich zu und wir gingen gemeinsam auf den braunen Ladeneingang zu. Von der linken Seite überquerte eine junge Frau – eine Joggerin – die Straße und kreuzte unseren Weg. Faisal sagte zu mir, er dürfe diese Frau nicht ansehen, und ging plötzlich hinter mir.

Ich hielt diese Männer für keine religiösen Eiferer, zumindest nicht im negativen Sinne, jedoch machte mich eine Sache stutzig: Der junge Imam sagte mir, dass wir selbst daran schuld seien, dass die Menschen vor dem Islam Angst hätten. Darauf stellte ich ihm eine Frage, mit der ich jeden Imam konfrontiere: »Was passiert eigentlich mit den ungläubigen Christen? Kommen sie auch ins Paradies oder nicht?«

Er antwortete mir darauf, dass alle Ungläubigen oder Christen keinen Einzug ins Paradies erhalten, denn dort sei nur Platz für Muslime. Als ich weiterfragte und wissen wollte, warum die vielen Schweizer, Deutsche und Österreicher keinen Platz im Paradies bekämen, obwohl sie Millionen Flüchtlinge aufnahmen und ihnen zu essen und zu trinken gaben, sagte er: »Gott nimmt nur Muslime im Paradies auf. Alle anderen schickt er in die Hölle.«

Diese Aussage bekomme ich von allen Imamen zu hören und trotzdem verstehe ich diese Logik nicht. Ich erlebte bislang in keinem einzigen Fall, ganz gleich wie gemäßigt der Imam auch war, dass auch einem Christen Einzug ins Paradies gewährt würde.

Faisal sagte mir zudem, die Muslime sollten auch wegen der großen Unruhen in Palästina zum Dschihad gehen. Dabei betonte er, dass er jedoch den Weg, den etwa ein islamischer Staat gehe, kategorisch ablehne. Faisal wirkte manchmal etwas entrückt, als wäre er mit seinen Gedanken ganz weit entfernt. Zweifelsohne handelt es sich bei ihm um einen ausgesprochen intelligenten jungen Mann, der versuchte, den wahren Islam zu predigen, aber mitunter daran scheitert, die richtigen Worte für das zu finden, was er eigentlich auszudrücken versucht.

Ihlas-Moschee

Es handelt sich hier um eine bosnische Moschee, die nur von Bosniern frequentiert wird. Sie befindet sich in der Ägydigasse 13 im Erdgeschoss eines mehrstöckigen Wohnhauses. Da sie zentrumsnah liegt, lässt sie sich auch gut mit öffentlichen Verkehrsmitteln erreichen. Ich traf auf den Imam bei meinem ersten Freitagsgebet, an dem ich teilnahm. Es handelte sich bei ihm um einen Bosnier im Alter von etwa 35 Jahren, mit langem Bart und einem selbstbewussten Auftreten. Er hatte die siebenjährige Imam-Ausbildung in Saudi-Arabien absolviert und sprach neben perfektem Arabisch auch ein ausgezeichnetes Englisch. Zu Beginn verhielt er sich mir gegenüber sehr offen, doch das änderte sich im Laufe der Zeit. Ähnlich wie im Falle der afghanischen Moschee (aus dem zweiten Kapitel) wird die Ihlas-Moschee ausschließlich von den Vorstandsmitgliedern geführt, der Imam hat auch dort nichts zu melden.

Diese Moschee ist ausgesprochen gut organisiert. Alles wirkt sehr professionell. Genauso professionell machte der Vorstand vermutlich auch seine Hausaufgaben, was mich betraf. Denn von einem Tag auf den anderen änderte sich die Stimmung mir gegenüber und plötzlich verhielten sich alle total zugeknöpft. Der Imam antwortete mir fortan entweder nur noch einsilbig oder wich mir überhaupt gleich aus. Wenn ich mit Mitgliedern sprach, war immer einer der Vorstände in der Nähe. Ich vermute, Sie recherchierten über mich im Internet und fanden heraus, dass ich als Journalist arbeitete. Oder sie sahen in mir einen V-Mann, denn kurz vor Beginn meiner Recherchen in Graz tauchten in verschiedenen Tageszeitungen Artikel auf, die von einer verstärkten Präsenz von V-Männern in Moscheen berichteten.

Wobei insbesondere der Vorstand in dieser Moschee grundsätzlich gegen jeglichen fremden Besucher ausgesprochen misstrauisch agierte. Daher war es auch unmöglich, dem Verein direkt als Mitglied beizutreten. Normalerweise hängt ein Anmeldeformular aus, denn eine Moschee lebt natürlich hauptsächlich von zahlenden Mitgliedern. In der Ihlas-Moschee behält sich der Vorstand die Entscheidung vor, wer als Mitglied aufgenommen wird.

Einmal wurde ein Grillfest veranstaltet. Die Chance, im Rahmen dieser Veranstaltung mit anderen Gläubigen ins Gespräch zu kommen, wollte ich mir natürlich nicht entgehen lassen, und so fragte ich nach, ob ich vielleicht daran teilnehmen dürfte. Dabei bot ich an, mich hinter den Grill zu stellen. Doch damit blitzte ich ab, denn dieses Fest sei ausschließlich den Mitgliedern vorbehalten, wie man mir sagte.

Auch war es mir in diesem extrem misstrauischem Umfeld fast unmöglich, Fotos oder sogar Videos zu machen. Grundsätzlich ist so etwas immer ein Problem in Moscheen, ich wurde immer sehr schnell angesprochen, sobald ich ein Bild schoss. Doch hier untersagte man mir direkt, irgendwelche Fotos oder Videos zu machen.

Trotz dieser Einschränkungen fand ich heraus, dass der Imam ein Gehalt von etwa 800 Euro im Monat erhielt, offiziell von den Mitgliedern finanziert wurde und mit seiner Familie in Graz lebte.

Auch die grundsätzliche Strategie der bosnischen Moschee wurde mir von einer Kontaktperson bestätigt: Die Mitglieder im Vorstand sprechen alle perfekt Deutsch und zeigen sich nach außen hin – also gegenüber den Behörden oder gegenüber der Presse – sehr offen und liberal. Innerhalb der Moschee wird jedoch ausschließlich bosnisch geredet und das ohne Wenn und Aber. Deutsch hat dort keinen Platz, ausgenommen, es ist ein Besucher anwesend (wie in meinem Fall).

Auch werden die Predigten des Imam grundsätzlich nicht ins Deutsche übersetzt.

Zudem erlebte ich in der Ihlas-Moschee – wie nirgendwo sonst –, dass über die österreichische Bevölkerung extrem negativ geredet wurde. Die »Nazis«, wie die Österreicher meist tituliert wurden, waren häufig Gesprächsthema. Natürlich nicht ohne Grund, wie ich bereits im ersten Kapitel beschrieb, denn schließlich verhielten sich viele Grazer ausgesprochen feindselig gegenüber ihren ausländischen Mitmenschen.

Ich besuchte gleich zu Beginn meiner Recherchen das Freitagsgebet in dieser Moschee. Die Predigten des bosnischen Predigers klangen grundsätzlich vollkommen normal, so wie man es von einem gemäßigten Prediger erwartete. Die Moschee selbst war an diesem Tag bis auf den letzten Platz gefüllt und es fehlte nicht mehr viel und die Menschen hätten auf der Straße gestanden, um seinen Worten zu lauschen.

Auch hier gab es einen kleinen Laden im hinteren Bereich, wo ein Mann hinter einem Tresen saß und verschiedene Dinge verkaufte. Im Grunde wirkte hier alles ganz normal, wären da nicht zwei Gruppen gewesen, die sich nach dem Freitagsgebet bildeten und sich miteinander austauschten. Auch daran ist nichts Ungewöhnliches, doch die Art und Weise der einen Gruppe wirkte ganz so, als ob sie etwas zu verbergen hätte.

Ein paar Tage später wurde mein anfänglicher Verdacht auch bestätigt. Ich ging mittags spontan in die Ihlas-Moschee, um zu beten, als ich bemerkte, wie Männer aus der einen Gruppe vom Freitagsgebet Bücher der verbotenen Leseaktion »Lies!« verpackten und irgendwohin transportierten.

Dabei handelte es sich um eine ziemlich aufwendige Aktion von Salafisten, die im großen Stil den Koran an Menschen in Fußgängerzonen und vergleichbaren Plätzen verschenkten. Diese Koran-Verteilaktion wurde in Deutschland und in Österreich verboten. Der Grund für dieses Verbot lag in der extremistischen und teilweise staatsfeindlichen Ausrichtung der Organisatoren. Es bestand die

Gefahr, dass auf diesem Wege radikal-islamische Ideologien verbreitet werden sollten. So stand der Vorwurf im Raum, dass die Verteiler dieser Bücher zur Unterstützung des IS aufriefen.

Übrigens fand ich in allen radikalen Moscheen in Graz Flyer und auch Koran-Exemplare der »Lies!«-Aktion. Das konnte nur bedeuten, dass diese Moscheen eng mit den Organisatoren dieser Aktion zusammenarbeiteten.

Diese »Lies«-Kampagne wurde von einem salafistischen Laienprediger namens Ibrahim Abou-Nagie organisiert und diente in erster Linie dazu, Nicht-Muslime zu konvertieren. Ibrahim Abou-Nagie stammt ursprünglich aus Palästina und lebt in Deutschland. Wie mir erzählt wurde, kam er häufiger nach Wien und Graz. Wahrscheinlich auch deshalb, weil sein Mitorganisator, der salafistische Hassprediger Pierre Vogel, in Österreich Einreiseverbot hatte.

Nach Ansicht verschiedener öffentlicher Stellen wie etwa dem deutschen Verfassungsschutz diente diese Aktion lediglich dazu, um Kämpfer für Terrororganisationen wie den Islamischen Staat (IS) anzuwerben. Aus diesem Grund wurde in Deutschland nicht nur die Gruppierung um Ibrahim Abou-Nagie verboten, sondern mit ihm auch die Koran-Verteilaktion. Kurz darauf folgte Österreich diesem Verbot.[9]

Ich besuchte in der Ihlas-Moschee auch den Koranunterricht. An diesem Tag wurden auch die Kinder – meist im Alter von zehn oder elf Jahren – unterrichtet, und zwar aufgeteilt nach Mädchen und Jungen. Die Mädchen unterrichtete der bosnische Imam, den ich bereits kennenlernte. Da erfuhr ich auch, dass er in Saudi-Arabien studiert hatte und er zwar ein gutes Englisch sprach, jedoch kein Deutsch beherrschte. Das lag vielleicht auch daran, dass er erst vor kurzem nach Graz gekommen war. Obwohl ich mehrmals versuchte, mit ihm zu sprechen, antwortete er mir immer nur kurz und verschwand daraufhin sofort wieder.

Die Jungs wurden hingegen von einem afghanischen Prediger unterrichtet, der bereits seit über 25 Jahren in Graz lebte. Dabei handelte es sich nicht um irgendeinen Prediger, sondern um das ältere der beiden Vorstandsmitglieder der afghanischen Moschee. Das zeigt auch, dass die Betreiber der Grazer Moscheen letztlich alle zusammenarbeiten. Zumindest im Falle der tendenziell radial-islamischen Vereine. Obwohl er also kein ausgebildeter Imam war, besaß er ein ausgesprochen umfangreiches Wissen über den Islam. Als ich ihn darauf ansprach, dass ich bei ihm Unterricht nehmen wolle, willigte er ein und ich lernte von ihm noch eine Menge über den Koran. Auch ihn halte ich – wie den offiziellen Imam in der Ihlas-Moschee – für einen gemäßigten Prediger. Einzig der Umgangston des afghanischen Predigers den Kindern gegenüber hielt ich für zu hart. In einer Situation schlug er einem Jungen heftig auf die Schulter, nachdem er einige Worte falsch ausgesprochen hatte.

Anfang Juni 2018 hielt der bosnische Imam einen Vortrag. Dieser fand zwar auf Bosnisch statt, so dass ich kein Wort von dem verstand, was er sagte. Doch anschließend konnte man auch auf Englisch Fragen stellen. Diese Möglichkeit nutzte ich und stellte meine Lieblingsfrage nach den Christen und dem Paradies.

Auch er sagte mir, dass nur die Muslime ins Paradies kämen, und wandte sich dann gleich der nächsten Frage eines anderen Besuchers zu. Nach seinem Vortrag hakte ich bei ihm nochmal nach, denn schließlich würden die Christen in Europa ja Millionen Flüchtlingen islamischen Glaubens helfen. Er sagte mir daraufhin, dass er nicht beurteilen könne, ob die Österreicher und die Deutschen auch gute Menschen seien, aber trotzdem gelte, dass nur Muslime Einzug ins Paradies erhielten.

Im Prinzip handelte es sich bei ihm um einen ausgesprochen freundlichen Menschen, doch auch hier hatte ich das Gefühl, dass er – vergleichbar mit der Subul El Salam-Moschee – nur offiziell eingesetzt wurde, jedoch selbst nichts zu sagen hatte.

Als ich fast am Ende meiner Recherchen war, besuchte ich die Ihlas-Moschee noch einmal, und dabei erfuhr ich von einem Raum, in dem sich Mitglieder trafen, um sich miteinander auszutauschen. Dieser Raum befindet sich unterhalb der Moschee, sozusagen im Keller, und alles klingt danach, als ob es sich dabei um geheime

Treffen handelt, wie sie auch zwischen Mitgliedern verschiedener Moscheen durchgeführt werden. Natürlich sind die Imame und die Betreiber nicht dumm und wissen, dass sie vom Verfassungsschutz und von der Polizei unter besonderer Beobachtung stehen. Dementsprechend verhalten sie sich, doch gleichzeitig wirkt diese Geheimniskrämerei aber auch verdächtig auf mich. Insgesamt lässt sich bei dieser Moschee feststellen, dass hier irgendetwas im Hintergrund nicht ganz sauber läuft, während sie sich nach außen hin ausgesprochen gemäßigt präsentiert.

Eins war ausgesprochen seltsam: In diesem Kellerraum fand sich regelmäßig eine Gruppe junger Leute im Alter von 20 bis 35 Jahre ein, meist dann, wenn bereits alle Gläubigen die Moschee verlassen hatten. Einmal waren sie auch tagsüber anwesend und setzten sich zu einem Kreis zusammen. Ich versuchte, mit ihnen Kontakt aufzunehmen. Einer von ihnen sagte etwas auf Bosnisch, woraufhin die anderen sofort ihre Telefone und den Laptop wegdrehten, damit ich nichts erkennen konnte. Natürlich verstand ich nicht, worüber sie redeten, doch dieses Verhalten war mehr als seltsam.

Trotzdem schloss ich mit zwei Mitgliedern Freundschaft und sie erzählten mir auch, dass viele Mitglieder in dieser Moschee mit Familienproblemen kämpften, Angst vor Abschiebung hatten und vieles mehr. Dann würden sie sich an den Imam wenden und ihn um Rat fragen. Auch das kann natürlich der Grund für die negative Grundstimmung dort sein.

Es gab aber auch eine weitere bosnische Moschee, die jedoch von den Behörden geschlossen und dessen Imam verhaftet worden war, nachdem herauskam, dass sich dort einige Gläubige dem Islamischen Staat angeschlossen hatten. Die Mitglieder dieser Moschee wechselten dann in die Ihlas-Moschee. Das aber würde bedeuten, dass in jedem Fall auch hier radikale Muslime anzutreffen sind. Auch erfuhr ich, dass die Mitglieder noch immer jenen Familien Geld spendeten, deren Söhne nach Syrien in den Dschihad gingen.

Ar-Rahman-Moschee

Diese Moschee befindet sich in einem ganz normalen Mehrfamilien-haus. Im oberen Stockwerk rechts ist die Moschee, im Erdgeschoss gibt es ein Nagelstudio. Das alles hatte etwas Skurriles für mich. Ver-mutlich empfinden viele Gläubige ebenso wie ich, denn die meiste Zeit war niemand hier, außer beim traditionellen Freitagsgebet.

An einem Freitagabend (nach dem Freitagsgebet) hielt ich mich sogar als Einziger dort auf, an einem anderen Tag kam noch ein Bosnier hinzu und ich sollte dann das Gebet halten. Die Gruppe der sechs Londoner Muslime besuchte auch diese Moschee. Als ich die Ar-Rahman-Moschee das zweite Mal besuchte, lernte ich den offiziellen Imam kennen. Ein Ägypter, der zwar mit mir gemeinsam betete, mich jedoch die ganze Zeit über mit durchdringendem, na-hezu bösartigem Blick im Auge behielt. Auch sprach er sonst nicht mit mir, beantwortete keine meiner Fragen und ging mir sichtlich aus dem Weg. Anschließend kamen drei Frauen herein, zwei ohne Kopftuch. Er ließ mich stehen, ging mit diesen Frauen in sein Zim-mer und schloss es ab. Mehrmals konnte ich beobachten, dass Frauen in diesen Raum ein- und ausgingen und er jedes Mal diesen Raum abschloss. Für mich gibt es dafür nur zwei Erklärungen: Entweder versuchte er, diese Frauen zum Islam zu konvertieren, oder er betrieb eine Art Seelsorge.

Als ich zu einem anderen Zeitpunkt im Rahmen des Freitags-gebetes erschien, waren bereits einige Gläubige anwesend. Hier fiel mir die bereits bekannte Taktik auf, dass der Imam die Lautstärke seiner Predigt immer wieder änderte. Auch hier sprach er sehr subtil durchaus kontroverse Themen an. Ich bin mir sicher, dass es sich um einen radikalen Imam handelte, denn sämtliche Muster deuteten da-rauf hin. In diesem Freitagsgebet zog er außerdem über Amerikaner, Russen, Iraner und Schiiten her. Dabei setzte er – mal wieder – eine beinahe väterliche Stimme auf. Im Hinausgehen sah ich dann sogar Flyer für die Koran-Verteilaktion »Lies!« auf einem Tisch liegen.

Diese Moschee ist sicherlich radikal-islamisch orientiert, doch die Rolle ihrer Mitglieder ist schwer einzuschätzen, da es sich um eine nicht-offizielle Moschee handelte. Auch gab es keine Anzeichen dafür, ob eine Verbindung zu anderen Moscheen existierte.

Nach dem Freitagsgebet am 21. April wurde den anwesenden Gläubigen mitgeteilt, dass am nächsten Tag eine Jahresversammlung stattfand, an der alle teilnehmen sollten. Ich nutzte die Gelegenheit und ging tags darauf auch dorthin. Es waren jedoch lediglich fünf Personen gekommen. Eine davon war der ägyptische Imam, dann ein Afrikaner – ein Vorstandsmitglied im Alter von etwa fünfzig Jahren mit Glatze und einem langen Bart –, ein Bosnier in etwa gleichem Alter und zwei weitere Ägypter. Diese Jahresversammlung fand in einem Nebenraum der Moschee statt und ich setzte mich in unmittelbarer Nähe zu den anderen und hörte zu. Sie diskutierten hitzig das kurz zuvor in Österreich eingeführte Kopftuchverbot. Ein Mitglied bestand darauf, etwas dagegen zu unternehmen. Aus seiner Sicht hätten sie sich nur dem Islam und der Scharia unterzuordnen. Vermutlich handelte es sich um den Bosnier, da diese Person deutsch sprach und der Akzent darauf hindeutete. Sehen konnte ich die Personen nicht, sonst hätten sie gemerkt, dass ich sie belausche. Die ägyptischen Mitglieder sprachen wiederum nur arabisch. Sie waren es auch, die im Minutentakt die Tür zum Nebenraum schlossen, nur um sie dann gleich wieder zu öffnen. Dieses beinahe zwanghafte Verhalten war vermutlich auch dem Umstand geschuldet, dass diese Gespräche teilweise hochgradig emotional geführt wurden.

Ich ging am nächsten Tag mal wieder in die afghanische Moschee und traf dort zufällig auf einen bosnischen Kontaktmann, mit dem ich mich schon zwei Tage zuvor in der Ar-Rahmann-Moschee unterhalten hatte. Er erzählte mir, dass die Ar-Rahmann-Moschee vom Verfassungsschutz als radikalisiert eingestuft worden sei. Es ging sogar so weit, dass der gegenwärtige Imam dort angeblich auch abgeschoben werden sollte.

Dieser Kontaktmann sagte mir auch, dass eine Protestaktion geplant sei, um gegen die Abschiebung von Imamen zu demonstrieren.

Positive Beispiele

Das Islamische Kulturzentrum Graz befindet sich in der Laubgasse 24 und präsentiert sich so, wie man es von einer Moschee erwartet. Es handelt sich um ein gewaltiges Gebäude mit einem riesigen Gebetsraum. Regelmäßig finden dort Begegnungstage statt, an denen die Menschen von Graz eingeladen werden, die Moschee zu besuchen. Gäste werden freundlich empfangen und der dort tätige bosnische Imam – der seine Ausbildung übrigens in Deutschland absolvierte – hat immer ein freundliches Wort auf den Lippen. Für mich besteht die einzige offene Frage darin, wie diese Moschee finanziert wird. Natürlich gibt es regelmäßige Spendenaufrufe, doch um dieses Gebäude zu unterhalten, müssen weitaus größere Summen fließen, als nach den Freitagsgebeten gespendet wurden.

Doch abgesehen davon ist diese Moschee sicherlich ein ideales Beispiel für eine gemäßigte islamische Einrichtung.

Aber auch die Union islamischer Kulturzentren in Österreich, eine türkische Moschee in der Josef Huber Gasse 9 im Grazer Stadtteil Gries, zählt für mich zu den Positivbeispielen. Alle Menschen wurden dort freundlich begrüßt, es herrschte eine offene Atmosphäre. Nach Betreten des Gebäudes befindet sich auf der rechten Seite eine große Küche, in der auch Essen verkauft wird. Es gibt Gebets- und Unterrichtsräume für Frauen und Männer und vor der Moschee befindet sich ein großer Parkplatz. Der türkische Imam macht auf mich ebenfalls einen freundlichen Eindruck.

Ein Wermutstropfen in dieser Moschee ist allerdings ein Graffiti auf dem Dach des Gebäudes: »Fuck Cops«. Das muß nun wirklich nicht sein und hätte sicherlich schon längst entfernt werden können.

Die österreichische Politik muss jetzt klug vorgehen

Insgesamt zeigt sich, dass in Österreich radikal-islamische Imame weitgehend ungestört agieren können. Aktionen wie die Ausweisung von Predigern, die vermutlich als Hassprediger auftreten oder die

Gelder aus nicht nachweisbaren ausländischen Quellen erhalten, sind sicherlich ein Weg, um gegen den fundamentalistischen Islam vorzugehen. Doch allein das reicht natürlich nicht.

Ich hätte in meiner sechsmonatigen Recherche sicherlich noch eine ausführlichere Analyse der in Graz vorherrschenden Situation durchführen können, doch dafür hätte es die nötige finanzielle Unterstützung gebraucht, um diesen Aufwand betreiben zu können. Was ich in Graz herausfand, war sicherlich nur die Spitze eines gewaltigen Eisberges.

Ich stellte mir im Rahmen meiner Recherchen in Graz mehrfach die Frage, wie oft lokale Politiker wohl die Moscheen besuchten oder ob es Gespräche zwischen den Vorstandsmitgliedern der Gebetshäuser und Politikern oder der Polizei gab. In den meisten Fällen fand das leider nicht statt. Wenn die österreichische Regierung wirklich langfristig gegen den radikalen Islam vorgehen möchte, eine Entscheidung, die übrigens die überwiegende Zahl aller Muslime begrüßen würde, dann muss dies auf intelligente Weise passieren und nicht einfach, indem man mit dem sprichwörtlichen Knüppel lediglich auf den Sack einschlägt. Natürlich, manchmal müssen auch Zeichen gesetzt werden, um anderen Betreibern von Moscheen auf diese Weise eine Warnung zu übermitteln, doch die Strategie sollte sich nicht lediglich darauf beschränken.

Es müssen stattdessen Probleme zwischen den jeweiligen Verantwortlichen geklärt werden, und dafür ist es notwendig, Gespräche zu führen. Zudem sollten Sozialstellen und Jugendämter die Mütter unterstützen, damit die Kinder ein geordnetes soziales Umfeld erleben können. Wenn eine Moschee einfach nur geschlossen wird, so bringt das überhaupt nichts, denn sie öffnet bald wieder, dann unter einem anderen Namen und an einem anderen Ort.

Manchmal sogar in einem Hinterzimmer einer Wohnung. Damit verlagert sich aber alles nur. Stattdessen sollte Aufklärung betrieben werden, die vielen Muslime müssen wissen, in welche Moscheen sie sich begeben können und welche sie besser meiden, damit die radikalislamischen Vereine weiter isoliert werden.

»Kommunikation« lautet das Zauberwort. Nur wenn wir das Problem an der Wurzel packen, können wir etwas bewegen, und dafür müssen wir miteinander reden. Genau das ist auch mein Vorwurf an den österreichischen Bundeskanzler Sebastian Kurz: Mit vordergründig radikalen Lösungen wie der Ausweisung von Imamen und der Schließung von Moscheen werden keine Probleme beseitigt. Sie werden nur maximal verlagert. Natürlich muss man in Extremfällen auch rigoros vorgehen, denn insgesamt können wir feststellen, dass Radikalismus immer nur wieder Radikalismus erzeugt.

Wenn Kurz das Problem von Hasspredigern in den Griff bekommen möchte, sollte er auf Kommunikation setzen und Vermittler einsetzen, die im Dialog die kritischen oder gefährlichen Themen an der bereits beschriebenen Wurzel anpacken und gegebenenfalls im Keim ersticken können. Die Muslime müssen die Möglichkeiten haben, letztlich selbst entscheiden zu können, wohin sie künftig gehen, damit die radikalen Prediger am Ende in leeren Gebetsräumen stehen, weil ihnen niemand mehr zuhört.

Kapitel 4

Moschee in Winterthur

Nach Abschluss meiner Recherchen in den Grazer Moscheen arbeitete ich zunächst einmal daran, mein Aussehen zu verändern. Dieser Schritt war notwendig, denn mein nächstes Ziel waren die Moscheen in der Schweiz. Dort hatte ich mich bereits früher einige Zeit aufgehalten, als ich undercover in Flüchtlingsheimen und auch in Moscheen recherchierte. So ließ ich mir einen ansehnlichen Bart wachsen, kleidete mich eleganter als in Graz und gab mich als Geschäftsmann aus Pakistan aus, der in der Schweiz einige Immobilien erwerben wollte.

Mit dieser falschen Identität besuchte ich über mehrere Monate hinweg verschiedene Gebetshäuser in der gesamten Schweiz, betete, hielt mich in den dortigen Cafés auf, ließ mir beim ansässigen Friseur die Haare schneiden und den Bart stutzen – und betete erneut. Ich war zu jedem freundlich, suchte den Kontakt, lud Personen auf Getränke ein und akzeptierte Einladungen in Privathäuser, immer darauf bedacht, meine wahre Identität als Journalist durch nichts zu verraten. Außerdem spendete ich Geld, sehr viel Geld: mehr als 100 bis 300 Franken in jeder einzelnen Moschee. Nur so ließ sich das Interesse der Imame erwecken, die bald in mir einen besonders gläubigen Muslim und Geschäftsmann sahen. Letztendlich dauerten meine Recherchen sechs Monate und kosteten mehrere Tausend Franken.

Kulturvereine statt Minarett

Während in Graz nur die wenigsten Moscheen die typische Architektur besitzen, wie man sie vielleicht aus dem Urlaub in der Türkei, Marokko oder Ägypten kennt, wird man derartige Einrichtungen in der Schweiz vergeblich suchen. Hier gibt es offiziell gar keine Moscheen, wenn man dabei an Gebetshäuser mit dem typischen Minarett denkt, denn diese sind schlicht und einfach verboten. Aus diesem Grund werden die Moscheen in der Schweiz auch als »Kulturvereine« geführt, und zwar insbesondere jene der ohnehin radikalisierten Moscheen. Das bedeutet, dass wenn eine Moschee – offiziell – als Kulturverein geführt wird, sich dahinter leicht ein radikal-islamisches Gebetshaus verbergen kann. Es handelt sich dabei mehr um Begegnungsstätten mit Cafés, Friseurläden, einer Kantine und zahlreichen weiteren Serviceangeboten, die oftmals in – von außen unscheinbaren – Fabrikgebäuden in eher unattraktiven Stadtteilen untergebracht sind. In diesen Kulturvereinen widmet man sich also nicht nur dem Gebet, sondern knüpft gleichzeitig Kontakte, tauscht Geschichten aus und lernt mit der Zeit die Gemeinschaft der Gläubigen kennen. So wird man ein Teil von ihr. Daran wäre sicher nichts auszusetzen, doch in mehreren Moscheen musste ich feststellen, dass dort außerdem illegale Geschäfte betrieben werden. Händler verkaufen Handys unterschiedlichster Marken, Uhren, Parfüms und vieles mehr.

Einen dieser Verkäufer fragte ich beiläufig, woher denn die Ware stamme, und er antwortete mir ebenso unbeschwert, dass er sie teilweise von anderen Händlern kaufe und manchmal von jungen Männern angeboten bekäme. Bei diesen Angeboten ist durchaus zu vermuten, dass es sich hierbei auch um Hehlerware handelte. Dieser Geschäftszweig innerhalb der Moschee läuft nicht nur steuertechnisch komplett am eidgenössischen Finanzamt vorbei, sondern ist schlicht gesetzeswidrig. Doch wie sagt das schöne deutsche Sprichwort: »Wo kein Kläger, da kein Richter.«

Bei näherem Hinsehen ist allein schon die Kombination aus Gebetshaus und Café oder Kantine bedenklich, denn es ist üblich, dass sich die Gläubigen nach den Predigten ihrer Imame dort gern zu gemeinsamen Gesprächen treffen. Wenn es sich dabei aber um eine radikal-islamische Moschee handelt, dienen diese Gespräche allerdings gezielt einer weiteren Radikalisierung – und dabei wird nichts dem Zufall überlassen. Alle diese Einrichtungen sind Teil einer erklärten Strategie, an der der Islamische Staat und auch Islamisten direkt beteiligt sind. Dies bestätigten mir in den folgenden Monaten verschiedene Kontaktpersonen hinter vorgehaltener Hand. Und ich begriff, so lange es hier nicht zu einer strikten Trennung kommt und Schweizer Kulturvereine, die als Moschee gegründet wurden, gleichzeitig Cafés betreiben dürfen, wird die Radikalisierung durch diese viel zu lockere Gesetzeslage sogar noch unterstützt. Aber dies ist nur ein kleiner Mosaikstein im Gesamtbild.

So existiert seitens der Schweizer Behörden keine Kontrolle über die Einhaltung der jeweiligen Satzungen, denn jeder dieser Kulturvereine muss für seine Anerkennung natürlich Sinn und Zweck des Vereins festlegen. Die meisten der Moscheen, in denen ich mich aufhielt, halten sich jedoch nicht einmal ansatzweise daran. Als Beispiel ein Auszug aus einer Satzung der »Al Hidaya Moschee, Hafenstraße 41, Zürich« mit der Handelsregister-Nummer »CH-020.6.001.020-5«. Als Zweck der Einrichtung wird hier formuliert: »Der Verein beteiligt sich an der Bildung sowie Prägung der kulturellen und sozialen Identität der Mitglieder und fördert gleichzeitig ihre Integration in die schweizerische Gesellschaft.«

Um einen solchen Zweck zu erfüllen, müsste es erkennbare Kulturveranstaltungen geben, wie einen »Tag der offenen Tür« oder z.B. Seminare zur Integrationsförderung. Über die gesamte Zeit meiner Recherchen gab es jedoch keine einzige konkrete Veranstaltung und niemand, weder der Imam noch die Mitglieder, die ich beiläufig darauf ansprach, konnten dazu weitere Angaben machen, weil bei dieser Moschee weder der Imam noch die Vorstandsmitglieder der deutschen Sprache mächtig waren.

Am besten aber gefiel mir der Passus: »Der Verein ist unabhängig, politisch neutral, achtet das schweizerische Gesetz und ist der schweizerischen Verfassung verpflichtet.« In dieser wie auch in vielen anderen Moscheen der Schweiz konnte ich miterleben, wie tatsächlich in den öffentlichen Räumen und Cafés über die Schweizer Gesetze, meist missbilligend, geredet und teilweise offen über radikal-islamische Aktionen diskutiert wurde. Das in der Satzung festgehaltene »politisch neutrale Verhalten« wirkte dabei geradezu wie Hohn auf mich, aber auch dies unterliegt keinen behördlichen Kontrollen.

Allerdings stellen die Verstöße gegen die eigene Satzung nur ein vergleichsweise geringes Problem dar, wenn man die radikale Ausrichtung betrachtet, die in einigen islamischen Gebetshäusern in der Schweiz offen ausgelebt wird.

Die An'Nur-Moschee

Dazu wollte ich mehr in Erfahrung bringen und besuchte unter anderem die radikalste Moschee in der Schweiz, die »An'Nur-Moschee« in Winterthur, die offiziell als »Islamischer Verein An'Nur-Winterthur« geführt wurde. »Wurde« deshalb, weil nicht zuletzt auch als Folge meiner Recherchen und ihrer teilweisen Veröffentlichung die Moschee von den Behörden nach einer Razzia geschlossen wurde und der Imam sowie die Vorstandsmitglieder allesamt ins Gefängnis wanderten. Auch heute – nach über zwei Jahren – dauern die Ermittlungen noch an.

Inmitten eines Industriegebietes führte entlang einer Werkstatt eine Treppe nach oben in eine geräumige, mit Teppichboden ausgelegte Halle, die rund 400 Gläubigen Platz bot. Ein großzügiger Raum mit einer hellen, freundlichen Atmosphäre, in der es einen Bereich für Frauen und Kinder, einen für die Männer und einen separaten Bereich für den Imam gab. Ein wenig Sorge hatte ich schon, mich dort zum Freitagsgebet einzufinden, denn ich wusste nie, wie weit ich bereits bekannt war.

Allerdings ist es in der Schweiz nicht anders als in Deutschland oder in Österreich: Muslime lesen eher selten deutschsprachige Zeitungen oder verfolgen politische Sendungen im deutschsprachigen Fernsehen, so dass man mich sicher nicht aufgrund meines Äußeren erkennen würde. Um nicht sofort durch neugierige Fragen als Journalist enttarnt zu werden, mischte ich mich möglichst unauffällig unter die eintreffenden Gläubigen und beobachtete höflich-distanziert das allgemeine Geschehen. Mit meinem geschulten journalistischen Blick suchte ich nach versteckten Kameras, Auffälligkeiten an den Notausgängen oder merkwürdigem Benehmen. Und so bemerkte ich gleich bei meinen ersten Besuchen zwei Männer links vom Eingang, die eifrig mit ihren Mobiltelefonen beschäftigt waren. Die Verwendung von Handys ist – wie in christlichen Gotteshäusern auch – in Moscheen an sich grundsätzlich verboten. Doch besonders in den radikalen Moscheen fiel mir immer wieder der relativ großzügige Umgang mit dieser Regelung auf, ebenso hier in Winterthur. Als ich mich den beiden Männern bis auf etwa drei Meter näherte, wechselten sie auf Arabisch ein paar Worte und entfernten sich.

Ein paar Tage später entdeckte ich im hinteren Teil der Moschee eine Stelle, in der drei Handys lagen, die nur von bestimmten Personen benutzt wurden. Meist kamen sie zur gleichen Zeit, telefonierten auf Arabisch oder sahen sich Bilder und Videos an. Diese Telefone lagen in der Moschee an ihrem festen Platz und wurden nie von jemandem mitgenommen. Ich versuchte mit zwei der Nutzer dieser Telefone ins Gespräch zu kommen, aber mehr als über belanglose Inhalte zu reden war nicht möglich. Beide gaben sich als ganz normale Besucher dieser Moschee aus, jedoch war mir klar, dass mehr dahinterstecken musste, dazu pflegten sie ein viel zu persönliches Verhältnis zum Imam und einigen anderen Mitarbeitern in diesem Kulturverein.

Als ich sie auf diese Telefone ansprach, brachen beide jeweils das Gespräch unter einem Vorwand ab. Es war mir unmöglich, an diesem Punkt mehr herauszufinden, ohne mich selbst einer Gefahr auszusetzen.

Der Arm der IS reicht weit, er ist selbst auf europäischem Boden nicht ungefährlich, also probierte ich auf andere Weise, mit meinen Recherchen voranzukommen. Beim nächsten Mal tat ich so, als wollte ich selbst telefonieren, ging zu jener besagten Stelle und nahm eines der Handys in die Hand. Dabei fühlte ich mich eigentlich recht unbeobachtet, aber sofort kam einer der Mitarbeiter der Moschee zu mir und forderte mich höflich auf, das Telefon wieder zurückzulegen. Kurz darauf kam noch eine zweite Person dazu. Sie steckte die Mobiltelefone ein, blieb jedoch in der Nähe stehen. Am nächsten

Tag, als ich wieder in die Moschee kam, lagen die Telefone an ihrem gewohnten Platz.

Da die Verwendung einer SIM-Karte in der Schweiz nur über eine vorangehende Registrierung möglich ist, lassen diese – wie ich herausfand – frei verfügbaren Smartphones, mit denen man problemlos telefonieren, aber auch SMS- oder »WhatsApp«-Nachrichten unerkannt und anonym verschicken konnte, Raum für einige Spekulationen. Und natürlich ist klar, dass man auch heute noch in der Schweiz illegal SIM-Karten erwerben kann.

Predigten, die keinen Zweifel offen lassen

Als bedrohlich empfand ich das Szenario in dieser Moschee erst, als ich mehrfach das Freitagsgebet, die sogenannte Khutba, besucht hatte. Wie bereits erwähnt, handelte es sich hierbei um das wichtigste Gebet der Woche für jeden Muslim. Der Imam in der An'Nur-Moschee, Shaikh Wail, war ein großgewachsener Mann ägyptischer Herkunft mit einem beeindruckenden Vollbart, der ausschließlich Arabisch sprach. Anders, als ich es von Graz kannte, donnerten in seiner Predigt seine Worte nur so auf die etwa jeweils fünfzig anwesenden Gläubigen ein. Auch wenn ich, als Pakistani, das Arabische nicht gut verstehe, erschrak ich über die Aggression, die in seiner Stimme lag. Dieser Mann predigte nicht, er rechnete ab. Seine Worte passten keinesfalls zu der moderaten Simultanübersetzung, die über den Kopfhörer zu mir drang.

Für diese Freitagsgebete bereitete dieser Imam offensichtlich speziell die Verse aus dem Koran vor, die mehrdeutig verstanden werden können. Die Art und Weise, wie er sie dann vortrug, die Worte, die er einsetzte, verunsicherten garantiert jeden Muslim, der in seiner Religion noch nicht so bewandert ist. Insbesondere auf Konvertiten – Personen, die zum Islam übertreten – machen solche Zitate mächtig Eindruck, wie ich aus meinen späteren Gesprächen erfahren konnte. Mich erstaunte diese völlig abweichende Strategie im Vergleich zu den Predigten in den radikalen österreichischen Moscheen, denn dort versuchten die Prediger jegliche Hinweise auf Hasspredigten tunlichst zu vermeiden. Und tatsächlich existieren hierbei länderspezifische Unterschiede, denn wie ich später herausfand, gingen die österreichischen Behörden gegen Hassprediger bislang weitaus rigoroser vor als die in der Schweiz. Aus diesem Grund predigte auch der Imam der An'Nur-Moschee sehr eindeutige Botschaften und verklausulierte nur wenige Begriffe.

Beispielsweise verwendete dieser Imam der An'Nur-Moschee in seinen Predigten immer wieder das Wort »Dschihad«, den Heiligen Krieg, aber er veränderte dabei jedes Mal die Bedeutung so, dass sie nicht als Aufforderung an die Gläubigen verstanden werden konnte, in den Krieg zu ziehen. Das brauchte er auch gar nicht, denn seine Wortwahl und die Art und Weise, wie er jedes Mal »Dschihad« brüllte, verherrlichten so eindeutig diesen Weg, dass er bei unsicheren Muslimen damit garantiert den Virus des Radikalismus in deren Köpfen einzupflanzen vermochte. Ich schnitt diese Predigten auf Band mit und ließ sie mir anschließend von jemandem außerhalb der Moschee Wort für Wort übersetzen. Dennoch war es entscheidend, den Imam selbst zu erleben, denn nur wenn man ihn live bzw. persönlich erlebte, erhielt man einen Eindruck von der Wirkung, die dieser Imam mit seinen Predigten auf die Gläubigen hatte.

Hier einige Auszüge aus seinen Ansprachen:
- »Die Frau darf nicht in den Krieg gehen, aber der Mann muss in den Krieg gehen. Das ist sein Dschihad und die Frau muss zu Hause bleiben, das wäre der Dschihad der Frau.«
- Das Wort »Dschihad« brüllte der Imam richtiggehend in das Mikrofon.
- »Er (gemeint ist: Allah, der Allmächtige) sagt: Über die Gesetze des Landes, in dem ihr lebt, streitet ihr nicht. Ihr gehorcht, mögen sie gut oder nicht gut sein. Die Gesetze von Allah sind ihnen (Anmerkung: den anderen Ländern) egal. Die Gesetze der Schweiz interessieren mich nicht. Die islamische Scharia und die islamischen Gesetze stehen über jedem Land.«[10]

Das stimmt natürlich nicht, die islamischen Gesetze stehen nicht über jenen anderer Staaten. Wie mir ein befreundeter Imam erklärte, steht im Koran ausdrücklich die Aufforderung, dass die Gesetze des Landes, in dem man lebt, zu respektieren sind. An diesem Zitat erkennt man außerdem die perfide Vorgehensweise des Hasspredigers, der verschiedene Aussagen in seinen Botschaften verknüpfte, um speziell unsichere Gläubige zu verwirren. Dadurch werden diese Menschen fast gezwungen, Nachfragen zu stellen, und sie werden somit tiefer in den Sog der Radikalisierung gezogen. Hinter diesen vermeintlichen Widersprüchen steckt also durchaus ein ausgeklügeltes System.

An einem anderen Freitagsgebet sprach der Imam die ganze Zeit über den »Daddschal«, ein arabisches Wort, das übersetzt »Täuscher«, »Betrüger«, »Schwindler« oder auch »Teufel« bedeutet.

Ähnlich dem Antichrist versucht der Daddschal, die Gläubigen zu täuschen, und bietet Verlockungen, denen sie widerstehen müssen, um am Tag des Jüngsten Gerichts bestehen zu können. In einigen islamischen Strömungen wird mit diesem Begriff allerdings keine Person beschrieben, sondern er steht als Kollektivbegriff für die westliche Lebensart.

»In der Zeit vor dem Jüngsten Gericht vermehren sich Streit und Unzucht und der Kampf. Von diesen ganzen Ereignissen gibt es große und kleine Zeichen. Der Daddschal kommt kurz vor dem Tag der Auferstehung. Nun sind wir in dieser Zeit angekommen.«

Mit einer solchen Aussage verbreitete der Imam sehr viel Angst und Unsicherheit unter den Menschen, die ihm zuhörten. Schließlich sind mit dem Daddschal nach seiner Auffassung alle »Ungläubigen« (Kafir) gemeint.

Diese Inhalte sollten eigentlich jeden klar denkenden Menschen sehr nachdenklich machen, trotzdem wurde von politischer Seite lange Zeit nichts dagegen unternommen, obwohl es sicherlich mehrere V-Leute in dieser Gemeinde gegeben hat.

Die An'Nur-Moschee konnte daher ihre Mitglieder lange Zeit mit einigem Erfolg ungehindert radikalisieren. Erst als körperliche Übergriffe auf Gläubige bekannt wurden, die sich in einem Notruf an die

Polizei wandten, schritten die Schweizer Behörden ein. Nach diversen Verhaftungen wurde diese Moschee im Juni 2017 zwar offiziell geschlossen, ihre Mitglieder fanden jedoch in anderen Moscheen Unterschlupf. Beispielsweise in der islamisch-albanischen Moschee in Winterthur-Grüze sowie in der bekannten türkischen Moschee hinter dem Winterthur-Bahnhof.

Unterstützung des Islamischen Staates

Bestätigt wurde ich in meiner Meinung noch durch einen anderen Imam, dessen Name hier allerdings nicht genannt werden kann. Er verurteilt Hassprediger wie Shaikh Wail ganz offen und damit zugleich das System der falschen Lehre des Islam. Er selbst hatte einige dieser Predigten gehört und wollte dagegen etwas unternehmen, doch hält er sich nun lieber von den radikalen Moscheen fern, nachdem die Drohungen gegen ihn massiv zunahmen. Hier wird innerhalb der Moscheen ein Klima der Angst geschaffen, dem kaum einer öffentlich entgegentreten mag. Nach seiner professionellen Einschätzung können Außenstehende bei diesen Predigten nicht feststellen, ob Zitate aus dem Koran verändert wurden oder nicht. Dies vermag nur jemand zu erkennen, der den Islam so genau studiert hat wie ein Imam. Denn selbst wenn die Worte stimmen, verändern Hassprediger den sinngemäßen Zusammenhang und somit deren Bedeutung. Sie manipulieren damit ihre Zuhörer. Dadurch hetzen sie auf äußerst perfide Weise ihre Gläubigen auf. Die Frage ist nur, zu welchem Zweck.

Von mehreren Kontaktpersonen, die teilweise im inneren Führungskreis dieser Moschee arbeiteten, erhielt ich im Laufe der Recherchen den Hinweis, dass die An'Nur-Moschee direkt vom Islamischen Staat (IS) unterstützt werden würde, sie also ohne ihn nicht existieren würde. Stimmte das wirklich? Diese Information machte mich jedenfalls neugierig: Ich wollte nun genauer wissen, wie das System der Radikalisierung in der An'Nur-Moschee in Winterthur funktioniert und ob vielleicht noch andere Verbindungen nachweisbar wären. Ich fand es ausgesprochen interessant, dass hier in Winterthur das erste Mal offen der IS als Unterstützer einer Moschee genannt wurde. In Österreich fand ich zwar heraus, dass ausländische Geldgeber die Gehälter der Imame übernahmen, doch niemand sprach offen darüber, um wen es sich dabei handelte. Hier in der Schweiz hörte ich dann erstmals konkret, dass der Islamische Staat in dieser Moschee seine Finger im Spiel hatte. Wie ich später erfuhr (und noch berichten werde), handelte es sich dabei um keinen Zufall. Die Schweiz befindet sich weitaus stärker im Fokus von Terrororganisationen wie beispielsweise dem IS als gedacht. Sie entscheiden teilweise sogar, welche Imame in die Moscheen geschickt werden. So kam es auch dazu, dass verhältnismäßig viele Schweizer Konvertiten – gemessen an der Bevölkerungszahl des Landes – im Laufe der letzten Jahre im Sold des IS standen. Zumeist als Kämpfer, die nach Syrien und in den Irak geschickt wurden, also in sämtliche Regionen, in der diese Terrororganisation Kanonenfutter benötigt. Daher ist es auch nicht weiter verwunderlich, dass in der Schweiz die Konvertierung zum Muslim – und damit geht auch gleichzeitig die Radikalisierung einher – auf einem sehr professionellen Niveau betrieben wird. Nicht nur das, ich wurde auch das Gefühl nicht los, bei den Eidgenossen fände das alles auch etwas aggressiver statt als vergleichsweise in Österreich oder in Deutschland. Ganz so, als versuchte man, neue Mitarbeiter für seine Firma zu gewinnen.

Wie die Radikalisierung erfolgt

Genau wie beim inzwischen medienbekannten Konvertiten, dem Italiener S., der wegen seiner fundamentalistischen Aktivitäten sogar verhaftet wurde, beginnt der erste Schritt der Radikalisierung oftmals im Winterthurer Kampfsport- und Fitnessstudio »MMA Sunna«. Es wurde vom islamischen Hardliner und zweifachen Thaibox-Weltmeister Valdet Gashi gegründet, einem Deutschen albanischer Abstammung, der 2014 als IS-Kämpfer nach Syrien reiste und dort kurz danach ums Leben kam. Nachdem S. zum Islam konvertiert war, bekam die An'Nur-Moschee reichlich Zuwachs aus »MMA Sunna«. Aber auch die Koran-Verteilaktion »Lies!« galt als wichtige Rekrutierungsmaßnahme dieser Moschee, um junge Menschen für den Islam zu begeistern – und sie später in den Räumen der An'Nur-Moschee zu radikalisieren. Auch in der Schweiz verteilten für die »Lies!«-Aktion junge Männer gratis den Koran, meist an attraktiven Stellen wie in Fußgängerzonen oder vor Einkaufszentren. Inzwischen wurde diese Aktion auch in der Schweiz verboten.

Der genannte S. spielt auch dabei eine wichtige Rolle, denn er holte dieses Projekt 2012 nach Winterthur. Hier wurden in erster Linie junge Frauen und Männer angesprochen und sobald eine der angesprochenen Personen Interesse zeigte, luden sie die Mitarbeiter der An'Nur-Moschee in das Gebetshaus ein. Eine Kontaktperson, die im Vorstand der An'Nur-Moschee tätig war, sagte mir dazu: »Befinden sie sich erstmal dort, kommen sie so schnell nicht mehr los.« Das scheint mir keine leere Phrase zu sein, denn im nächsten Schritt erfolgen sogleich die Gespräche mit dem ansonsten eher unnahbaren Imam.

Ich selbst erlebte in der Kantine mit, wie Mitarbeiter einen jungen Gläubigen dem Imam vorstellten. Dabei hörte ich, wie er einige Koranstellen zitierte, die ich aus meinem eigenen Islam-Unterricht kannte. Am nächsten Tag traf ich den jungen Mann wieder. Er erzählte mir stolz, der Imam habe ihn an diesem Abend zu einem anschließenden Gespräch in seine Privatunterkünfte eingeladen. Für ihn eine besondere Auszeichnung.

Noch bevor also diese jungen Menschen den eigentlich friedlichen Islam kennenlernen können, werden sie Schritt für Schritt radikalisiert. Dazu tragen die weiteren Gebete, aber eben auch besonders das Freitagsgebet bei. Mit seinen Predigten verunsicherte der Imam die jungen Gläubigen weiter, ließ sinnentfremdete Verse aus dem Koran auf die Gemeinschaft herunterprasseln und verherrlichte dabei den Dschihad. Vorsichtigerweise forderte der Prediger nicht direkt dazu auf, nach Syrien zu gehen. Das brauchte er auch nicht, denn er legte es darauf an, dass seine Zuhörer von allein Interesse am Dschihad entwickelten. Letztendlich ist diese suggestive Taktik weitaus wirkungsvoller als viele andere Maßnahmen der Radikalisierung.

Neugierig geworden, wie manipulierend dieses System der Radikalisierung wirkte, wollte ich den Eigenversuch wagen. Dazu sagte ich in einer anderen Moschee in Winterthur einem Mitarbeiter, dass ich mich dem Dschihad anschließen wolle. Wahrscheinlich klang das noch nicht sehr überzeugend, denn er verhielt sich mir gegenüber ausgesprochen misstrauisch. Schließlich vermittelte er mich dann doch an einige junge Somalier weiter, mit denen ich reden sollte.

Wir trafen uns im Anschluss an die Predigt in einem Nebenraum der Moschee, und sie fragten mich zunächst ganz unverfänglich, warum ich in den Dschihad gehen wolle. Ich hatte mir als Antwort überlegt, dass ich dies ganz einfach als meine Pflicht als gläubiger Moslem ansehe.

Das klang offensichtlich doch ganz überzeugend, denn sie sprachen immer eindringlicher auf mich ein und zeigten mir auf ihren Handys abscheuliche Videos mit Gewaltszenen des IS. Ich sah Fotos und Videoaufnahmen von Hinrichtungen, Vergewaltigungen und Folter. Sie versuchten mich zu schockieren, was ihnen zweifellos auch gelang, aber ich ließ mir nicht anmerken, wie sehr mich diese Szenen anwiderten.

Im nächsten Schritt versuchten sie herauszufinden, wie ich über den Koran dachte. Und an dieser Stelle konnte ich dann am eigenen Leib erfahren, wie eine Gehirnwäsche funktioniert.

Obwohl ich mich als überaus gemäßigten Muslim betrachte, wusste ich bald selbst nicht mehr, was ich glauben sollte. Sehr geschickt verdrehten sie Verse aus dem Koran, was mit Sicherheit jeden Gläubigen zum Nachdenken gebracht hätte, der nicht zuvor die Lehren des Islam intensiv studiert hatte. Mir wurde die ganze Sache langsam zu heikel und begann um mein eigenes Leben zu fürchten.

Ich brach ab, zog mich zurück, verschwand vorsorglich ganz aus Winterthur, da ich Gefahr lief, nun direkt ins Visier der Moschee – und damit des IS – zu geraten. Diese durchaus bedrohliche Erfahrung beschäftigte mich noch einige Zeit, auch wenn ich den dabei empfundenen Nervenkitzel – wie ich zugeben mus – ein wenig genoss.

Ständig neue Vorstandsmitglieder und Imame

Die Angst vor dem IS teilten in der An'Nur-Moschee sowohl die Betreiber als auch die Mitarbeiter, wie mir ein Informant erzählte. Aus diesem Grund wechselten auch ständig die Imame und der gewählte Vorstand. In Wahrheit wollte niemand wirklich in Verbindung mit dieser Moschee gebracht werden. Einer der radikalsten und bekanntesten Imame in Winterthur war zu dieser Zeit der aus dem Libanon stammende Sheik Anwar, der Vorgänger von Shaikh Wail. Seine Frau spielt noch immer einer große Rolle in der Radikalisierung weiblicher Muslime, während seine ebenfalls radikalen Söhne und engsten Vertrauten regelmäßig mit öffentlichen Gebeten in Schulhöfen provozieren. Nachdem er in den Medien als zu radikal bekannt wurde, setzte ihn die Führung der An'Nur-Moschee ab und es kam aufgrund von Kontakten und Empfehlungen ein neuer Imam. Auch dahinter steckt System: Die Moschee möchte nach außen hin möglichst gemäßigt wirken und versucht mit fadenscheinigen Aktionen diesen Schein zu wahren.

Bei Sheik Anwar handelt es sich allerdings um den eigentlichen Kopf hinter der systematisch betriebenen Radikalisierung der An'Nur-Moschee in Winterthur. Ich habe mehrfach versucht, über meine Kontaktpersonen herauszufinden, wo er sich momentan befindet, damit ich mit ihm reden könnte. Es weiß jedoch niemand, wo er sich aufhält. Vielleicht wollte man es mir auch nicht sagen. Stattdessen konnte ich jedoch herausfinden, dass seine Söhne und Gehilfen von der An'Nur-Moschee aus ihre Radikalisierungsmaßnahmen betrieben und Sheik Anwar aus dem Ausland nach wie vor seine fundamentalistischen Fäden in Winterthur zieht.

Mich interessierte an diesem Punkt vor allem, wie es mit einer Radikalisierung nach der Phase meines abgebrochenen Selbstversuchs weitergegangen wäre, und ich hörte mich dazu weiter um.

Nach dem Gespräch mit dem Imam, nach den Freitagsgebeten, übernehmen Mitarbeiter der Moschee die Aufgabe, Kontakt zu ausgesuchten Gläubigen aufzubauen. Sie reden mit ihnen, innerhalb und außerhalb der Moschee, sie zeigen ihnen Propagandavideos des

Islamischen Staates, sprechen über den Dschihad, über die angebliche Pflicht eines jeden Moslems, in den heiligen Krieg zu ziehen. Sie zitieren Verse aus dem Koran und sobald von den verwirrten Gläubigen Fragen oder Zweifel auftauchen, schicken sie diese Leute erneut zum Imam, der sich dann um sie »kümmert«. Es ist dies eine Art geschlossener Kreislauf, der diese zumeist jungen Menschen in die Arme des Islamischen Staates treibt, wenn sie es selbst nicht schaffen, sich rechtzeitig davon zu lösen.

Allem Anschein nach übernahm auch S. die Aufgabe des »Überzeugers«, der junge Gläubige für den Dschihad begeistern sollte. Jedenfalls wurde er mir von einigen Gläubigen so beschrieben, die mit ihm in Kontakt standen. Viele Medien berichteten davon, dass sich aus dem Umfeld der An'Nur-Moschee fünf bis sieben Frauen und Männer dem IS anschlossen und nach Syrien reisten. Nach meinen Recherchen müssen es jedoch deutlich mehr gewesen sein. Doch diese Wahrheit wird wohl erst in einigen Jahren ans Tageslicht kommen, wenn die Schweizer Behörden ihre Ermittlungen dazu abgeschlossen haben.

Erschwerend dürfte es dabei für die offizielle Polizeiarbeit sein, dass in sämtlichen radikalen Moscheen die Freitagsgebete nur auf Arabisch stattfinden und eben nicht eins zu eins ins Deutsche übersetzt werden. Denn bei den Übersetzungen lassen Dolmetscher oft heikle Passagen entweder einfach weg oder formulieren sie geschickt um. Aus diesem Grund ist es für Außenstehende, wie eben auch die Schweizer Behörden, beinahe unmöglich, sich ein objektives Bild zu verschaffen, ob in einer Moschee radikale Predigten gehalten werden. Meine Forderung lautet daher, dass eine Übersetzung der Predigten in Moscheen durch einen vereidigten Übersetzer im Schweizer Gesetz verankert werden sollte. Diese Übersetzungen müssen Wort für Wort erfolgen, und sollte sich ein Gebetshaus nicht daran halten, wird es geschlossen. Hier darf es keine Kompromisse geben, sonst wird man in diesem Land die radikal islamischen Prediger nicht in den Griff bekommen können.

Das Gespräch mit einem konvertierten Islamisten

Ich wollte den Zusammenhang zwischen Predigten und dem Wunsch, nach Syrien zu gehen, weiter beleuchten und suchte den Kontakt zu mehreren jungen Leuten. Dabei stieß ich auf einen jungen Schweizer, eine gepflegte, gut gekleidete Erscheinung mit einem Riesenbart, der erst sechs Monate zuvor zum Islam konvertiert war und zu dem ich ein Vertrauensverhältnis aufbauen konnte. Er bestand jedoch darauf, sich mit mir immer außerhalb der Moschee zu treffen, da sich dort »immer wieder Leute vom Geheimdienst, also Muslime, befinden« und ein offenes Gespräch deshalb nicht möglich sei.

Ich fragte ihn, von welchem Geheimdienst er rede, worauf er mit den Schultern zuckte und meinte, diese Information hätte er von anderen Gläubigen bekommen. Er vermute, es handele sich um den Geheimdienst des IS, aber so genau wisse er es auch nicht. Es ist in diesem Zusammenhang sicherlich kein weiterer seltsamer Zufall, dass insbesondere die radikal-islamischen Moscheen über eine beinahe lückenlose Videoüberwachung verfügen. Auch ich ertappte mich öfter dabei, wie ich das Gefühl hatte, im besonderen Fokus dieser Kameras zu stehen.

In einer unserer Unterhaltungen fragte ich den jungen Mann, was er denn nun vorhabe, nachdem er zum Islam konvertiert sei. Er schien mir ahnungslos und hatte sich offensichtlich nicht einmal damit auseinandergesetzt, ob hier eventuell eine falsche Lehre des Islam vertreten würde. Passend dazu sagte er mir ganz naiv, dass ihm der Imam aufgetragen habe, er solle zum Dschihad nach Syrien gehen.

Dieser Schweizer bestätigte mir im Laufe meiner Unterhaltungen mit ihm wortwörtlich, dass er durch eines der Freitagsgebete so aufgehetzt worden war, dass er nun am Dschihad teilnehmen wolle und dann seinen eigenen Dschihad in Europa führen werde. In diesem letzte Punkt war er zwar noch unentschlossen, aber ich war dennoch wirklich schockiert. Immer wieder habe ich daraufhin versucht, mit dem Imam direkt darüber zu sprechen, doch das war unmöglich. Er wurde mir gegenüber abgeschirmt, verhielt sich zwar freundlich, vermied aber jeglichen Kontakt.

Offenes Gespräch mit einem Mitglied der An'Nur-Moschee

Bevor ich Winterthur verließ, besuchte ich noch andere Gebetshäuser in dieser Stadt. Dort traf ich erneut auf Mitarbeiter aus der An'Nur-Moschee, die ganz gezielt junge Muslime – meist neue Mitglieder der jeweiligen Gemeinde oder einfach nur Besucher – ansprachen und in ein Gespräch verwickelten. Bei diesen Mitarbeitern handelte es sich um strenggläubige Muslime, und mit einem geriet ich sogar beinahe in Streit, weil ich vor dem traditionellen Freitagsgebet meinen Körper – aus seiner Sicht – nicht ausreichend rituell gereinigt hatte.

Wie bereits bekannt, spielen diese Mitarbeiter in solchen Moscheen eine wichtige Rolle bei der Radikalisierung. Bemerkenswert dabei ist, dass sie allesamt kaum Deutsch sprechen. Da diese Personen beinahe ausnahmslos in der Moschee schlafen und leben, wissen sie genau, wer kommt und geht. Sie übernehmen sozusagen die Rolle der Informanten für den Islamischen Staat und andere Organisationen. Dabei gehen sie ausgesprochen geschickt gegenüber den eigenen Landsleuten, ja selbst gegenüber dem Vorstand vor, wie ich mehrfach beobachten konnte. Sie verhalten sich sehr respektvoll und freundlich, vergleichbar mit einem frommen, geistlichen Diener oder dem Küster in christlichen Gemeinden. Doch für mich hatten sie immer auch etwas Bedrohliches an sich.

Zu einem der Vorstandsmitglieder der An'Nur-Moschee konnte ich über zwei Monate hinweg ein vertrauensvolles Verhältnis aufbauen. Es war ein bereits älterer Herr im Alter von etwa 60 Jahren, Arzt, sehr gebildet, der seit über 30 Jahren in Winterthur lebte und auf mich von Anfang an sehr sympathisch wirkte. Wir trafen uns wiederholt an einem neutralen Ort außerhalb der Moschee und unterhielten uns. Dieser Mann, der verständlicherweise ebenfalls anonym bleiben wollte, bestätigte mir meine Recherchen über die radikale Strömung in seiner Moschee. Ihm war bekannt, dass der Imam die Gläubigen mit seinen Hasspredigten aufhetzte, worüber er sich auf seine intellektuelle Art sehr besorgt zeigte.

Zwar wehrte er sich entschieden gegen die Anschuldigungen, Mitarbeiter der Moschee würden versuchen, junge Muslime dazu zu bewegen, sich dem IS anzuschließen, aber er unterstützte letztlich Bestrebungen, Shaikh Wail als Imam abzulösen.

Doch all diese Versuche scheiterten. Nach mehrfachen Nachfragen bestätigte er mir, dass sich diese Moschee schon längst unter der Kontrolle des Islamischen Staates befinde, der jedoch stets im Hintergrund agiere. Schließlich fügte er noch hinzu, die An'Nur-Moschee sollte sofort geschlossen werden, insbesondere der Kaffeeraum und die Kantine, die von den Gläubigen nach dem Gebet aufgesucht werden, da dort viele Radikalisierungen durchgeführt würden. Das deckte sich nunmehr mit meinen eigenen Beobachtungen und Erfahrungen ziemlich genau.

Einen weiteren Hinweis auf die Verbindungen zum IS ergaben sich, als ich während meines Aufenthaltes in der Moschee einmal einen Spendenaufruf miterlebte, da ansonsten die Stromrechnung über eintausend Franken nicht mehr bezahlt werden könne. Auf Nachfragen bestätigte mir mein Kontaktmann im Vorstand, dass dem Verein das Geld fehle, weil viele Mitglieder die Moschee in den letzten Monaten verlassen hätten. Auf meine Nachfrage, wie man sich denn überhaupt finanziere, erfuhr ich, dass das Geld aus dem Ausland komme. Doch konnte oder wollte er mir nicht sagen woher genau. Es fällt jedoch nicht schwer sich, vorzustellen, durch wen diese Moschee ihre finanziellen Mittel erhielt.

Tunesien (Sousse) – ein Zentrum des radikalen Islam

Diesen Bereich der Verstrickungen mit dem IS wollte ich vertiefen. In einer syrischen Moschee in der Nähe des Bahnhofs von Winterthur lernte ich einen jungen Friseur kennen, den ich an dieser Stelle Ahmed nennen möchte. Er hatte zuvor zehn Jahre in Deutschland gelebt. Als sein Asylantrag endgültig abgelehnt worden war, ging er zurück in seine Heimat Tunesien. Er fand dort allerdings keine Arbeit, kehrte nach Europa zurück und hält sich seitdem in der Schweiz auf. Er arbeitet, lebt und schläft in der Moschee – natürlich illegal.

Um sein Vertrauen zu gewinnen, verbrachte ich viel Zeit mit ihm. Immer wieder besuchte ich ihn in der Moschee, ließ mir die Haare schneiden, meinen Bart trimmen, färben und wieder die Haare schneiden. Ständig fiel mir etwas Neues ein, nur um ihn besuchen zu können. Auch lud ich ihn zum Essen ein und unterstützte ihn, wo ich nur konnte. Mit der Zeit begann er, mir unter anderem davon zu erzählen, dass in der Moschee außer ihm selbst noch weitere Flüchtlinge übernachteten, obwohl dies verboten war. Das traf auf mein Verständnis, denn aus der Zeit, als ich noch in Flüchtlingsheimen recherchierte, wußte ich, dass viele Asylsuchende in den Unterkünften schweren Benachteiligungen ausgesetzt waren. Häufig handelte es dabei um Menschen aus Syrien und anderen Ländern, die von ihren muslimischen Mitbewohnern bedroht wurden, in manchen Unterkünften sogar von Sicherheitskräften islamischen Glaubens. Wenn in christlichen Kirchen Flüchtlinge – meist verbotenerweise – aufgenommen wurden, warum dann nicht auch in den Moscheen?

Ahmed nannte mir in seiner offenen und lockeren Art im Laufe der weiteren Wochen mehrere Ansprechpartner, die mir mehr zur Gefahr der zunehmenden islamischen Radikalisierung in der Schweiz erzählen konnten. Er berichtete darüber, wie in den Moscheen junge Männer und Frauen gezielt mit radikalem Gedankengut vergiftet wurden, wie sich diese Gläubigen schrittweise immer mehr für den Dschihad begeisterten und sich teilweise sogar dem IS in Syrien und anderen Ländern anschlossen. Er nannte mir Namen und mit einigen dieser Personen sprach ich im Laufe meiner Recherchen dann auch persönlich.

Ahmed behauptete mir gegenüber, einige der Imame in der Schweiz würden direkt mit dem IS zusammenarbeiten. Inzwischen kannte ich die Situation in der An'Nur-Moschee in Winterthur relativ gut, doch wenn seine Informationen stimmten, handelte es sich dabei nicht um einen Einzelfall. An dieser Stelle begann ich, an seinen Worten zu zweifeln. Als Terrorismusexperte bereiste ich viele Länder, sprach mit Politikern, Terroristen, ich besuchte sogar Terrorcamps und weiß so ziemlich das Meiste über den islamischen Terrorismus, doch von einer systematischen Kooperation zwischen Imamen und dem IS hatte ich zuvor noch nie gehört – zumindest nicht hier in Europa.

Im Rahmen unserer Treffen erzählte er mir seine gesamte Lebensgeschichte. Er, Ahmed, der Friseur, stamme aus der tunesischen Hafenstadt Sousse, direkt am Mittelmeer gelegen, etwa 500 Kilometer von Sizilien entfernt. Das Stadtbild dieser bei Touristen sehr beliebten Stadt wird von der beeindruckenden Stadtmauer, den vielen Moscheen und den modernen Hotels geprägt. Nachdem er Deutschland verlassen musste, kehrte er wieder in seine Heimatstadt zurück, doch hatte sich dort während seiner Abwesenheit viel verändert. Sousse war inzwischen zu einer Hochburg der Radikalisierung fundamentalistischer Islamisten geworden.

So verwundert es auch nicht, dass ausgerechnet in Port El-Kantaoui, das im Gouvernement Sousse liegt, 2015 ein IS-Anschlag auf Touristen verübt wurde, bei dem 38 Menschen ums Leben kamen.

Nachdem ich mich zuvor mit einigen journalistischen Kollegen ausgetauscht hatte, entschied ich mich, als Tourist in die tunesische Hafenstadt zu fliegen und vor Ort mehr über die Hintergründe zu dieser Geschichte zu erfahren. Ahmed nannte mir Namen von Kontaktpersonen und gab mir Tipps, welche Moscheen als besonders radikal gelten. Auf den Straßen dort falle ich mit meinem Aussehen nicht auf, könnte sogar als Einheimischer durchgehen, wenn ich nicht direkt angesprochen werde und antworten muss. Das haben im Wesentlichen dann meine Kontaktpersonen übernommen, mit denen ich vor Ort unterwegs war.

Ich verbrachte knapp zehn Tage in Sousse, besuchte verschiedene Moscheen und sprach mit einigen Imamen. Übrigens war es für mich dort weitaus einfacher, Kontakt mit den Imamen aufzubauen als in der Schweiz, da viele Touristen die Moscheen in Sousse besuchten und die Prediger gewohnt sind, mit Fremden zu sprechen.

Durch meinen Aufenthalt in Tunesien kam ich zu dem Schluss, dass Ahmed wohl recht hatte. Ich traf noch nie so viele radikalisierte

Muslime wie in dieser Stadt, ausgenommen vielleicht in Terrorcamps, die ich zuvor als Journalist besucht hatte.

Einer der Imame in Sousse erzählte mir, dass etwa 50 Prozent aller aktiven IS-Kämpfer, die an vorderster Front kämpfen, von hier stammten. Ein Grund dafür könnte sein, dass in dieser Stadt besonders unter den jungen Leuten eine extrem hohe Arbeitslosigkeit herrscht und der Islamische Staat seinen Kriegern viel Geld zahlt. Sogar sehr viel Geld. Zwischen 2000 und 5000 Dollar erhält die Familie eines IS-Kämpfers, sollte dieser an vorderster Front kämpfen. Und das pro Monat! Für arabische Verhältnisse ist das ein Vermögen. Doch das kann nicht der einzige Grund sein, weshalb gerade aus Sousse so viele IS-Kämpfer stammen, schließlich herrscht auch in anderen arabischen Städten eine hohe Arbeitslosigkeit.

Ich erfuhr auch, dass in Sousse Imame ausgebildet werden und in der dortigen Ausbildung bereits der Grundstock für radikales Gedankengut gebildet wird. Die Ausbildung zum Imam dauert sieben Jahre, mit diversen Zusatzausbildungen sogar insgesamt rund zwölf Jahre, bis ein Imam eine Moschee übernehmen darf. Wie ich in meinen Gesprächen selbst erfahren konnte, handelt es sich bei den geistligen Oberhäuptern in Sousse jedoch um ausnahmslos hochgradig radikale Islamisten. In den Moscheen, die ich in dieser Stadt besuchte, wurden mehr radikal-islamische Thesen verbreitet, als ich irgendwo sonst jemals gehört hatte,. Viele dieser in Sousse ausgebildeten radikalen Imame gehen übrigens nach Europa.

Im Unterschied zu den klassischen »Hochburgen« der Radikalisierung, wie beispielsweise Pakistan, wo die Gläubigen bereits von Kindesbeinen an mit fundamentalistischem Gedankengut vergiftet werden, radikalisiert man in Sousse vorwiegend junge Männer. Der Eindruck meiner umfänglichen Recherchen war, dass in Tunesien die Radikalisierung dem erklärten Ziel folgt, den IS mit frischen Kämpfern zu versorgen und genau dafür die finanziellen Mittel zur Verfügung gestellt werden. Außerdem konnte ich in Erfahrung bringen, dass auch viele ehemalige IS-Kämpfer nach Sousse ziehen. Die tunesische Hafenstadt zählt zudem seit einiger Zeit zu den neuen Flüchtlingsrouten nach Europa. Naiv ist der, der darin lediglich ein zufälliges Zusammentreffen vermutet.

Wie Frauen in Schweizer Moscheen radikalisiert werden

Als ich wieder in die Schweiz zurückkehrte, wollte ich unbedingt mit den Personen sprechen, die mir mein neuer Freund genannt hatte. Besonders interessierte mich, wie es diese Fundamentalisten schaffen, Frauen zu radikalisieren. Es stellte sich dabei schnell heraus, dass ich es als Mann allein nicht schaffen würde, mit einer gläubigen Frau darüber zu reden. Daher zog ich eine muslimische Journalistin aus Deutschland hinzu, die ich schon länger kannte. Mit ihrer Hilfe gelang es schließlich, eine geeignete Gesprächspartnerin zu finden.

Auch hier gingen wir beide – unabhängig voneinander, um nicht verdächtig zu wirken – über längere Zeit hinweg in verschiedene Moscheen zum Beten. Nach einem Tipp aus Winterthur trafen wir endlich eine Frau, die vor einiger Zeit aktiv radikalisiert worden war, dann jedoch aus der Szene ausgestiegen ist. Es handelte sich dabei um eine junge Frau aus Winterthur, die über ihre Erlebnisse sprechen wollte. Auch ihr musste ich absolute Anonymität versprechen. Ich nenne sie daher im Folgenden Aisha.

Sie besuchte in der An'Nur-Moschee in Winterthur regelmäßig den Gebetsraum der Frauen. Schon bald wurde sie von Mitarbeiterinnen der Moschee angesprochen und in Gespräche verwickelt. Sehr schnell sah sie sich dabei in Diskussionen über radikal-islamische Thesen verwickelt. Im Laufe der Zeit nahm der Druck auf sie immer mehr zu. Vor allem sollte sie als gläubige Muslimin für ihren Glauben »kämpfen«. Natürlich immer im übertragenen Sinne, wie ihr versichert wurde. Aisha erzählte, wie geschickt diese Gespräche durchgeführt wurden.

Am Ende wusste sie selbst nicht mehr, was sie glauben sollte, ließ sich aber zu einigen Äußerungen hinreißen, die sie später bedauerte. Das war eine Erfahrung, die sie heute als systematische Gehirnwäsche bezeichnet – ganz so, wie ich es auch selbst erlebt hatte.

Anders als bei der Radikalisierung junger Männer wurden Aisha jedoch keine Propagandavideos mit gewaltverherrlichenden Szenen gezeigt. Ihr wurde nicht die Macht demonstriert, die der IS in seinen eroberten Gebieten ausübt. »Vermutlich«, erzählte sie uns, »weil Frauen anders denken und auf diese Form der Beeinflussung nicht so ansprechen.« Vielmehr rezitierten diese »Anwerberinnen«, wie Aisha jene Frauen heute nennt, ausgesuchte Koranverse, in denen die Stellung der Frau beschrieben wird. Nämlich als eine Kämpferin für den islamischen Glauben, die ihre Familie beschützt.

Heute stehen Aisha Tränen in den Augen, wenn sie von dieser Zeit erzählt. Doch schaffte sie es schließlich, sich aus dem Kreis der Radikalen zurückzuziehen. Sie ging nicht mehr in diesen Kulturverein und wechselte sogar ihren Wohnsitz, um sich so dem Einfluss der An'Nur-Moschee zu entziehen.

»Keine Ahnung, wo ich sonst gelandet wäre. Heute bin ich froh darüber, stark geblieben zu sein«, erzählt sie in dem vertraulichen Gespräch mit uns.

Sowohl meine Kollegin als auch ich hatten das Gefühl, dass es der jungen Frau auch darum ging, durch ihre Erzählung etwas gutzumachen und für andere ein warnendes Beispiel zu sein!

Wir fragten Aisha, woran es ihrer Meinung nach liege, dass sich so viele junge Frauen und Männer derzeit radikalisieren ließen, insbesondere hier in der Schweiz. Sie sah vor allem die sozialen Medien als das Hauptproblem: »Erst dadurch konnten sich diese schrecklichen Propagandavideos überhaupt verbreiten. Wir sehen auf diesen Filmen Menschen mit abgetrennten Köpfen, dahinter weht die Fahne des IS. Fundamentalisten können ungehindert ihr radikales Gedankengut über Facebook, WhatsApp, YouTube, Instagram und viele andere soziale Medien verbreiten«, erklärte sie.

Außerdem betrachtete Aisha das Verhalten der etablierten Medien als großes Problem. Schließlich werde in den Nachrichten jegliche Terrormeldung mit dem Islam in Verbindung gebracht. Der IS werde reflexartig in einem Atemzug mit dem Islam genannt, ohne dass dabei die notwendige Differenzierung vorgenommen werde.

»Der IS hat nichts mit dem Islam zu tun. Es handelt sich dabei um eine Mörderbande, die sich einer Religion bedient, um ihre Verbrechen zu legitimieren. Charles Manson, der 1969 den brutalen Mord an der hochschwangeren Sharon Tate anordnete, betrachtete sich zeitweise als die ›Wiedergeburt Jesu‹. Wird deswegen die christliche Religion dafür angeprangert? Nein! Der Islam ist eine friedliche Religion. Verbrecher, die sich mit Worten aus dem Koran schmücken, handeln deswegen ja nicht automatisch im Namen Allahs.«

Ihrer Meinung nach sollten insbesondere die etablierten Medien differenzierter mit dem Islam umgehen. Nur dadurch ließe sich verhindern, dass junge Menschen unter falschen Voraussetzungen irregeleitet und im Extremfall sogar in den sicheren Tod geführt werden. Über viel mehr war sie nicht bereit mit uns zu reden, da sie Angst um ihre Familie hatte, aber ihre Ausführungen sind durchaus aufschlussreich und sollten insbesondere im Hinblick auf die Bedeutung der sozialen Medien zu denken geben.

Ein Imam spricht offen über das Problem der Radikalisierung

Während meiner Recherchen suchte ich beständig nach einem Imam, der sich einverstanden erklären würde, über die Probleme der Radikalisierung offen zu reden. Bislang hatte sich jeder Imam herausgewunden. Meistens wurden dabei die Schweizer Behörden vorgeschoben, die ihnen angeblich verboten hatten, über Terror und Radikalisierung zu reden. Von Aisha jedoch bekam ich einen wertvollen Tipp: Sie kannte einen Imam, der überhaupt keine Angst haben würde, mit mir als Journalist über diese Themen zu sprechen. Diesen Mann wollte ich unbedingt kennenlernen und vor allem konnte ich dann endlich ganz offiziell als Journalist auftreten, etwas, das ich bislang unbedingt geheim halten musste.

Ich traf ihn im Imam-Zentrum Volketswil in Zürich, einem architektonisch durchaus anspruchsvollen, frei stehenden Gebäude. Jedoch entsprechend dem Schweizer Verbot ohne Minarett.

Hinter einer fast durchgehend gläsernen Fassade erstreckte sich ein lichtdurchfluteter Raum mit einer modernen Atmosphäre, von einer Empore umgeben. Der landesweit sehr bekannte Imam stellte sich mir als Abdul Kader vor. Selbst als ich mich ihm als Journalist zu erkennen gab, hatte er kein Problem, mit mir zu reden. Endlich!

Ich fragte ihn, wie ich darauf vertrauen könne, dass er ein ausgebildeter Imam sei. Er zeigte mir bereitwillig das Zertifikat seiner Ausbildung aus Libyen und legte mir sogar die deutsche Beglaubigung vor. Außerdem erhielt ich von ihm die Genehmigung, sämtliches Material in den Medien zu veröffentlichen. Abdul Kader bestätigte mir, dass es innerhalb der islamischen Gemeinschaft in der Schweiz bekannt sei, dass radikal-islamische Gebetshäuser existierten – mit Imamen, die gezielt versuchen, Muslime zu radikalisieren. Ich fragte ihn, ob er wüsste, dass in Moscheen Versuche unternommen werden, Muslime zum Dschihad zu bewegen? Er verneinte, doch gab er zu, sich diese »bedauerliche Entwicklung« durchaus vorstellen zu können. Seiner Meinung nach herrschten in der Schweiz »lächerliche Gesetze« zur Bekämpfung religiöser Radikalisierung.

Und das, obwohl die Schweiz weltweit als ein sehr strenges Land gelte. Hier müsse viel härter durchgegriffen werden, beispielsweise indem man radikale Imame ausweise. Außerdem müssten sämtliche Mitarbeiter sowie Betreiber von Gebetshäusern regelmäßig auf einen fundamentalistischen Hintergrund überprüft werden, etwa durch eine Befragung durch besonders geschulte Psychologen. Mir wurde plötzlich klar, wie sehr sich die Gesetze eines Landes einerseits und auch der Durchgriff der Behörden andererseits auf das Verhalten der radikalen Islamisten auswirkt. Während etwa in Österreich, wo inzwischen weitaus härtere Gesetze als in der Schweiz gelten, viele Aktivitäten nur noch im Untergrund stattfinden, agieren im Nachbarland Schweiz die Islamisten noch ausgesprochen offen.

Wir wechselten einen Moment lang das Thema und auf meine Frage, wie der Radikalismus in der islamischen Welt grundsätzlich gelöst werden könnte, antwortete der Imam: »Im Islam existieren bekanntlich zwei Hauptrichtungen, und zwar jene der Sunniten und jene der Schiiten, vergleichbar mit der katholischen und protestantischen Glaubensrichtung des Christentums. Daneben treffen wir jedoch auf Hunderte weitere Ableger des Islam. Wenn wir Frieden unter den Gläubigen schaffen wollen, müssen sich alle Vertreter dieser islamischen Glaubensrichtungen in Saudi-Arabien an einem Tisch zusammensetzen. Dann jedoch alle in neutraler weißer Kleidung und nicht in ihrer jeweiligen Gewandung. Erst dann können wir ein Ergebnis erreichen und Frieden schaffen. Eine dauerhafte Lösung erreichen wir jedoch nur, wenn sich zusätzlich die weltweite Politik aus der Religion heraushält.«

Ich sagte ihm, beide Schritte wären unmöglich zu erreichen. Abdul Kader lächelte und nickte. Darin liege leider das Problem, gab er zu. »Eine andere Lösung wäre, dass der Imam Mahdi auf die Erde zurückkehrt, also der Imam der Imame, vergleichbar mit der Rückkehr von Jesus im christlichen Glauben. Er ist es, der alle religiösen Richtungen des Islam vereinen kann und so für Frieden sorgt. Doch auch diese Lösung scheint noch in weiter Ferne zu liegen.«

Abdul Kader arbeitete bis kurz vor unserem Gespräch noch als Vorbeter im Imam-Zentrum Volketswil in Zürich. Dort darf er jedoch nicht mehr predigen und wurde von einem anderen Imam abgelöst. Der Grund liegt darin, dass Kader Gebete für Sunniten wie auch Schiiten abhielt. Dies missfiel dem Vorstand der Moschee und er wurde daraufhin gebeten zu gehen.

Bei diesem Imam handelt es sich um einen sehr frommen Mann, der alle Formen des Islam predigt und sich für den Frieden in der Schweiz einsetzt. Seine Überzeugung ist, dass ein Imam im Islam wie ein Pfarrer im Christentum ausgebildet werden sollte, damit er mit allen Menschen sprechen kann. Jeder Imam, der dies nicht tue oder verweigere, habe immer etwas zu verbergen. Nur Imame, die das Gespräch suchten, würden tatsächlich eine friedliche Koexistenz erreichen wollen.

Ein weiteres Gespräch mit einem Imam

Nach meiner Rückkehr nach Deutschland erhielt ich eines Abends einen Anruf von einer Vertrauensperson. Ich solle am gleichen Abend nach Zug in der Schweiz fahren. Hier würde ich einen weiteren Imam treffen, der bereit sei, mit mir offen über den islamischen Radikalismus in der Schweiz zu reden. Da es sich für mich als Journalist als ungemein schwierig erwiesen hatte, ein offizielles Statement zu bekommen und den jeweiligen Gesprächspartner dabei auch noch fotografieren zu dürfen, fuhr ich zwar sofort los, kam aber erst sehr spät abends in Zug an. Der Imam war zu diesem Zeitpunkt leider nicht mehr zu sprechen und die ganze Fahrt schien umsonst. Aber ich blieb an der Sache dran, und so konnte ich nach einigen Tagen doch noch den Imam der Fatih-Moschee in Zug treffen.

An diesem Gespräch nahm auch ein offizieller Dolmetscher teil, der gleichzeitig zum Vorstand dieser Moschee gehörte. Die Atmosphäre war von Anfang an entspannt und offen. Als ich später meine Tonbandaufzeichnung von einem anderen Dolmetscher kontrollieren ließ, wurde auch deutlich, dass es keinerlei Verfälschungen durch die Übersetzung gegeben hatte. Der Imam Mustafa Topal erhielt seine Ausbildung in Istanbul und lebte seit 2014 in der Schweiz. Er sagte mir, er kenne das Problem der radikal-islamischen Moscheen in der Schweiz und er bedaure diese Entwicklung, denn sie werfe ein denkbar schlechtes Bild auf den Islam. Aus seiner Sicht müsse alles unternommen werden, damit diese fundamentalistischen Islamisten ihr gefährliches Treiben beenden. Für besonders gefährlich halte er die Entwicklung, junge Männer und Frauen in die Fänge von Terrorgruppen wie dem IS treiben zu wollen und das alles unter dem Deckmantel des Heiligen Krieges, des Dschihad.

»Hier wird Religion missbraucht, um politische Ziele auf kriegerischem Wege zu erreichen. Das darf nicht geduldet werden«, sagte er mir.

Beispielsweise arbeite die Fatih-Moschee in Zug eng mit den Behörden zusammen und melde ihnen Fälle von möglichem Extremismus. »Bei uns gab es noch keinen einzigen Fall, dass ein Gläubiger nach Syrien oder sonst wohin ging, um seinem angeblichen Dschihad zu folgen. Auch führen wir regelmäßige Aufklärungsarbeit durch, um vor allem jungen Menschen das wahre Bild des Islam zu zeigen, den friedlichen Islam, der alle Menschen vereinen möchte«, erklärte mir der Dolmetscher.

Dazu gehen Mitarbeiter der Fatih-Moschee in Ortsgruppen und führen Islam-Unterricht durch, es gibt Sprechstunden und viele weitere öffentliche Aktivitäten. Gäste sind in der Moschee jederzeit willkommen.

Abgesehen davon, klärte mich der Imam auf, sei Extremismus im Islam sogar ausdrücklich verboten. Alle Hassprediger würden sich deshalb, auch wenn sie natürlich anderes behaupteten, sogar gegen den Islam wenden.

»Der Koran wurde für alle Menschen verfasst und nicht nur für Moslems«, ergänzte Imam Topal.

Ich erfuhr, dass der Vorstand dieser Moschee die Inhalte der Freitagsgebete jeweils vorab dahingehend prüft, ob darin vielleicht Aussagen vorkommen, die eventuell missverstanden werden könnten.

»Nur so können wir sicherstellen, dass alles richtig läuft«, erklärte der Vorstand der Moschee. Außerdem müssten alle Imame, die in dieser Moschee arbeiten wollen, Deutschkenntnisse besitzen sowie die wichtigsten Schweizer Gesetze kennen.

In Zug wird also viel Wert auf Integration und einen professionellen Umgang mit dem Islam gelegt. Auf meine Frage, was denn passieren würde, wenn ein Imam plötzlich radikale Predigten hielte, antwortete der Vorstand: »Dann wird er sofort entlassen. Das können und wollen wir nicht dulden.«

Ich war froh, nach den Ergebnissen meiner monatelangen Recherchen zuvor nun mit der türkischen Fatih-Moschee in Zug endlich ein Beispiel gefunden zu haben, das einen anderen, den wahren Islam zeigt. Es gibt sie also noch, jene Moscheen in der Schweiz, die als Vorbilder dienen können. Trotzdem können diese wenigen positiven Beispiele nicht darüber hinwegtäuschen, dass in den meisten islamischen Gebetshäusern in diesem Land etwas im Argen liegt. Wenn von politischer Seite hier nicht schnell durchgriffen wird, reisen demnächst weitere radikalisierte junge Muslime in den wohl sicheren Tod als Kämpfer für den Islamischen Staat und andere Terrorgruppen. Tragischerweise in der Annahme, für ihren Glauben zu handeln, dabei sind sie doch bloß Spielfiguren in den Händen skrupelloser Imame.

Auch ich persönlich muss übrigens darauf gefasst sein, nach Veröffentlichung dieses Buches ins Visier islamischer Extremisten zu gelangen. Aus meiner Erfahrung als Terrorismus-Experte weiß ich sehr gut um die Gefährlichkeit dieser Menschen. Doch ist dies meine journalistische Arbeit, mein persönlicher Dschihad, wie ich bereits in einem früheren Kapitel schrieb: Die Menschen in diesem Land aufzuklären und vor Schaden zu bewahren. Ich muss durchaus damit rechnen, als Resultat meiner Undercover-Recherchen mein Leben verlieren zu können. In diesem Fall wäre ich der erste muslimische Journalist in Europa, der für seinen Dschihad umgebracht wurde. Eine wahrhaft wahnwitzige, befremdliche Vorstellung.

Als Ergebnis meiner Recherchen kann ich feststellen, dass die radikalisierten Imame in der Schweiz gar nicht erst versuchen, ihre Zuhörer zum kritischen Denken zu bewegen. Sie fordern blinden Gehorsam, ihre Aktivitäten dienen primär der Manipulation labiler Persönlichkeiten. Sie betonen immer wieder, die europäischen Gesetze seien ihnen egal, wodurch sie deutlich mache dass Integrationsbemühungen und interkulturelle Kompetenz sie nicht interessiere. Sie wollen sich bewusst abschotten. Anstatt ihren Glauben in der Gesellschaft zu leben, lehnen sie diese Gesellschaft ab, fordern aber gleichzeitig Toleranz für ihre eigene Intoleranz. Immer ihr Hauptanliegen verfolgend, möglichst viele Sympathisanten für sich und den radikalen Islam zu gewinnen. Sie selbst behaupten, der IS sei nur eine Erfindung des Westens, um die Muslime in ein schlechtes Licht zu rücken. »ISIS hat nichts mit dem Islam zu tun.« Diesen Satz lese oder höre ich mindestens fünfzig Mal am Tag.

Ich als Muslim kritisiere offen den IS und seine Auslegung des Islam, die man allzu leicht widerlegen kann. Aber ich behaupte nicht, der Islamische Staat habe nichts mit dem Islam gemein. Ganz das

Gegenteil ist zutreffend, er hat sehr wohl etwas mit dem Islam zu tun. Schon allein deshalb, weil er sich auf Koran und Sunna beruft. Doch seine religiösen Quellen sind auch meine Quellen, die von ihm, von den radikalen Imamen und anderen Radikalen jedoch völlig anders interpretiert werden als von mir und der überwiegenden Mehrheit der Muslime. Hinzu kommt: Sie töten im Namen des Islam und unter der islamischen Flagge. Es werden Frauen vergewaltigt, zwangsverheiratet und verkauft und dies alles wird islamisch legitimiert. Zu behaupten, dass ISIS nichts mit dem Islam gemein hat, ist daher ganz einfach falsch. Es handelt sich bei ihm durchaus um eine Strömung, die vom Islam ausgeht.

Der Prophet Mohammed sagte voraus, der Islam werde sich in 73 Gruppen aufspalten und jede davon werde sich für die einzig wahre halten. Es ist erstaunlich, wie viele dieser Gruppen bereits existieren, und der IS gehört mit Sicherheit zu einer von ihnen. Es ist wichtig, diese Dinge beim Namen zu nennen, ansonsten kann das Problem, das nicht nur die Schweiz, sondern die ganze Welt betrifft, nicht gelöst werden. Denn derzeit bietet dieses liberale Land unwillentlich den Nährboden für islamische Radikalisierungen.

Kapitel 5

Die Genfer Moschee

Nach meinen Recherchen in Winterthur fahre ich nach Genf weiter. Kaum angekommen, warte ich bereits in der Nähe der Genfer Moschee in einem Café auf meinen Kontaktmann, den ich Maurice nennen werde. Es handelt sich um einen Syrer, einen Dschihadist, der in dieser Moschee radikalisiert wurde und mir seine Geschichte erzählen will.

Meine Recherchen zur salafistischen Unterwanderung der Schweiz führten mich rasch in den französisch sprechenden Teil, in diesem Fall nach Genf. Laut des Islamischen Zentralrats der Schweiz existieren in der Schweiz insgesamt rund 280 Gebets-Zentren, Moscheen und religiöse Vereine.[11] Dabei sticht Genf besonders heraus, denn dort findet sich die größte Moschee des Landes, die bis zu 1500 Gläubigen Platz bietet. Sie wurde im Jahre 1978 vom saudi-arabischen König Chalib ibn Abd al-Aziz und dem Schweizer Bundespräsidenten Willi Ritschard im Rahmen einer aufwendigen Feierlichkeit gemeinsam eingeweiht. Doch die meisten Gläubigen, die diese Moschee besuchen, kommen nicht aus Saudi-Arabien. Sie stammen nicht einmal aus dem arabischen Raum. Die meisten Moscheebesucher sind türkischer, albanischer und bosnischer Herkunft.

Ich führte 2016 erste Recherchen in den Moscheen von Winterthur durch, und nachdem ich meine Ergebnisse veröffentlicht hatte, sorgten diese für einige Aufregung in den Schweizer Medien. Dadurch war es für mich jetzt schwieriger geworden, mich in die Genfer Moscheen einzuschleusen, da ich davon ausgehen musste, dass die Mitglieder schon gewarnt waren oder gar ein Foto von mir besaßen. Daher musste ich eine neue Taktik entwickeln und mehr mit Vertrauenspersonen und Informanten zusammenarbeiten, also mir durch Dritte berichten lassen. Teilweise besuchte ich mit diesen Personen gemeinsam die verschiedenen Genfer Moscheen, da ich auf diese Weise grundsätzlich weniger Aufmerksamkeit erregte, als wenn ich allein in den Gebetshäusern aufgekreuzt wäre und diverse Fragen gestellt hätte. Ich veränderte zudem mein Aussehen, gab mich als Übersetzer bei der UNO in der Abteilung Pakistan aus und ließ bekannt werden, dass ich erst seit kurzem in Genf leben würde und Anschluss suche. Im Zuge meiner Recherchen fand ich relativ schnell heraus, dass Genf eindeutig als einer der Hotspots der radikalisierten Moscheen innerhalb der gesamten Schweiz zu zählen ist. Hotspot deswegen, da meine ersten Informationen den Verdacht erhärteten, dass einige besonders radikale Islamisten in dieser Moschee ein- und ausgingen. Noch fehlten mir dazu eindeutige Beweise, doch das sollte sich bald ändern.

In Kontakt mit einem Dschihadisten

Mit meiner Tarnidentität als UNO-Dolmetscher hielt ich mich tagelang regelmäßig in den zahlreichen kleinen albanischen Cafés in der Nähe der Genfer Moschee auf und versuchte Kontakte zu knüpfen, die mir Einblick in die Struktur und Vorgehensweise der Dschihadisten geben könnten. Ich lernte dort etliche junge Männer kennen, die sich jedoch sehr reserviert zeigten, sobald ich begann, Fragen zur Moschee zu stellen. Daher änderte ich meine Taktik, knüpfte einige Bekanntschaften und fragte, wo man abends Spaß mit Mädchen haben könnte. Auf diese Weise entwickelte sich eine Freundschaft zu einem Albaner. Mit ihm hielt ich mich einige Male im Rotlichtmilieu der Stadt auf, lud ihn die meiste Zeit ein und gewann so langsam sein Vertrauen. Durch ihn wiederum baute ich zu einigen der Kellnerinnen rasch ein gutes Verhältnis auf, da ich immer ein üppiges Trinkgeld hinterließ. Mit einer der Frauen, die vor einigen Jahren von Deutschland nach Genf gezogen war, verstand ich mich besonders gut. Sie stammte ursprünglich aus dem Irak, sprach perfekt Deutsch und deutete mir gegenüber an, einige Leute aus der Moschee zu kennen.

Ich lud sie einige Male abends zum Essen ein. Sie erzählte mir dabei von einem jungen Mann, der in Syrien beim Islamischen Staat ausgebildet worden sei und öfter in dem Café verkehrte, in dem sie arbeitete. Sie meinte jedoch, es sei sehr schwierig, mit ihm darüber zu reden, weil er sehr zurückhaltend sei. Für mich war dies jedoch eine erste Chance, über Erfahrungen beim IS zu sprechen, daher drängte ich sie, für mich einen Kontakt mit ihm herzustellen. Mich interessierte, wie er sich radikalisiert hatte, sich dann in die Fänge des Dschihads begeben hat und sich schriftlich zu einem Anhänger des radikalen Islam gewandelt hat.

Maurice

Mein erstes Treffen mit Maurice am 18. August 2017 verlief belanglos. Wir unterhielten uns über Gott und die Welt, wobei ich es vermied, die Moschee, den IS oder sonst etwas anzusprechen, was ihn irgendwie hätte misstrauisch machen können. Nach einer knappen Stunde trennten wir uns wieder. In den darauffolgenden Tagen verabredeten wir uns immer öfter. Dabei achtete ich darauf, mich mit ihm an verschieden Orten zu treffen, ohne zunächst besonders viele Fragen zu stellen. Zum einen wollte ich auf diese Weise vermeiden, dass man uns beobachtete, ohne dass ich etwas bemerkte, zum anderen wusste ich aus meinen Treffen mit anderen Dschihadisten, dass sie zu Beginn häufig sehr skeptisch gegenüber Fremden waren. Nach mehreren Gesprächen offenbarte er mir die kluge Strategie der Genfer Imame.

Maurice wirkte auf mich bereits bei unserem ersten Aufeinandertreffen auf eine gewisse Weise zerbrechlich und leicht beeinflussbar. Das lag wahrscheinlich daran, dass er nach einem schweren Autounfall viele Jahre zurückgezogen gelebt hatte, lediglich mit seinem Computer als einzige Ablenkung. Er erzählte mir, dass er in dieser Zeit nach einer Bedeutung für sein Leben suchte. Diese fand er schließlich im Islam. Letztlich, von einem Tag auf den anderen, wandelte er sich zu einem Bekehrten und verfiel sehr schnell dem radikalen Islam. Er erzählte mir, dass er über Facebook mit Leuten in

Syrien in Kontakt gekommen war. Diese Personen kontaktierten ihn regelmäßig, lullten ihn mit ihren Geschichten ein. So wuchs ihr Einfluss auf Maurice, bis sie ihn 2016 schließlich nach Syrien einluden. Sie übernahmen sämtliche Kosten, zahlten ihm also den Flug und auch die Unterbringung, und so landete er schließlich in einem Ausbildungscamp.

»Sie sagten, ich solle bis zu meiner Abreise nach Syrien nicht mehr so oft in die Moschee gehen, weil es nicht gut wäre, denn das wäre nicht der wahre Islam, den sie dort predigten. Außerdem sollte ich nicht mit Nichtmuslimen aus meinem Umfeld sprechen. Ich würde in einer Gruppe in Syrien beten und so nach und nach den wahren Islam kennenlernen. Ich begann daraufhin, mich zu verschließen. Ich erkannte nicht, was auf mich zukommen würde und dass es sich um eine Sekte handelte«, erzählt er mir bei einem unserer Treffen. Dabei legte er zwischen den einzelnen Sätzen immer wieder lange Pausen ein. Vermutlich, weil er überlegte, wie er es mir am besten erzählen sollte, ohne sich selbst zu belasten.

Nachdem er tief durchgeatmet hatte, legte er nochmals nach: »Es fällt mir schwer, es zuzugeben, aber ich war ein Schaf, das der Herde folgte. Durch die Diskussionen mit mir haben sie mich sogar überzeugt, dass ich auch kämpfen könnte.«

Maurice lässt schließlich mit 29 Jahren – frisch radikalisiert – alles hinter sich: seine Familie, seine Freunde, sein Wallis. Er geht, um sich den Soldaten des Terrors anzuschließen.

An dieser Stelle an jenem Abend brach ich das Gespräch ab, da ich bemerkte, wie schwer es Maurice fiel, die Tränen zurückzuhalten. Um ihn abzulenken, begann ich mit ihm Karten zu spielen. Er rauchte viel und obwohl ich selbst Nichtraucher bin, zündete ich mir an diesem Abend ebenfalls eine Zigarette an, um ihm das Gefühl zu geben, nicht allein zu sein.

Am nächsten Tag erschien Maurice nicht mehr in dem Café und leider hatte er mir auch keine Handynummer hinterlassen, unter der ich ihn erreichen konnte. Da auch die Kellnerin keine Kontaktdaten von ihm hatte, gab es für mich keine Chance, ihn zu erreichen. So ergab sich leider zunächst einmal keine Möglichkeit mehr, das Gespräch fortzusetzen.

Unter Geheimdienst-Beobachtung

Ich begann daraufhin wieder vermehrt, die Genfer Moschee im Stadtteil Le Petit-Saconnex aufzusuchen. Bei dieser Moschee handelt es sich um einen schlichten Bau mit einer Sandsteinfassade und einer wunderschönen gläsernen Decke, durch die an den meisten Tagen die Sonne den Raum in helles Licht hüllt. Die Prediger – die Imame – wechseln sich regelmäßig ab, und während ich dort verkehrte, hörte ich die Ansprachen der Imame Tonnerieux Mehdi, Noureddine Ferjani und Abdelkarim Aragon. Der Letztere leitet auch die Kurse für Konvertiten. Dabei stellte ich fest, dass die Freitagsgebete keinen Hinweis auf radikalen Islamismus lieferten, im Gegenteil: Ich hörte mehr oder minder friedlich gestimmte Töne. Bis auf eine Ausnahme, und zwar von einem vermutlich aus Algerien stammenden Prediger. Wie ich bereits in vielen anderen Moscheen in der Schweiz, aber auch in anderen Ländern wie Deutschland oder Österreich festgestellt hatte, wurde auch in der Genfer Moschee nicht in der Landessprache gepredigt (also in diesem Fall auf Französisch). Die Freitagsgebete fanden ausschließlich auf Arabisch statt, wodurch es für einen Außenstehenden – wie beispielsweise für Vertreter von Behörden wie Polizei oder Staatssicherheit – so gut wie unmöglich war, festzustellen, ob radikal-islamistische oder sogar verfassungsfeindliche Botschaften verbreitet wurden. Aber auch wenn man einen Übersetzer einsetzt, kann man nie wirklich wissen, ob er tatsächlich alles und wörtlich übersetzt. Auch diese Erfahrung durfte ich bereits in anderen Moscheen der Schweiz machen, wo Dolmetscher durchaus radikale Predigten von Imamen in eine entschärfte Form übersetzten, aus welchen Gründen auch immer.

Ich lernte dort dann einen pakistanischen Imam kennen. Gleich bei meiner ersten Begegnung mit ihm wollte er viel über mich wissen, hakte immer wieder nach, bis ich gezwungen war, das Gespräch abzubrechen, um meine wahre Identität als Journalist nicht preisgeben zu müssen.

Bei meinen Besuchen in dieser Moschee im Genfer Le Petit-Saconnex fiel mir auf, dass die Frauenseite ungewöhnlich stark besucht wurde und dass das Angebot für den Koran- und Islamunterricht für Kinder breiten Zuspruch fand. Nach Einschätzung einiger anderer Gesprächspartner, vor allem ehrenamtliche Mitarbeiter sowie Vorstandsmitglieder der Moschee, werden die Kinder bereits stark, genauer gesagt, zu stark im Sinne eines politischen Islam beeinflusst. Gern hätte ich einen Kurs für Konvertiten besucht, aber es wäre aufgefallen, wenn ich als Pakistani daran teilgenommen hätte.

Also beschränkte ich mich zunächst auf die Beobachtung der Abläufe und achtete auf die Inhalte der Freitagsgebete. Damit war ich allerdings nicht allein, wie ich schnell feststellen durfte: Mir fielen immer wieder bestimmte Männer auf, die sich ebenfalls regelmäßig in der Moschee aufhielten und dabei noch mehr auffielen als ich. Durch meine pakistanische Herkunft verschmolz ich gewissermaßen mit den Gläubigen, die diese Moschee aufsuchten. Diese Männer jedoch waren eindeutig Schweizer, die offenkundig nicht wegen der Gebete hierherkamen. Von einem Kontaktmann erfuhr ich, dass es sich dabei um den Schweizer Geheimdienst handelte. Diese V-Männer nahmen regelmäßig die Freitagsgebete auf und ließen sie sich übersetzen, um sich ein genaueres Bild zu verschaffen. Doch diese Bemühungen sind letztlich nur ein Tropfen auf einem ausgesprochen heißen Stein, denn in dieser Moschee passiert vieles unbemerkt in den hinteren kleinen Räumen, die auf der rechten Seite des Gebäudes liegen. Außerdem gibt es zahlreiche Aktivitäten außerhalb der Moschee, die zwar in direkter Verbindung mit dem religiösen Leben stehen, sich aber der Beobachtung der Behörden entziehen. So wurde ich beispielsweise zu einer Familienfeier eingeladen, zu einem Barbecue-Picknick in einem Park. Da ich jedoch alleinstehend bin, konnte ich dieser Einladung nicht folgen, denn es wird erwartet, dass man zu solchen Gelegenheiten mit seiner Familie erscheint.

Eine weitere Moschee in Genf

Während meines Aufenthalts in Genf besuchte ich auch andere Moscheen, so auch eine in einem Hinterhof in der Stadtmitte. Dabei handelte es sich lediglich um einen von außen kaum erkennbaren, relativ kleinen Gebetsraum, der keine Möglichkeit bot, sich hinterher in verschiedenen Gruppen zu Gesprächen zu treffen, wie es eigentlich üblich ist. Stattdessen trafen sich die Gläubigen nach den Predigten in einem der kleinen Geschäfte oder Cafés in unmittelbarer Umgebung. In dieser Moschee traf ich überraschenderweise auch Maurice wieder und war glücklich über die Aussicht, das Gespräch mit ihm fortführen zu konnen. Um ihn nicht gleich zu verschrecken, grüßte ich ihn lediglich und fragte nach seinem Befinden. Nach einem gemeinsamen Gebet lud ich ihn zum Mittagessen in ein Restaurant ein, das auf der linken Seite des Hinterhofs lag. Dabei kamen wir ziemlich rasch wieder an jenen Punkt, an dem unser letztes Gespräch geendet hatte. Er erzählte mir, dass er nach seiner Ausbildung sofort in den Krieg gegen Assad gezogen war. Er wollte dem syrischen Volk helfen, wie er mir sagte, und befand sich plötzlich im Krieg, ein paar Kilometer von Raqqa entfernt, der selbst ernannten Hauptstadt des Islamischen Staates. Ungeschickt, wie er sich als Ausländer in dem Gebiet bewegte, wurde er sehr schnell der Spionage verdächtigt und mit 54 weiteren Personen vom IS aufgegriffen.

»Ich wurde gefesselt und man zwang mich, auf dem Boden zu sitzen«, erzählte Maurice weiter. »Ein Mann mit einer Kalaschnikow stand einen halben Meter vor mir und zielte mit einer Bewegung seines Maschinengewehrs auf mich, um mich wie rein zufällig zu treffen. Vor lauter Panik konnte ich mich keinen Zentimeter bewegen. Er hat es sich dann aber anders überlegt und ich wurde stattdessen in einen Raum gebracht, wo man mich über mehrere Stunden hinweg brutal schlug. Immer wieder, ohne dabei auch nur ein Wort mit mir zu reden. Danach brachte man mich in ein anderes Zimmer, zu einem Verhör. Diesen Mann, der mich dann über weitere Stunden hinweg immer wieder verhörte, werde ich nie vergessen, denn ich sah sein Gesicht einige Monate später wieder, als ich ihn in den Medien als denjenigen wiedererkannte, der sich am Brüsseler Flughafen als Selbstmordattentäter in die Luft sprengte.«

Maurice blieb insgesamt drei Monate in Syrien. Da die Soldaten des Terrors damals noch nicht so stark organisiert waren, hatten sie ihn offenbar aus gesundheitlichen Gründen ziehen lassen.

»Ich war offensichtlich stark traumatisiert. Das habe ich nicht verstecken können. Zurück in der Schweiz wurde ich von der Bundespolizei erwartet, die mich sofort in Gewahrsam nahmen. Sie verhörten mich und stellten mir viele Fragen. Ich war sehr kooperativ, denn ich wollte einfach mit diesen ganzen Dingen abschließen. Schlussendlich wurde ich zu gemeinnütziger Arbeit von allgemeinem Interesse verurteilt – und zu zwei Jahren Gefängnis, eine Strafe, die ich bereits abgesessen habe.«

Durch gezielte psychologische Betreuung konnte er schließlich seine traumatischen Erlebnisse verarbeiten und zurück in die Gesellschaft finden. Eine Geschichte wie die von Maurice ist jedoch leider kein Einzelfall, und nicht alle diese Geschichten nehmen ein so glimpfliches Ende.

Die Früchte der Arbeit

Im Laufe der Zeit trug wohl auch meine journalistische Arbeit dazu bei, dass in der Schweiz mittlerweile viele Einzelheiten terroristischer Aktivitäten und auch der Umfang der Bedrohung bekannter wurden. So kündigten die Behörden strengere Antiterrormaßnahmen für islamistische Gefährder an. Dazu zählen beispielsweise ein Ausreiseverbot, aber auch elektronische Armbänder oder die Standortfeststellung von Mobiltelefonen. Das führte jedoch auch dazu, dass mein Name und meine Identität als Undercover-Journalist im Zusammenhang mit der Winterthurer Moschee öffentlich bekannt wurde. Einerseits half mir dieser Umstand im Rahmen meiner Zusammenarbeit mit ehemaligen Dschihadisten oder Salafisten sowie mit Behörden und lokalen Journalisten, andererseits erschwerte es jedoch auch meine Arbeit in Genf.

Durch meine weiteren Recherchen erfuhr ich, dass die Universität Genf aufgrund der besonderen Schweizer Rechtslage von Dschihadisten den Lebenslauf, in diesem Fall von zehn Jugendlichen wie Maurice, für eine spätere Auswertung dokumentierte. Ein in Europa einzigartiges Werk, das von einem Polizeibeamten der Antiterrorbrigade des Bundes zusammengetragen wurde, der es aber vorzieht, anonym zu bleiben. In diesem der Öffentlichkeit nicht zugänglichen Dokument wurden die Aussagen der Schweizer Dschihadisten aus ihren Anhörungen zusammengetragen. Beispielsweise finden sich darin folgende, durchaus bedrohliche Aussagen von Jugendlichen, die – man kann dies nicht oft genug betonen – mitten in der Schweizer Gesellschaft leben:

»Wir waren von der Realität abgeschnitten, weil wir Menschen waren, die diese Ideologie verinnerlicht hatten.«

»Leute wie ich können nicht in der Schweiz leben. Ich trage den Schleier, und das kann ich hier nicht tun. (...) Wir töten Menschen hier, um anderen die Augen zu öffnen.«

In den Aussagen gab es einen Verweis auf eine albanisch-islamische Unterrichtsschule in Genf und diese versuchte ich nun ausfindig zu machen, erfuhr jedoch bald darauf, dass sie vorübergehend geschlossen sei. Stattdessen besuchte ich die Genfer Universität und lernte im September 2017 bei einem Kaffee in der Cafeteria einige afghanische Studenten kennen. Ich erläuterte ihnen, dass ich an der Uni studieren möchte, und suchte dabei nach Anzeichen, die darauf hindeuteten, dass auch dort radikalisiert werden würde. Sie verwiesen mich an einen der Professoren, einen alten Bekannten von mir, dem ich einige wichtige Informationen über die Schweizer Dschihadisten-Szene verdanke. Seinen Namen darf ich hier leider nicht nennen, jedoch betreute er zu dieser Zeit die Masterarbeit eines Polizisten, die einige wesentliche Informationen über diese Zusammenhänge beleuchtete. In diesem Bericht wurde über Persönlichkeitsprofile von Personen berichtet, die als besonders anfällig für die Radikalisierung galten, so genannte Schlüsselerfahrungen:

Zum einen finden sich unter den Dschihadisten häufig gebrochene Persönlichkeiten. Neun von zehn haben ihr Studium nicht abgeschlossen, waren arbeitslos und haben aus den unterschiedlichsten Gründen nicht ihren Platz in der Gesellschaft gefunden, obwohl es sich bei ihnen hauptsächlich um Schweizer handelt. Es sind dies junge Menschen, die sich gegen den Staat, seine Werte oder das gesamte System wenden. Als Gründe hierfür wird oft wirtschaftliche oder soziale Unzufriedenheit genannt.

Ein weiteres Element ist die Anwesenheit eines Rekrutierers, also einer Autorität oder einer besonderen Persönlichkeit, die die Radikalisierung und das Konvertieren tatsächlich überzeugend darstellen und begleiten kann. Eine charismatische Figur, in deren Bann die Jugendlichen gelangen. Eine solche Bezugsperson ist immer unabdingbar, da eine Radikalisierung im Internet über ein paar Klicks allein nicht erfolgreich funktioniert. Dies ist besonders wichtig: Die Auffassung – drei Klicks im Internet und man ist radikalisiert –, die man teilweise auch in den Medien findet, stimmt schlicht nicht. Es gibt immer eine Bezugsperson. Sie spielt für die Radikalisierung eine zentrale Rolle.

Durch die gesammelten Berichte und Zitate aus den sozialen Netzwerken lassen sich die Zielrichtung und die Absichten dieser Schweizer Dschihadisten, die derzeit im Ausland leben, besser nachvollziehen. Ich fragte daraufhin den Professor, ob er nicht Angst hätte, nachdem er bestimmte Sätze in diesem Bericht gelesen hatte.

Er bejahte meine Frage und führte weiter aus, dass es ihn besonders beängstige, dass es sich hierbei bereits um einen Schweizer Terrorismus handele: »Die Blick- und Zielrichtung liegt auf der Schweiz. Wir haben viel über den Terrorismus in Europa gesprochen und ihn lange eher als ein kulturelles Problem betrachtet. Auf vielen Gebieten und besonders bei den Sicherheitsfragen glaubten wir, dass unsere Neutralität uns schützen würde. Aber das ist nicht mehr der Fall. Als junge Menschen bereit waren, in Genf, Bern, Zürich oder sogar Lausanne Bomben für diese Ideologie herzustellen, holte uns die Realität plötzlich ein und die Bedrohung erhielt eine äußerst konkrete Dimension«, erklärte er.

Auf meine Nachfrage nach der möglichen Größenordnung meinte er: »Von den 110 Dschihadisten, die der Schweizer Justiz bekannt sind, gelten einige als tot, aber 80 davon sind noch immer in Syrien und von diesen wissen wir letztlich nichts. Und diese Gruppe wird immer größer.«

Zu lasche Gesetze

Ein ehemaliger Beamter, der lange Zeit in der islamistischen Szene in Genf tätig war, erzählte mir, dass die abgefangenen oder zumindest mitgelesenen Botschaften sich jetzt mehr an Leute richten, die nicht nach Syrien reisen wollen, sondern die den Dschihad durch gezielte Aktionen in der Schweiz unterstützen möchten. Damit ist gemeint, dass die Hasspredigten radikalisierter Imame nun weitaus intensiver dazu eingesetzt werden, um die Gläubigen innerhalb der Schweiz zu radikalisieren. Ich vermute, durch diese neue Welle intensivierter islamistischer Propaganda sind terroristische Anschläge auch in der Schweiz deutlich wahrscheinlicher geworden, und wenn ich alles richtig interpretiere, könnte es sogar schneller zu Anschlägen kommen, als man denkt.

Die Spuren der Dschihadisten sind hauptsächlich im Internet sichtbar, in der Regel auf zwei Ebenen: der öffentlichen, wie beispielsweise den Facebook-Seiten. Wenn jedoch Taten geplant und präzisiert werden, geht es um verschlüsselte Informationen, also etwa auf bestimmten Plattformen im Darknet, die kryptografisch geschützt sind. Auf diese Plattformen haben wir nicht so leicht Zugriff und selbst für die Behörden ist es schwer, sich in diesem Bereich des Internets einzuschalten. Somit können diese Terrororganisationen relativ unbehelligt ihre Attentate planen und koordinieren, ohne sich der Gefahr auszusetzen, dabei erwischt zu werden. Jedenfalls handelt es sich für uns um ein ausgesprochen schwer überschaubares Risiko.

In jener zweiten Moschee in Genf erfuhr ich durch einen Kontaktmann von der Existenz einer Plattform namens »Ansar Ghenaba«, die als eine der wichtigsten Rekrutierungsplattformen gilt. Dort pflegen Dschihadisten ihre Kontakte untereinander, z.B. innerhalb des »Al Hassan«-Netzwerks, eines der größten Netzwerke dieser Art, das insbesondere in der Schweiz und in Frankreich aktiv ist. El Hassan, der Hauptvermittler, ist ein Franzose, der einige Zeit in der Schweiz verbrachte, inzwischen jedoch nach Frankreich zurückgekehrt ist. Sein eigentlicher Name lautet Mourad Faurès, er befindet sich zur Zeit in Haft irgendwo in Frankreich.

Nach Gesprächen mit Kontaktpersonen und meiner Einschätzung nach werden über diese Plattform pro Jahr etwa 200 Personen rekrutiert, die mit dem sogenannten »Emir« Omar Diaby Kontakt halten. Einer eher illustren Persönlichkeit, die über die Plattform »Ansar Ghenaba« seine Sicht des Islams lehrte, bis diese Webseite von den Behörden geschlossen wurde. Nach der Schließung der Webseite wurde Omar Diaby wegen der Beteiligung an einer kriminellen Organisation angeklagt. »Kriminelle Organisation« deswegen, weil der Begriff »Terrorismus« im Schweizer Strafgesetzbuch nicht existiert. Während er auf sein Urteil wartet, bleibt der Mann auf freiem Fuß. Ich versuchte, mit ihm ins Gespräch zu kommen, aber nach Rücksprache mit seinem Anwalt brach er jeden weiteren Kontakt mit mir ab.

Es ist für mich erstaunlich, dass dieser Mann nicht spätestens dann in Untersuchungshaft genommen wurde, als die Fakten der Ermittler bekannt wurden. Nicht wegen der Fluchtgefahr, sondern wegen der Kontakte, die er dadurch weiterhin ungehindert in die islamistische Szene pflegen kann. Sein Anwalt meinte dazu: »Ich kann mir vorstellen, dass dies auf die sehr gute Zusammenarbeit meines Mandanten mit der Staatsanwaltschaft zurückzuführen ist, denn dadurch wurde deutlich, dass er nicht der Kopf dieser Gruppe ist. Man kann ihn ja auch außerhalb unter Beobachtung stellen.«

Da es aber in diesem Fall keine Sicherungsverwahrung gab, gibt es auch keine anderen Überwachungsmaßnahmen, die es ermöglicht hätten, festzustellen, ob von dieser Person wirklich keine Gefahr ausgeht. Nach Informationen vertraulicher Quellen reiste er unterdessen nach Mazedonien aus, was mich nicht überrascht, denn die Ermittlungen dauern nunmehr bereits seit drei Jahren an.

Im Bereich des Terrorismus zählt die Schweizer Gesetzgebung zu den wahrscheinlich schwächsten Europas. Im Falle von Omar Diaby sieht das Gesetz lediglich eine Freiheitsstrafe von maximal fünf Jahren vor. In Frankreich oder Deutschland wären es für den gleichen Tatbestand hingegen bereits zehn Jahre. Ein Bewusstsein für die Notwendigkeit, die aktuelle Gesetzeslage verschärfen zu müssen, dürfte jedoch bereits auch in der Schweiz entstanden sein, da meines Wissens nach eine Verschärfung der bestehenden Gesetze zumindest eingeleitet wurde. Demnach soll ein neues Gesetz eine Strafverfolgung von Personen erlauben, die andere Personen verbergen und terroristische Organisationen unterstützen. Jegliche terroristische Aktivität wird in der Schweiz zukünftig als schweres Verbrechen gelten, so lautet zumindest die Planung.

Dabei handelt es sich um ein relativ hartes Gesetz, und das nicht ohne Grund: Schließlich ist die Gesamtsituation ausgesprochen beunruhigend, denn bei den gerichtlich bereits bekannten 110 Dschihad-Soldaten handelt es sich keineswegs um Einzelfälle. Der Geheimdienst des Landes überwacht zudem über 500 weitere Personen, die in irgendeiner Form an terroristischen Aktivitäten beteiligt sind oder sein könnten – und diese Zahl könnte sich laut vertraulicher Quellen künftig rasch erhöhen. Dabei gilt eine Gleichung, die zwischen den verschiedenen Organisationen ausgearbeitet wurde und die besagt, dass für jeden Kämpfer, der die Schweiz verlässt, zwischen 5 bis 10 Personen vorhanden sind, die diesem nahestehen und ihn unterstützten. Für die Schweiz ist das Erwachen aus der Sorglosigkeit brutal, denn es wird nun deutlich, dass das Land im Vergleich zu seinen europäischen Nachbarn einer ähnlich großen Gefahr ausgesetzt ist wie diese.

Die Schweiz im Mittelpunkt terroristischer Aktivitäten

Seit dem Anschlag auf die Satirezeitschrift »Charlie Hebdo« hat sich der Terrorwahnsinn noch verstärkt: Bataclan, Brüssel, Barcelona, Nizza – all diese Angriffe werden auf der Internetseite »Hamak«, türkisch für »Hängematte«, dem Schaufenster der Terrorpropaganda, angepriesen. Dort werden rund 2000 Nachrichten pro Tag gepostet, und die private news, persönliche Nachrichten, dieses Kommunikationsnetzwerks werden in zahlreichen Sprachen wiedergegeben. Hamak wurde in den letzten Jahren zu einer Art Presseagentur des Islamischen Staats. Es war eines der ersten Organe, das offiziell vom IS genutzt wurde, um seine Aktivitäten bekannt werden zu lassen und die Nutzer leichter erkennen zu lassen, wo die nächsten Anschlagsziele liegen.

Nach dem Anschlag in Barcelona am 17. August 2017 wurde den verschiedenen europäischen Behörden bewusst, dass Spanien schon länger als angekündigtes Ziel der Dschihadisten galt, doch war das für Außenstehende bis zu diesem Attentat nur schwer zu erkennen. Etwa zwei Monate vor dem Anschlag begann Hamak, Texte in spanischer Sprache online zu stellen, um Spanien allmählich in den Fokus zu rücken. Diesen Zusammenhang erkannte damals jedoch niemand, da diese Form der Bekanntmachung eines neuen Terrorziels völlig neu war. Inzwischen haben die verschiedenen Behörden diese Form der Kommunikation zwischen terroristischen Gruppierungen, die sonst keine Verbindungen untereinander pflegen, erkannt und auch für andere Länder ließen sich derartige Zusammenhänge identifizieren. Dass auch für die Schweiz Gefahr besteht, schließt heute kein Experte mehr aus. Eine Gefahr, die von Menschen ausgeht, die in der Schweiz aufgewachsen sind, die die gleiche Form der Sozialisierung wie alle anderen Schweizer erfahren haben, sich jedoch gegen die Gesellschaft entschieden haben.

Warum radikalisieren sich überhaupt junge Menschen in der Schweiz und wie sind die dramatischen Folgen zu verhindern? Das sind Fragen, denen man sich stellen muss, schließlich zählt die terroristische Gefahr in der Schweiz leider zu einer kaum mehr zu übersehenden gesellschaftlichen Realität. Nicht zufällig mehren sich inzwischen auch die Verhaftungen radikalisierter Islamisten. So wurde in Winterthur auch aufgrund meiner Recherchen der Imam der Al Nur-Moschee zu einer 18-monatigen Haftstrafe verurteilt und für 10 Jahre ausgewiesen, unter anderem weil er zum Mord an nicht praktizierenden Muslimen aufgefordert hatte. Doch hat dies wohl kaum eine weitreichend abschreckende Wirkung auf andere Imame oder gar auf die radikalisierten jungen Schweizer.

Das Geschäft rund um die Moscheen blüht. Im Zusammenhang mit der Kontroverse um den Imam Abu Ramadan im schweizerischen Biel, der im Verdacht steht, ein Hassprediger zu sein, strahlte ein Schweizer Fernsehsender den folgenden Ausschnitt eines Freitagsgebets aus: »Oh Allah! Ich flehe Dich an! Zerstöre die Feinde unserer Religion. Zerstöre Juden, Christen, Hindus, Russen und Schiiten! Allah, ich bete, sie alle zu vernichten und dem Islam seine Pracht zurückzugeben!«

Der Bieler Stadtparlamentarier Mohamed Hamdaoui hielt daraufhin mit einem offenen Brief auf Facebook dagegen:

»Hasserfüllter Imam! Ich habe diesen Gattungsbegriff gewählt, weil ich aufgrund der Unschuldsvermutung nicht das Recht habe, Ihre wahre Identität zu offenbaren. Das ist eine Besonderheit unserer Rechtsstaatlichkeit, Bösewichte wie Sie zu schützen und Sie nicht zu verurteilen. Wenn wir Muslime angreifen und ich als Muslim noch mehr Muslime sehe, die Gräueltaten im Namen des Islam verüben, dann ist das für mich unerträglich.«

Wie ich recherchieren konnte, hatte die Gemeinde schon lange zuvor von den radikalen Tendenzen gewusst, aber nichts dagegen unternommen. Selbst dann nicht, als bereits einige Zeitungen über die radikalen Predigten und über das fundamentalistische Verhalten rund um diesen Imam berichteten.

Ich ersuchte Mohamed Hamdaoui um ein persönliches Gespräch.

»Wir wissen nicht, wie lange diese Tendenzen schon bestanden haben,« erklärt er mir, »vielleicht werden wir noch Informationen erhalten, die wir bisher noch nicht kannten und die im Laufe der Untersuchungen den Verdacht noch erhärten werden.«

Ich fragte ihn daraufhin: »Wenn Sie sagen, wir hatten einen Verdacht, um was für einen Verdacht handelt es sich denn dabei?«

»Nun, dass es in dieser Moschee extremistische Kreise gibt, die sich dort treffen.«

Eine Gemeinde, die mit ihrem Verdacht wahrscheinlich nicht falsch lag, aber ein Kanton, der daraus keine Konsequenzen zieht. Der Fall des Imam von Biel veranschaulicht die Schwierigkeit der Behörden, auf dem schlüpfrigen Boden des Verdachts zu handeln. Wir wissen zwar einiges, können aber nichts tun.

Auch der Geheimdienst der Eidgenossenschaft war sich der Vorgänge bewusst. Bei meiner Nachfrage wurde mir erklärt: »Dieser Mann erschien am Rande einer Akte, die ihn nicht direkt betraf. Zudem hatten wir eine Menge Informationen erhalten, die uns zeigten, dass dieser Herr wahrscheinlich im Begriff war, eine Gefahr dazustellen. Also haben wir weiter Hinweise gesammelt. Und wir begannen sie zu analysieren, um zu sehen, ob es konkrete Hinweise auf Terrorismus und gewalttätigen Extremismus gab oder nicht. Und das war nicht der Fall. Die Worte, wie sie vom deutschsprachigen Fernsehen ausgestrahlt worden waren und die deutlich zeigen, hier ist offensichtlich ein Aufruf zur Gewalt vorhanden, sind korrekt wiedergegeben und man kann sie diesem Herrn auch zuordnen. Aber das ist eine Geschichte für sich.«

Leider liegen den Behörden nicht genügend Beweise vor, um den Imam dazu zu bringen, das Land zu verlassen. Er ist immer noch in der Schweiz, weil das eben der Gesetzeslage entspricht.

Mir wird langsam klar, dass die Situation um die Moscheen ein großes und vor allem heikles Thema bleiben wird. Die Aufdeckung der Finanzierung einiger Moscheen durch radikal-islamische Geldgeber, die tendenziöse Ausbildung von Imamen, die Anerkennung des Islam als offizielle Religion und damit die Einbindung in die Gesellschaft sowie die Sammlung von Informationen über unliebsame Machenschaften benötigen Zeit. Meiner Meinung nach sind die Behörden der Schweiz und anderer europäischer Länder völlig allein gelassen mit der Frage, welchen Platz der Islam in der Gesellschaft einnehmen soll. In Frankreich zum Beispiel dient der vorherrschende Laizismus als Begründung dafür, der Debatte um die Religion in der Gesellschaft auszuweichen. Die Schweiz bildet da keine Ausnahme, auch hier können wir sehen, dass es große Schwierigkeiten gibt, sich dem Thema Religion zu nähern. Eine umfassende Debatte darüber existiert nicht, auch nicht über die Frage der möglichen Resozialisation ehemaliger Islamisten.

Das Geschäft mit der Prostitution

Es interessierte mich, was mit den Kämpfern des IS passiert, die in Schweizer Gefängnissen sitzen. Vor allem interessierte mich, wie sie resozialisiert werden. Wie ich erfahren durfte, gibt es dazu in den Gefängnissen sogar spezielle Kurse für Justizbeamte. Um mehr darüber herauszufinden, treffe ich mich mal wieder mit Maurice, verbringe mehrere Tage mit ihm. Mittlerweile konnte ich ein gutes Verhältnis zu ihm aufbauen und wir redeten sehr offen miteinander. Doch letztlich entwickelt sich unser Austausch in eine vollkommen andere Richtung. Er bestätigte mir zwar, dass in den Gefängnissen eine gewisse Sensibilisierung seitens der Gefängnisleitung für die Radikalisierung von Häftlingen besteht. Auch sollen verstärkt Justizbeamte darin geschult werden, bestimmte Schlüsselbegriffe zu erkennen, wenn diese zwischen Insassen ausgetauscht werden, doch das alles klappt aus seiner Sicht noch nicht wirklich befriedigend.

Doch dann erzählte mir Maurice etwas, das mich aufhorchen ließ. Seinen Informationen zufolge haben sich einige Vorstandsmitglieder des Schweizer Islamrates am Geschäft mit der Prostitution beteiligt. Mehr konnte oder wollte er mir jedoch nicht erzählen, weshalb ich mich selbst in das Rotlichtmilieu begab. Ich verbrachte einige Nächte in einschlägigen Bars und Lokalen, frischte Kontakte zu Prostituierten auf, doch es gab keine Hinweise darauf, die mir die Anschuldigungen von Maurice bestätigten. Im Gegenteil: Diesmal kam es mir so vor, als wollte niemand mit mir darüber sprechen. Selbst bei meinen Recherchen über die Dschihadisten-Szene stieß ich auf eine Mauer des Schweigens.

Nach mehr als einer Woche lernte ich dann eine junge albanische Frau kennen. Ich schätzte sie auf knapp über zwanzig Jahre und fragte sie, ob sie etwas über die Verwicklung von Vorstandsmitgliedern des Schweizer Islamrates in die Prostitution wüsste. Einen Moment lang sah sie mich schweigend an. Ich befand mich offenbar auf einer richtigen Fährte. Ich werde sie Sophie nennen, ein Deckname, denn ich musste ihr versprechen, ihre Identität zu schützen. Sophie versuchte zunächst zu lügen, doch es gelang ihr nicht. Nachdem ich ihr gezielte Fragen stellte, liefen ihr Tränen über die Wange. Wir befanden uns zu diesem Zeitpunkt in einer Bar, und da wir davon ausgehen mussten, dass unser Gespräch von anderen mitgehört wurde, verabredeten wir uns für den nächsten Tag in einem Café im Stadtzentrum von Genf.

Nach dem üblichen Smalltalk wiederholte ich dort einen Tag später meine Fragen, diesmal formulierte ich sie jedoch etwas vorsichtiger. Nachdem Sophie eine Zeit lang schweigend zu überlegen schien und dabei mehrmals an ihrer Zigarette zog, sah sie mich unvermittelt an. Dann begann sie zu erzählen.

Sie sei verheiratet und ihr Mann sei ein sehr aktives Mitglied in einer Moschee in der Schweiz. Sein bester Freund sei der Imam in diesem Gebetshaus gewesen. Sophie erzählte mir, dieser Imam habe eines Tages begonnen, sie zu bedrängen. Sie waren allein und er betatschte sie: zuerst an den Schultern, dann am Po. Sie versuchte ihn abzuwehren, doch er drohte ihr an, dass er dafür sorgen werde, dass sie als Nutte dargestellt wird, die versucht habe, ihn zu verführen.

Ab diesem Zeitpunkt wurde es immer schlimmer. Irgendwann forderte der Imam sie auf, mit ihm zu schlafen. Sie folgte seiner Aufforderung und daraus entwickelte sich eine Affäre. In dieser Zeit veränderte sie sich und ihr Mann wurde misstrauisch. Schließlich fand er alles heraus, es kam zum Eklat, kurz darauf ließ er sich von ihr scheiden. Von diesem Moment an war sie mittellos, wusste nicht wohin. Niemand in der Gemeinde hatte eine Ahnung davon, was tatsächlich passiert war. Daher galt Sophie von nun an als Geächtete, denn ihr Ex-Mann erzählte nur, dass sie fremdginge, jedoch nicht, mit wem. Damit sie überhaupt ein Dach über dem Kopf hatte und sich das Notwendigste leisten konnte, führte sie die Liaison mit dem Imam weiter fort. Sie erzählte mir, dass er sie zwar nicht dazu zwang, mit ihm zu schlafen, doch ließ er keinerlei Zweifel daran, was passieren würde, wenn sie nicht das machte, was er von ihr verlangte. Sie wollte sich in dieser Zeit mehrfach das Leben nehmen, doch dazu fehlte ihr letztlich der Mut.

Eines Abends wartete sie mal wieder in einem Hotelzimmer auf den Imam, als dieser mit einem fremden Mann erschien. Er befahl Sophie, mit diesem zu schlafen, während der Imam dabei zusehen wollte. Sie versuchte zu protestieren, doch die beiden Männer zwangen sie zu tun, was sie wollten.

Was genau in dieser Nacht geschah, wollte mir Sophie nicht verraten. Sie erzählte mir lediglich, dass sie von diesem Tag an für den Imam anschaffen ging, und sagte weiter, dass sie ab diesen Tag aufgehört habe, über alles nachzudenken, und alles mit sich machen ließ.

Sie schaffe es nicht, aus diesem Milieu herauszukommen und sie wisse auch nicht, wo sich der Imam momentan aufhielte.

Ob es sich dabei um einen Einzelfall handelt, kann ich nicht sagen. Ich hörte zwar von weiteren Fällen, bei denen Frauen im Umfeld von Moscheen zur Prostitution gezwungen worden waren, doch Beweise dafür existieren nicht.

Präventionsarbeit in Schweizer Gefängnissen und an lokalen Schlüsselpositionen

Durch einen Imam lernte ich einen Informanten kennen, der in einem Gefängnis in Genf IS-Kämpfer betreute, die in die Schweiz zurückgekehrt waren. Ich musste allerdings sowohl dem Imam als auch dem Informanten versichern, ihre Identität nicht preiszugeben, weshalb ich hier weder ihre Namen noch genaue Daten nennen kann. Dieser Informant erzählte mir, dass er als Kaplan jeden Freitag in diesem Gefängnis betete – und das seit 13 Jahren. Über ihn erhielt ich Insiderinformationen, durch die ich wichtige Bausteine der Präventionsarbeit in Bezug auf islamistische Radikalisierungsversuche in Erfahrung bringen konnte.

Demnach wird bereits bei auffälligen Bemerkungen durch die Insassen innerhalb der Haftanstalt entsprechend reagiert. Wie sich diese Reaktion im Detail darstellt, wollte er jedoch nicht preisgeben. Immerhin konnte jedoch in sechs Fällen eine beginnende Radikalisierung verhindert werden, so mein Informant.

Bei den Anti-Radikalisierungsbemühungen handelt es sich jedoch um eine ausgesprochen aufmerksamkeitsintensive und somit aufwendige Prozedur, die sowohl Empathie als auch psychologisches Geschick erfordert. Darüber hinaus ist es ein schmaler Grat für den Kaplan, einerseits das Vertrauen der Insassen zu gewinnen, um radikalisierende Tendenzen bereits frühzeitig zu erkennen, diese andererseits aber auch geschickt abzuwenden, ohne dabei Misstrauen unter den Häftlingen hervorzurufen.

Äußerungen, die auf eine Radikalisierung hinweisen, müssen dabei – ebenso wie deren Hintergründe, die dazu führten – an dieser Stelle mit Bedacht analysiert und anschließend im Hinblick auf ihre wahre Bedeutsamkeit und deren mögliche Konsequenzen eingeschätzt werden. Nur so kann das Vertrauen der potenziell Betroffenen aufrechterhalten werden, damit man mit ihnen auch weiterhin arbeiten kann. Ein Abbruch der Kommunikation mit diesen Menschen wäre fatal, denn wenn sie sich zurückziehen, ist ihre Radikalisierung wohl unausweichlich.

Weitere Recherchen in Zusammenarbeit mit sicheren Quellen aus dem Bundesrat für nationale Sicherheit ergaben, dass bereits ein konkreter Aktionsplan gegen islamistische Radikalisierung erstellt wurde. Hinsichtlich der zunehmenden Radikalisierung im Netz und angesichts der turbulenten Geschäfte in den Moscheen wird zu unaufgeregter Stärke mittels eines Katalogs von 20 Präventivmaßnahmen für Schulen, Gefängnisse und Mitarbeiter, die sich innerhalb der Betriebe um politische Maßnahmen kümmern, geraten. Von diesem Katalog soll sich die gesamte Zivilgesellschaft angesprochen fühlen.

Solche Kataloge für Präventivmaßnahmen gegen terroristische Aktionen existieren auch in anderen Ländern. In diesen wird z.B. ein besonderer Fokus auf die Kontrolle und Vorbeugung möglicher Radikalisierungen auf lokaler Ebene gelegt, um diese dann auf Kanton- und später auf Landesebene fortzuführen. Es gilt, sich hier gewissermaßen vom Kleinen zum Großen vorzuarbeiten, um möglichst effizient agieren zu können.

Daraus ergibt sich, dass eine solche Arbeit nur mit einem multidisziplinären Ansatz durchgeführt werden kann und dass Sicherheitsbehörden, Geheimdienste und Polizei nicht unbedingt die treibenden Kräfte dieser Präventionsarbeit sind. Sie sind sicherlich ein wichtiger Teil davon, aber die gesamte Präventionsarbeit ist nun mal nur mit einer ganzen Reihe von verschiedenen Akteuren verbunden, die z.B. aus den Bereichen der Sozialpädagogik, Bildung oder auch der Justiz kommen müssen.

Deshalb traf ich mich gezielt mit denen, die solche Projekte auf lokaler Ebene leiten, sei es in Biel, Fribourg oder anderen Städten. Sie stellten für mich die Schlüsselstellen dar, um ein besseres Verständnis für jene Maßnahmen zu erhalten, die in der Schweiz derzeit getroffen werden, um den Gefährdungen zu begegnen.

Meiner Einschätzung nach sollten auch Sport- oder Freizeitvereine genau diese Schlüsselstellen in der Präventionsarbeit einnehmen, um so der Radikalisierung junger Menschen so früh wie möglich entgegenzuwirken. Daneben halte ich es für wichtig, dass zusätzlich insbesondere mit den Organisationen zusammengearbeitet wird, die das besondere Vertrauen der umliegenden muslimischen Gemeinschaft hinsichtlich ihrer Arbeit genießen. Nur so kann die Szene jener Menschen identifiziert werden, die z.B. nach Syrien in den Krieg ziehen wollen.

Der Ansatz der Anti-Radikalisierungsarbeit sollte darüber hinaus darin bestehen, die Prävention zunächst einmal im kleinen Kreis beginnen zu lassen. Dazu wird wohl auch der familiäre Hintergrund beleuchtet und in die Präventionsarbeit eingebaut werden müssen. Denn häufig sind es zunächst die Angehörigen, die zutreffend und übereinstimmend beschreiben können, wie die Radikalisierung leise und schrittweise voranschreitet. Meistens wird zunächst ein kleiner Bart bemerkt, anschließend besuchen die jungen Menschen eine

Moschee, obwohl sie zuvor noch nie gebetet hatten, und sie befinden sich nun häufig in Begleitung von Personen, die der restlichen Familie bis dahin gänzlich unbekannt waren.

Dann widmen sich die betreffenden Söhne oder Töchter plötzlich etwas stärker dem Islam. Zu Beginn wird dieses Verhalten von den Angehörigen meist positiv ausgelegt, aber nur so lange, bis fundamentalistische Züge erst schleichend, dann aber immer stärker in den Fokus des gelebten Alltages der Betroffenen rücken. Häufig wird die Familie nun mit entsprechenden Verhaltenserwartungen des radikalisierten Sohnes oder der Tochter konfrontiert.

Manchmal sind die übrigen Familienmitglieder Analphabeten und erkennen daher nicht rechtzeitig, welcher Literatur sich der Betroffene zuwendet. Auch haben manche Eltern, Onkel usw. keine Kenntnis über die Benutzung des Internets, wodurch ihnen völlig entgeht, welchen Inhalten sich ihr Sohn, ihre Tochter oder Neffe dort widmet. Als weiteres Alarmsignal gilt, wenn bereits Freunde des betreffenden jungen Menschen in Gebiete wie Syrien ausreisten. Allerdings müssen auch in diesen Fällen immer die genauen Hintergründe beleuchtet werden, um keine falschen Verdächtigungen anzustellen.

Um die Verbindung und das Vertrauen aufrechtzuerhalten und da zudem viele der betroffenen jungen Menschen noch sehr unreif sind, muss bei der Deutung solcher Signale – wie auch in der Arbeit mit Insassen einer Haftanstalt – im Rahmen der Präventionsarbeit lokaler Kulturvereine mit besonderem Bedacht vorgegangen werden, damit sich die potenziell von Radikalisierung Betroffenen nicht vom Verein abwenden. Das Zusammenspiel zwischen lokalen Organisationen, muslimischen Gemeinschaften und den Behörden muss idealerweise geräuschlos und reibungslos stattfinden, da Fundamentalisten ansonsten leichtes Spiel mit ihren Radikalisierungsbemühungen haben.

Im Juni 2018 treffe ich in dem albanischen Café wieder auf Maurice, der mir vom Besuch einer Veranstaltung in Biel erzählt, in der es um die Sorgen der Bevölkerung vor der Radikalisierung von Jugendlichen ging. Noch immer geht es dabei um den Fall des Imams Ramadan.

Für Maurice ist es wichtig, zum Ausdruck zu bringen, dass er denen, die in Versuchung geraten, mit seinen Erfahrungen helfen kann. Er möchte Verbindungen zu solch gefährdeten Jugendlichen aufbauen und sie über seine eigenen Erfahrungen informieren. Woran man zum Beispiel bemerkt, dass man in islamistische Kreise geraten ist, wie lange es dauert, mit einer Person in Kontakt zu kommen, wie man eine Gehirnwäsche durchführt und was man dagegen unternehmen kann, bevor es zu spät ist.

Ich frage ihn, ob denn damals niemand etwas von seinen Reiseabsichten Richtung Syrien bemerkt habe. »Ja, meine Eltern hatten schon etwas mitbekommen. Mein Vater stellte mir irgendwann einmal Fragen, aber ich habe alles geleugnet. Damit hatte es sich dann erledigt. Zu oft glauben die Leute, es sei so einfach, für sich selbst immer die Wahrheit zu erkennen, aber diese Rekrutierer gehen ausgesprochen geschickt vor. Sie waren in der Lage, meine Probleme zu erkennen, und sie spielen mit der Verletzlichkeit von Menschen. Wir haben alle unsere Schwächen und manchmal ist es eben besonders schwierig, Widerstand zu leisten.«

Maurice sieht seine neue Rolle zwiespältig. Die Beziehung zu einem Gefährdeten aufzubauen, bedeutet nämlich gleichzeitig auch eine Denunziation. Auch wenn diese Person später einmal sehr dankbar für dieses Engagement sein wird. Vier Städte haben mittlerweile eine Telefonleitung für Gefährdete eingerichtet: Zürich, Biel, Lausanne und Genf. Ein Anruf genügt, um im Zweifelsfall auch anonym zu helfen.

Mir gingen die Worte des ehemaligen Polizeikommandanten nicht aus dem Sinn: »In der Schweiz leben wir in einer Welt, die von der extremen Form der terroristischen Gewalt bisher verschont geblieben ist. Natürlich ist es schwierig, sich in Eventualitäten hineinzuversetzen, aber heute ist das, was in den uns nahestehenden Ländern passiert, etwas, woraus wir zu lernen versuchen. Mit dem Wissen, dass die Schweiz morgen auch mit einem Terroranschlag dieser Art konfrontiert sein könnte, müssen wir die Möglichkeit eines Anschlags auch bei uns in Betracht ziehen und nicht als undenkbar behandeln.«

Meine Recherchen in den Moscheen Genfs fördern noch weitere Einblicke zutage. So geht das Gerücht um, Saudi-Arabien finanziere den Salafismus in Europa und über 200 Moscheen in ganz Deutschland. In Bosnien-Herzegowina, dem mehrheitlich muslimischen Balkanstaat, kaufte die Herrscherfamilie von Saudi-Arabien Land und Gebäude auf. Der an sich offene bosnische Islam wurde durch ihre Missionsarbeit durch den Wahabismus ersetzt. Eine Form des Islam, der den Gepflogenheiten und der Ideologie des IS sehr nahesteht. Auch in den Schweizer Behörden, so höre ich von verschiedenen Seiten, mache man sich Sorgen, wann und wie Saudis, Kuwaitis und Qataris mit ihren Petrodollars das kleine Land mit Moscheen überschwemmen und so dem Salafismus Auftrieb geben, vor dem insbesondere in Deutschland bereits gewarnt wurde.

Der große Akteur in diesem Geschäft ist die sogenannte »Muslimische Weltliga«. Diese Organisation hat ihren Sitz in Saudi-Arabien. Zahlungen von mehr als 100 Millionen Euro pro Jahr sollen angeblich durch sie nach Europa fließen. Sie beschäftigt tausende Mitarbeiter, besitzt zwanzig Unterorganisationen, beispielsweise das Hilfswerk »International Islamic Relief Organization« (IIRO). Dessen Filialen auf den Philippinen und in Indonesien bezeichnete etwa eine UNO-Resolution des UN-Sicherheitsrates 2006 als Unterstützer von al-Qaida. Das Geld stammt direkt aus dem saudischen Königshaus.

Wohltätigkeitsvereine aus dem Dunstkreis der Muslimischen Weltliga treten überall auf, so auch die »Sheikh Eid Charity Foundation« aus Katar, die Familienstiftung des Herrscherhauses, die nach eigenen Angaben schon 6000 Moscheen weltweit errichtete. Allein im Jahr 2018 gab sie im März, im Monat des Ramadan, 41 Millionen Dollar in 60 Ländern aus. Sie treten häufig in Form unscheinbarer Firmen oder wohltätiger Privatvereine auf. Obwohl infolge des Ölpreisverfalls selbst Golfmonarchien zu einem Sparkurs verdammt sind, wachsen die Etats für ihre Missionstätigkeit im Ausland stetig an.

Wer »Da'wa« betreibt, also religiöse Missionierung, der betreibt eine Außenpolitik, der es darum geht, den Einfluss auf die Zusammensetzung religiöser Gruppierungen zu erweitern und den Grad der ideologischen und finanziellen Abhängigkeiten zu erhöhen.

Eines möchte ich an dieser Stelle jedenfalls klarstellen: Wenn es die Schweizer Behörden nicht schaffen, den radikalen Islamismus durch strengere Gesetze – und entsprechenden Kontrollen – in den Griff zu bekommen, wird sich dieses Land zu einem der wichtigsten europäischen Zentren islamistischer Radikalität und in ihrer Folge möglicherweise sogar des Terrorismus entwickeln. Momentan stehen die Zeiger bereits auf »Fünf vor Zwölf«, die Lage ist mehr als prekär.[12]

Kapitel 6

Die Assalam-Moschee in Essen

Ich besuchte die Essener Assalam-Moschee das erste Mal im Jahr 2016, kurz nachdem die Behörden herausgefunden hatten, dass dieselben Personen, die ein Attentat auf das Gurdwara Nanaksar-Gebetshaus der Essener Sikh-Gemeinde zu verantworten hatten, jene Moschee kurz zuvor besucht hatten. Damals, am 16. April 2016, wurden bei dem Attentat drei Menschen durch einen Sprengstoffsatz verletzt.

Doch auch schon davor gelangte die Assalam-Moschee immer wieder in die Schlagzeilen: Etwa durch Silvio K., der von Sachsen nach Essen zog und bald darauf die Assalam-Moschee besuchte. Er konvertierte zum Islam und radikalisierte sich. Das alles fand irgendwann um das Jahr 2012 herum statt. Silvio K. blieb lange im Hintergrund. Äußerlich fiel er kaum auf. Ein kleiner, schmächtiger, blasser Typ. Geboren in Burgstädt in der Nähe von Chemnitz, nur wenige Jahre vor der Wende. Seine Kindheit verbringt er am Bodensee. Nach Aussagen von Freunden war er immer nur einer, der lediglich mitläuft, jedoch nie vornewegmarschiert. In Essen trifft er auf Leute, die diese Rolle für ihn übernehmen: Islamisten. Bald haben Staatsschützer Silvio K. auf dem Schirm.

Im Fenster seiner Wohnung am Essener Gerlingplatz hängt das Banner eines islamistischen Predigers, Aufkleber der Salafisten zieren sein Klingelschild, seinen Briefkasten und seine Wohnungstür. Silvio wird zum Stammgast in der Altessener Assalam-Moschee.

Sein Freundeskreis wächst. Über Facebook gesellt sich Arid Uka dazu, ein Kosovo-Albaner. Im März 2011 hört Uka ein Nasheed (Musikstück) des Dschihadisten Denis Cuspert. Dann fährt er mit einer Schnellfeuerpistole zum Frankfurter Flughafen, erschießt zwei

US-Amerikaner und verletzt zwei weitere schwer. Er wird dafür zu lebenslänglicher Haft verurteilt.

13 Jahre lang saß ein anderer Facebook-Freund von Silvio K. im Gefängnis: Bernhard Falk, damals wohnhaft in Dortmund. Auf sein Konto gehen vier Mordversuche, mehrere Bomben- und Brandanschläge. Während seiner Haft tritt Falk dem Islam bei. Wieder in Freiheit, ruft er zum Glaubenskrieg gegen »die Imperialisten USA/BRD« auf und bietet Ziele an: den US-Luftwaffenstützpunkt Ramstein, das US-Atombombenlager in Rheinland-Pfalz.

Die Ermittler greifen zu. Sie durchsuchen die Wohnung von Silvio K. in Essen. Gefunden werden Videos mit Terroraufrufen von al-Qaida und ISIS. Außerdem das Skript für einen Text, der später bundesweit Aufsehen erregen wird. Es ist der Aufruf zu einem Anschlag auf Bundeskanzlerin Angela Merkel und zu Attentaten gegen die Bundesrepublik.

Für die Fahnder steht fest: »Das ist ein Verblendeter, eine tickende Zeitbombe. Ein absoluter Fanatiker, dem alles zuzutrauen ist.« Es gibt Polizeiberichte mit entsprechenden Warnungen. Ihre Sorge: Der Salafist könnte in Deutschland zuschlagen oder sich absetzen. Im Landeskriminalamt von NRW finden sie jedoch kein Gehör. K. bleibt unbehelligt.

»Eines Tages war er dann weg. Abgehauen, ganz plötzlich«, erfuhr ich von einer Nachbarin.

An dieser Stelle verliert sich seine Spur, dann schließlich taucht er wieder auf, diesmal in Syrien. Das war im Jahre 2015. Aus Silvio K. wurde ein IS-Kämpfer. Als er erfährt, dass er als Vorbild für die Attentäter auf die Sikh-Gemeinde betrachtet wird, beginnt er scheinbar umzudenken. Er stellt den Weg des Islamischen Staates in Frage, verfasst Schreiben, weigert sich, Frauen, Kinder und Greise zu ermorden. Er betrachtet sich nach wie vor als Dschihadist, doch immer mehr erkennt er, dass der IS einen anderen Weg gehen will, einen Weg, der vom wahren Koran wegführt. Dadurch machte er sich in seinen eigenen Reihen Feinde. Anfang 2018 wird Silvio K. schließlich erschossen, in Rakka, von seinen eigenen Kameraden.

Auch Denis Cuspert, der ehemalige Rapper aus Berlin, der ebenfalls zum Islamischen Staat ging und für mehrere Massaker in Syrien verantwortlich war und dort 2018 starb, soll sich öfters in der Assalam-Moschee aufgehalten und dort versucht haben, Gläubige für den IS zu rekrutieren. So erzählte mir zumindest ein Informant.

Es sind Geschichten wie diese, die mit dem Gebetshaus hinter dem Essener Hauptbahnhof untrennbar verbunden sind. Aus diesem Grund zählt diese Moschee auch zu den wohl gefährlichsten islamistischen Zentren in Deutschland.

Nach all diesen Vorgängen müssten die deutschen Behörden in dieser Moschee eigentlich ordentlich aufgeräumt haben, wodurch heute – wir schreiben das Jahr 2018 – sämtliche Radikalisierungsaktivitäten dieser Moschee der Vergangenheit angehören sollten. Aus diesem Grund besuchte ich dieses Gebetshaus – um festzustellen, ob der Verfassungsschutz die dafür notwendigen Maßnahmen durchführte oder ob hier noch immer versucht wurde, Gläubige zu radikalisieren.

Kameras innerhalb der Moschee

Seit dem Attentat auf die Sikh-Gemeinde und nachdem herauskam, dass Silvio K. und andere Salafisten die Assalam-Moschee regelmäßig kontaktierten, oder besser ausgedrückt, zu ihren Stammgästen zählten, rückte das Gebetshaus in der Altessener Straße 6 ins Visier der Behörden. Verfassungsschutz, V-Leute und natürlich auch die Stadt Essen nahmen die Betreiber in ihren Fokus, verhörten die Vorstandsmitglieder, führten mehrere Razzien durch, vernahmen die Besucher. Von einer Schließung war zwar die Rede, doch so weit kam es nie. Wozu auch, dann hätte nur an einer anderen Stelle in Essen ein neues Gebetshaus seine Pforten geöffnet, wodurch sich nichts geändert hätte.

Ein Kontaktmann aus dem Umkreis der Behörden erzählte mir, man ginge im Großraum Essen von etwa 1000 radikalisierten Muslimen aus, wobei rund ein Fünftel von ihnen den Einsatz militärischer Mittel zur Errichtung eines Kalifats begrüßten. Am liebsten wohl mitten in Deutschland. Damit gilt Essen als eine der Hochburgen des radikalen Islamismus, vielleicht sogar als die Hochburg – neben Berlin – in Deutschland. So genau kann das niemand sagen.

Was geschah nach 2016? Es tauchten neue Vorstandsmitglieder auf und es wurde einige Zeit lang ruhiger um die Assalam-Moschee. Zumindest bis zum 11. April 2017. An diesem Tag riegelten mit Maschinenpistolen bewaffnete Polizeibeamte das Essener Einkaufszentrum am Limbecker Platz ab: Terroralarm. Die Innenstadt befand sich im Ausnahmezustand, obwohl zu diesem Zeitpunkt niemand wusste, was eigentlich los war. Der Grund für diesen Einsatz waren Hinweise, die dem Verfassungsschutz zugespielt worden waren, und nach deren die Terrororganisation »Islamischer Staat« genau dort einen Anschlag mit mindestens zwei Attentätern plane. Angeblich stammte der Befehl zu diesem Terrorakt direkt aus Syrien, und zwar vom Oberhausener Dschihadisten René Imran Q., der – wer hätte es gedacht – enge Kontakte zur Assalan-Moschee in Essen pflegte. All das erfuhr ich von Kontaktleuten aus dem Umfeld des Gebetshauses, die verständlicherweise anonym bleiben wollen. Wer kann es ihnen auch verdenken, denn hier waren Personen am Werk, die weitreichende Kontakte pflegen und als mutmaßliche Mörder gelten. Es wird erzählt, dass René Imran Q. per Internet-Chat dieses Attentat bei einem Verbindungsmann in Deutschland in Auftrag gab. Glücklicherweise führte dieser den Auftrag nicht aus, sondern vertraute sich einem anderen Extremisten an, bei dem es sich allerdings um einen V-Mann des Verfassungsschutzes handelte. So hatten diesmal die Menschen in Essen vermutlich vor allem eins gehabt: ungeheures Glück.

René Imran Q. ist der Sohn eines Pakistaners und einer Deutschen. Er reiste im Frühjahr 2015 über die Türkei nach Syrien und schloss sich dort dem IS an. Noch im Juli 2015 stufte das LKA in Nordrhein-Westfalen Q. als »Gefährder« ein. Sein Bruder, gegen den wegen Terrorfinanzierung ermittelt wird, gilt als »relevante Person« der salafistischen Szene.

Somit befand sich erneut die Assalam-Moschee im Fadenkreuz der deutschen Behörden, auch wenn ihre Betreiber zwischenzeitlich scheinbar alles unternahmen, ihr Image als radikale Moschee loszuwerden.

Nachdem ich mich zuletzt 2016 in der Assalam-Moschee aufgehalten hatte, ging ich im April 2018 abermals dorthin. Diesmal jedoch mit einer Journalistin an meiner Seite, die ich hier Sarah nennen werde. Auf diese Weise hoffte ich, nicht sofort erkannt zu werden, da ich 2015 bereits zwei Jahre lang undercover in 35 Flüchtlingsheimen unterwegs gewesen war, darüber ein erfolgreiches Buch geschrieben hatte und inzwischen speziell in Deutschland als Terrorismus-Experte relativ bekannt geworden war. In Verbindung mit einem veränderten Äußeren und mit meiner Begleitung sollte man mich nicht sofort erkennen. So dachte ich mir zumindest.

Rein äußerlich gab es keine Veränderungen. Die Assalam-Moschee war noch immer das ehemalige Ladenlokal von damals, ein Ecklokal, in dem sich zuvor eine Kneipe befand. Darüber prangte das einfach gehaltene Schild mit dem Schriftzug der Moschee. Die Rollläden waren heruntergelassen und die Eingangstür verschlossen, damit neugierige Blicke keine Chance hatten. Neu waren hingegen die Kameras, die über dem Eingangsbereich montiert worden waren. So können die Betreiber immer sehen, wer vor der Tür steht, wodurch ungebetenen Besucher – wie beispielsweise Journalisten oder offensichtliche Ermittler – entweder der Einlass erschwert wird, oder unliebsame Überraschungsbesuche verhindert werden. Schließlich hatte man in der Vergangenheit bereits einige Erfahrung mit Razzien sammeln können. Dass Videokameras in öffentlichen Bereichen in Deutschland Privatpersonen nicht so ohne weiteres filmen dürfen, sprich: dass solche Kameras schlicht verboten sind, hatte scheinbar niemanden interessiert. Weder die Behörden noch die Stadt, und die Vorstandsmitglieder der Assalam-Moschee schon dreimal nicht.

Drinnen lief alles – auf den ersten Blick – ganz normal ab. Eine typische Moschee eben, eine dieser gemäßigten islamischen Gebetshäuser, könnte man meinen. Die Gläubigen wirkten ruhig, niemand brüllte irgendwelche Parolen, alle waren höflich, besonnen und friedlich. Eben ein vollkommen normales Gebetshaus. Zumindest auf den ersten Blick.

Für mich erzeugte dieses Bild eine ganz seltsame Stimmung, denn ich wusste ja, dass viele bekannte Gesichter der deutschen Salafisten-Szene, deutsche IS-Kämpfer, die viele Menschenleben auslöschten und gnadenlose Attentäter waren, an genau diesem Ort gebetet hatten und die meisten von ihnen hier überhaupt erst radikalisiert wurden. Wie etwa auch Daniel S., das wohl berühmteste Mitglied der sogenannten »Sauerland-Gruppe«, die mehrere Anschläge auf US-Einrichtungen in Deutschland geplant hatte. Dabei handelte es sich um die deutsche Zelle einer im pakistanisch-afghanischen Grenzgebiet ansässigen Terrororganisation mit dem Namen »Islamische Jihad-Union«. Die Sauerland-Gruppe bestand im Wesentlichen aus vier Mitgliedern (angeblich sollen bis zu 20 Personen dem weiteren Umkreis dieser Gruppe angehören, doch das konnte nie bestätigt werden), die 2007 verhaftet worden waren und im Jahre 2009 zu mehrjährigen Haftstrafen wegen Vorbereitung von Sprengstoffanschlägen und Verabredung zum Mord verurteilt wurden.

All dies nahm hier in dieser Moschee seinen Anfang. So heißt es jedenfalls im Allgemeinen, doch ob alle diese Personen tatsächlich an diesem Ort radikalisiert worden waren, wird wohl nie eindeutig geklärt werden können. Fest steht zumindest, dass sämtliche dieser Salafisten, Fundamentalisten und radikalisierten Islamisten regelmäßig hierherkamen und enge Kontakte zu den Imamen und zu den Vorstandsmitgliedern pflegten. Ich bin davon überzeugt, dass es sich dabei jedoch nur um die Spitze eines gewaltigen Eisberges handelt. Und ja, ich bin außerdem davon überzeugt, dass es sich hier um eine der gefährlichsten Moscheen in ganz Deutschland handelt.

Undercover in der Assalam-Moschee

So wie die meisten muslimischen Gebetshäuser gibt es auch hier getrennte Eingänge für Frauen und Männer. Sarah und ich besuchten monatelang unauffällig das Gebetshaus, trafen uns jeweils anschließend und tauschten uns aus. Wie ich bereits vermutete, fand unter den männlichen Gläubigen zumindest auf den ersten Blick ein ganz normaler Betrieb statt. Nach den Vorfällen in den Jahren 2015 und

2016 war der Imam ausgetauscht worden und ein neuer Geistlicher eingesetzt. Dieser Mann sprach ein sehr gutes Deutsch und zeigte sich mir gegenüber ausgesprochen höflich. Gleichzeitig überlegte er sehr genau, was er mir auf meine Fragen antwortete. Ungewöhnlich war, dass er jeden Abend nach dem Machrib – dem Abendgebet – noch einen Vortrag zu verschiedenen Themen hielt. In den Gebeten wie auch in den Vorträgen sprach er stets in einem gemäßigten Ton. Genauso wie ich es auch in Graz kennenlernte. Wie dort fanden sich auch hier die eigentlichen Botschaften immer zwischen den Zeilen. Mehr noch: Der Imam der Assalam-Moschee gab ganz bewusst falsche Zusammenhänge wieder, die erst im Kontext einen Sinn ergaben. Es handelte sich bei ihm um einen ausgesprochen intelligenten Mann und genau das machte ihn – aus meiner Sicht – so gefährlich.

So sagte er beispielsweise im Rahmen eines Freitagsgebetes, dass der Dschihad immer als Dialog zu verstehen sein soll, und als ich einmal zufällig beim Islamunterricht anwesend war – den er übrigens auch abhielt –, hörte ich ihn sagen, dass dieser Dialog »mit allen Mitteln« geführt werden müsse. Auch hatte ich sehr schnell den Eindruck, dass zudem noch Treffen außerhalb der Moschee stattfanden, so wie es inzwischen in den meisten islamistischen Gebetshäusern praktiziert wird, denn ich hörte Gespräche unter einigen Gläubigen, die Andeutungen in dieser Art machten.

Ein großes Problem in dieser Moschee war der Umgang mit den Spenden. Zum einen wurde im Rahmen der Freitagsgebete so offensiv um Spenden gebettelt, wie ich es noch nirgends erlebt hatte. Mitarbeiter der Moschee und auch der Imam sprachen davon, dass die Frauen und Kinder in Syrien vergewaltigt, ermordet und gefoltert werden und es die heilige Pflicht eines jeden Muslims sei, diese Menschen zu unterstützen. Diese Spendenaufforderungen liefen ausgesprochen emotional ab. So erzählte der Imam von den Misshandlungen und Ermordungen von Frauen und Kindern, dann las er eine passende Sure aus dem Koran vor, die an die Verantwortung der Gläubigen appellierte, anderen zu helfen. Schließlich rief er der Gruppe zu, dass »wir uns schämen sollten, wenn wir unsere Augen vor unserer Verantwortung verschließen« und ähnliche Dinge. Diese Strategie erzeugte große Emotionen unter den Teilnehmern. Manche begannen zu weinen, andere sahen beschämt zu Boden. Es hieß auch mehrmals, dass wir nach Syrien gehen sollten, um unseren muslimischen Schwestern zu helfen, und sollte uns das nicht möglich sein, dann sollten wir doch zumindest Geld spenden. Diese psychologisch geschickt inszenierten Aufforderungen trafen die anwesenden Gläubigen stets mitten ins Herz, man konnte diese Nadelstiche richtiggehend spüren. Und dann wurde gespendet. Etwa 2000 Euro, jeden Freitag. Auf diese Weise kommen jährlich irrsinnige Geldsummen zusammen, und das zudem noch in einer Moschee, die offiziell überhaupt nicht als Verein geführt wird, wie ich erst später herausfand.

Die Frauen der Assalam-Moschee

Doch es kam noch etwas ganz anderes ans Tageslicht. Sarah, meine Kollegin, erzählte mir kurz nach unseren ersten Besuchen im April 2018 von seltsamen Dingen, die im Gebetsraum der Frauen stattfanden.

Sie berichtete mir von einer großen Zahl von Frauen unterschiedlichster Nationalitäten, die in der Assalam-Moschee ein und aus gingen. Vor allem junge Frauen aus Marokko, dem Libanon, Tunesien, Algerien, aber auch deutsche Konvertitinnen besuchten regelmäßig das Gebetshaus, wie sie im Laufe der Zeit feststellte. Sarah fragte, wo man denn den Weg des wahren Islam vermittelt bekäme, ob dieser hier in der Moschee stattfand (so wurde in der Vergangenheit der Islamunterricht in Deutschland von verschiedenen Moscheen häufig genannt). Bald kam Sarah nach einem Freitagsgebet mit einer jungen Frau marokkanischer Herkunft ins Gespräch. Sie war höchstens 18 Jahre alt und hieß Aischa (Name geändert). Aischa berichtete, dass sie in Deutschland geboren sei und aus einer strenggläubigen Familie stamme. Sie erzählte Sarah, dass niemand mehr die Formulierung »der Weg zum wahren Islam« benutze, sondern es heiße nur noch »Islamunterricht« oder »Koranunterricht«. Sie begründete das damit, dass derartige Bezeichnungen sofort den Verfassungsschutz auf den

Plan rufen würden, vor allem nach dem »ganzen Stress in den letzten Jahren«, wie es Aischa nannte. Sie war außerdem sichtlich über die Wortwahl von Sarah amüsiert, wie diese mir später erzählte. Sie erfuhr zudem von Aischa, dass dieser Unterricht nicht mehr in der Moschee stattfindet, weil diese ohnehin vom Verfassungsschutz beobachtet werden würde. Sarah zeigte natürlich Interesse und so tauschten die beiden Frauen ihre Mobilnummern aus.

Kurz darauf wurde sie in eine WhatsApp-Gruppe mit dem Namen »Akhwat fi Deen« eingeladen. Ein Name, der übersetzt so viel heißt wie: »Schwestern der Religion«. Das Logo dieser Gruppe war eine Frau mit einem Niqab, einem Gesichtsschleier, der lediglich die Augen zeigt und normalerweise von strenggläubigen Muslima getragen wird. In dieser Gruppe fand ein reger Austausch statt. Es wurden Blogbeiträge von anderen Muslima, die über Wordpress veröffentlicht wurden, genauso miteinander geteilt wie unterschiedliche Facebook-Gruppen. Sie alle verband die Frage nach der Rolle der gläubigen Muslima im Islam. So schickte beispielsweise eine Frau ein Bild mit Rosen im Hintergrund und als Text: »Ohne Tauhid bist du ein Kafir« (Unter »Tauhid« wird der Glaube an die Einheit Gottes verstanden; »Kafir« bedeutet »Ungläubiger«).

Auch wenn diese Aussage auf den ersten Blick harmlos klingen mag, so wird sie doch von vielen Islamisten benutzt, um schrittweise zu radikalisieren. Die Menge derartiger Aussagen führen schließlich dazu, dass sich insbesondere junge Frauen immer stärker im radikalen Islam verfangen. Diese Mädchen finden dann häufig eine moralisch-religiöse Orientierung in den teilweise strengen radikal-islamischen Gesetzen. Eine Orientierung, die ihnen bislang im Leben fehlte. Dabei spielen die sozialen Medien wie Facebook, Instagram, Telegram und natürlich auch WhatsApp eine bedeutende Rolle. Sarah wurde beinahe von derartigen Nachrichten und den sich anschließenden Diskussionen in dieser Gruppe überschwemmt.

Als ich diese Texte las, dachte ich an den Fall Linda W., dem 15-jährigen Mädchen aus Sachsen, das auf genau diese Weise radikalisiert worden war. Sie begann, im Internet über den Islam zu recherchieren, stieß in Facebook auf diverse Gruppen und dann ebenfalls auf eine entsprechende WhatsApp-Gruppe. Vermutlich handelte es sich um eine andere als die von Sarah, es gibt schließlich allein in Deutschland Hunderte davon. Irgendwann rief eine Frau Linda W. an. Nach diesem Telefonat packte Linda ihre Sachen und kaufte sich – wie sie später selbst erzählen wird – ein Flugticket von Dresden in die Türkei. Von dort ging es in den Irak. Sie schloss sich dort dem IS an, wurde mit einem Tschetschenen verheiratet, der jedoch bereits nach kurzer Zeit im Kampf fiel.

Als der Islamische Staat dann aus den meisten Regionen in Syrien und im Irak vertrieben worden war, entdeckten irakische Soldaten die inzwischen 17-jährige Linda W. und seitdem sitzt sie in einem irakischen Gefängnis. Ob sie jemals nach Deutschland ausgeliefert werden wird, ist bislang noch ungewiss.

Die Geschichte dieser jungen Frau aus Sachsen ist nur eine von vielen, doch sie zeigt, wie gefährlich diese Gruppen auf WhatsApp, Facebook und in anderen sozialen Medien sind. Diesen Weg der Radikalisierung zu verharmlosen bedeutet, die Augen davor zu verschließen, auf welche Weise unsere Kinder heute radikalisiert werden. Dabei musste ich auch feststellen, dass unsere Behörden noch schlafen, wenn es darum geht, junge Mädchen vor der Radikalisierung in den sozialen Netzwerken zu schützen. Die Behörden (in Deutschland, Österreich und in der Schweiz) scheinen in dieser Sache vollkommen überfordert und sich auch der Gefahren, die von den sozialen Netzwerken ausgehen, nur wenig oder überhaupt nicht bewusst zu sein (oder diese nicht richtig einzuschätzen). Hier fehlt es schlicht an entsprechenden Kontrollmechanismen, und dessen sind sich Salafisten und andere Gruppierungen vollkommen bewusst, weshalb sie sich auf das Internet als Einstieg in den Radikalisierungsprozess konzentrieren.

Ich erinnerte mich jedoch auch daran, wie es mir selbst erging – damals, in der Moschee in Winterthur –, als ich mich dem Selbstversuch unterzog und vorgab, in den Dschihad gehen zu wollen. Obwohl ich mich intensiv mit meiner Religion beschäftigte und die Techniken von Radikalisierern genau zu kennen glaubte, merkte ich, wie diese Männer es schafften, meine Gedanken gewissermaßen neu zu ordnen. Damals hätte es wahrscheinlich nicht mehr lange gedauert und meine Überzeugungen wären durch sie komplett auf den Kopf gestellt worden. Nur weil ich rechtzeitig die Notbremse zog, konnten sie bei mir keinen Schaden anrichten. Viele Jugendliche ziehen jedoch keine Notbremse, weil sie überhaupt nicht wissen, in welchem Sog sie sich gerade befinden, der sie immer tiefer in die verquere Welt des radikalen Islam zieht. Wenn sie es dann herausfinden, dann ist es normalerweise bereits zu spät. Dann haben sie ihr Weltbild längst verändert und die Vertreter des radikalen Islam lassen sie auch nicht mehr los. Entsprechende Geschichten hatte ich schon von etlichen Aussteigern erzählt bekommen, die ich als Journalist interviewte.

Dieser Gefahr sah sich jetzt auch Sarah ausgesetzt, daran bestand kein Zweifel für mich. Wir unterhielten uns an diesem Abend sehr lange über Radikalisierung, und ich erzählte ihr so gut wie alles, was ich darüber wusste. Welche Techniken radikale Islamisten verwendeten, um ihre Opfer zu verunsichern und sie gegenüber ihren Bezugspersonen misstrauisch zu machen. Ich beschrieb ihr, wie diese Gehirnwäsche funktionierte, und am Ende unseres Gespräches fragte ich sie: »Willst du an der Sache dranbleiben oder lieber aussteigen?«

Mir war klar, dass wir hier an einer größeren Sache dran waren, und so nah war ich zuvor noch nie einer Gruppe radikalisierter Muslima gekommen, da ich als Mann normalerweise überhaupt keinen Zugang zu den Frauen bekam. Bislang kannte ich lediglich entsprechende Erzählungen von Aussteigerinnen. Doch diesmal konnte ich mit Sarahs Unterstützung direkt in die Szene eintauchen. Gleichzeitig durfte ich sie aber auch nicht einem zu großen Risiko aussetzen. Ich hätte sie verstanden, wenn sie in dieser Phase auf die Bremse getreten und ausgestiegen wäre.

Sie dachte einen Moment lang nach, dann nahm sie mir das Versprechen ab, jeden Tag ein persönliches Gespräch mit mir führen zu dürfen, nachdem sie in Kontakt mit dieser Gruppe gewesen war. Auf diese Weise konnte ich notfalls ihre Gedanken wieder »rekalibrieren«. Ich stimmte zu und wir machten weiter.

Bereits einen Tag, nachdem wir unser Gespräch geführt hatten, wurde in der WhatsApp-Gruppe ein Termin veröffentlicht, an dem das nächste Treffen für den Islamunterricht stattfinden sollte. Ich hätte schwören können, dass dieses in dem Privathaus eines der Vorstandsmitglieder stattfinden und von seiner Ehefrau geleitet würde, so wie es in Österreich und auch in der Schweiz immer der Fall war. Aber ich irrte mich gewaltig.

Sarah erzählte mir, dass sich die Gruppe in einer Ditib-Moschee in Gladbeck treffen wollte. Das passte alles irgendwie nicht zusammen, denn die türkische DITIB ist einer der größten deutschen Islamverbände, für den immerhin rund 1000 Imame in etwa 900 Gemeinden arbeiten.[13]

Diese Imame werden von der türkischen Religionsbehörde Diyanet bezahlt, wodurch dem DITIB automatisch eine große, zu große Nähe zum türkischen Präsidenten Recep Tayyip Erdoğan nachgesagt wird, und der Verband deswegen immer wieder mal in der Kritik steht. Gleichzeitig ist dieser Verband sehr an einer seriösen Außendarstellung interessiert, auch wenn einigen seiner Imame mitunter fundamentalistische Äußerungen vorgeworfen werden. Dass der Islamunterricht für Frauen der berühmt berüchtigten Assalam-Moschee in Essen ausgerechnet in einer Ditib-Moschee stattfinden sollte, konnte ich nicht glauben.

Ich fuhr also mit Sarah nach Gladbeck zur Ditib-Mosche »Türkiye Camii« in der Wielandstraße 17[14] und wartete dann in einem Café auf ihre Rückkehr.

Während ich dort einen Cappuccino trank, erinnerte ich mich an eine Situation vom Vortag. Ich sah durch Zufall eine junge Frau – sie war vielleicht 15 oder 16 Jahre alt –, die die Assalam-Moschee auf der Frauenseite betrat. Sie war blond, hatte mittellanges Haar und einige Sommersprossen im Gesicht. Vermutlich stammte sie aus Deutschland, es könnte sich jedoch auch um eine Polin oder um eine Skandinavierin gehandelt haben. Als sie den Gebetsraum betrat, ließ sie die Türe einen Spalt offen und so sah ich, dass sie aus einer Tüte ein Hijab und eine Jihab – ein islamisches Kleid und ein passendes Kopftuch – holte und das Kleid über ihre ganz normale Straßenkleidung streifte. Danach zog sie ihr Kopftuch an. Sie verhielt sich sichtlich nervös, zitterte sogar und ging unsicher in den Raum. Vermutlich war sie erst vor kurzem zum Islam konvertiert und wusste noch nicht so recht, was sie tun sollte, war jedoch bereits korrekt gekleidet. Amazon macht es möglich.

Natürlich handelte es sich bei ihr nicht automatisch um eine radikalisierte Konvertitin, doch zwei Dinge fand ich doch bemerkenswert: Erstens begegnete ich in dieser Moschee einigen Mädchen in diesem Alter, die augenscheinlich deutscher Herkunft waren und zum Beten herkamen. Und zweitens waren sie fast alle alleine, sie kamen ohne männliche Begleitung. Das nährte meinen Verdacht, dass diese Moschee gezielt junge Frauen über soziale Netzwerke anspricht und diese schrittweise an den Islam – und somit auch in diese Moschee – heranführt. Der Grund für diese Feststellung ist relativ simpel: Nach meiner Erfahrung spazieren junge Frauen im Alter von etwa 15 Jahren nicht einfach so aus Jux und Tollerei in eine Moschee und wohnen dem Abend- oder dem Freitagsgebet bei. Normalerweise handelt es sich dabei um meist unsichere junge Frauen, die Orientierung suchen und – ähnlich wie im Falle von Linda W. – irgendwann mit anderen Frauen auf Facebook, Instagram oder über andere soziale Netzwerke in Kontakt kommen. Diese Frauen – Anwerberinnen – führen die Mädchen dann ganz gezielt an den Islam heran.

Wie junge Frauen für den Islam gewonnen werden

Ich erfuhr von Tobias Meilicke, einem Experten für Radikalisierung, warum besonders diese Zielgruppe bevorzugt konvertiert wird. Nach seiner Meinung sind es insbesondere Anerkennung, Geborgenheit, eine Gemeinschaft und vor allem eine Aufgabe, die junge Frauen in der islamistischen Szene finden. Sie bekommen dabei gewissermaßen ein romantisches Zerrbild von ihren Anwerberinnen vermittelt. Demnach wird diesen Mädchen suggeriert, dass die Muslimin als eine gleichberechtigte Kämpferin für den Glauben an der Seite ihres Mannes steht. So erhalten diese Frauen und Mädchen eine Aufgabe, indem sie für die unterdrückten Muslime kämpfen, insbesondere auch für ihre muslimischen Schwestern im Nahen Osten. Natürlich entwickelt sich nicht automatisch jede Konvertitin zur Fundamentalistin, doch diese Anwerberinnen stehen meist im Kontakt mit radikalen Moscheen, sind selbst Salafistinnen oder anderweitig radikalisiert. Oder anders ausgedrückt: Ich kenne keine gemäßigte Moschee, die auf diese Weise – also höchst aktiv und über soziale Netzwerke – neue Gläubige »akquiriert«.

Wenn sich diese jungen Frauen erst einmal für den Islam begeistern, dreht sich die Spirale weiter: Meist erleben diese Mädchen verschiedene Arten der Ausgrenzung in Deutschland. Sie verschleiern sich, dadurch werden sie von ihrer Umgebung angefeindet. Zusätzlich treibt sie eine romantische Vorstellung vom islamischen Leben an. Häufig handelt es sich zudem um Frauen, die nach einem konservativen Familienbild leben wollen, in einer klassischen Frauenrolle. Für eine derartige Einstellung ernten sie in Deutschland normalerweise Kritik oder Spott. Nicht nur das, bei diesen Frauen ist offensichtlich, dass sie sich in einer seelisch-mentalen Krise befinden, meist sind sie desorientiert und oftmals tragen schwierige Familienverhältnisse zusätzlich dazu bei, dass sie aus ihrem gesamten Umfeld ausbrechen möchten. Dazu kommen übertrieben strenge Eltern oder solche, die sich nicht um ihre Kinder kümmern oder durch eine Krankheit gebeutelt sind. Auch viele Scheidungskinder sollen sich unter diesen Konvertitinnen befinden, wie ich erfuhr. Diese jungen Frauen suchen dann eine neue Gemeinschaft. Oder sie versuchen auf diese Weise gegen ihre Situation zu protestieren, sich gegen ihre Situation aufzulehnen. Alarmsignale, die meist niemand wahrnimmt, und wenn doch, so ist es häufig schon zu spät.

Das alles führt dazu, dass die Imame und Prediger in radikalen Moscheen ein relativ leichtes Spiel haben, junge deutsche Frauen dazu zu bewegen, sich zu radikalisieren.

Eine junge Konvertitin, die noch rechtzeitig aussteigen konnte und die anonym bleiben möchte, erzählte mir, dass sie einige Gleichgesinnte kennt, die zuerst radikalisierte junge Männer kennenlernten und auf diese Weise zum Islam übergingen. Mitunter gehen diese

Islamisten ganz gezielt vor, denn sie wissen um die oftmals desolaten Familienverhältnisse dieser Mädchen. Und sie wissen auch, dass diese eine Gemeinschaft, eine Ordnung suchen, und das nutzen sie natürlich für ihre Ziele aus. Viele dieser jungen Frauen wollen zudem einfach nur ganz schnell heiraten, ein Wunsch, der durch diese Männer dann über Versprechungen und Beeinflussungen noch verstärkt wird.

Das Internet spielt auch hier für Islamisten eine enorme Rolle, gleichzeitig braucht es für eine Radikalisierung in den meisten Fällen immer auch den persönlichen Austausch. Es genügt demnach nicht, einfach nur Propagandavideos zu teilen oder sich über einen Chat auszutauschen. So setzen radikal-islamische Moscheen ganz gezielt gutaussehende junge Männer ein, um diese Mädchen für sich zu gewinnen.

So grotesk es klingt, mir zeigte meine Interviewpartnerin Propaganda-Videos des IS mit jungen Männern – Soldaten –, die mit Sturmgewehr und mit kleinen Katzen posierten. »Sie zeigen auf diese Weise den starken Beschützer, andererseits den fürsorglichen Versorger«, erklärte sie. »Häufig kommen diese jungen Frauen entweder aus Familien ohne Vater oder der Vater konnte seine Rolle als Beschützer nicht wahrnehmen. Solche Frauen sehnen sich nach einem starken Beschützer«, führte sie weiter aus.

Zurück zu Sarah. Sie besuchte also den Islamunterricht in der Ditib-Moschee in Gladbeck, während ich unten in einem Café wartete. Dieser Unterricht wurde von Miriam, einem ebenfalls jungen Mädchen im Alter von etwa 16 Jahren durchgeführt. Auch diese Situation muss man sich mal vorstellen: Die Assalam-Moschee veranstaltet den Islamunterricht für Frauen im etwa 15 Kilometer entfernten Gladbeck in einer Ditib-Moschee, der von einem minderjährigen marokkanisch-deutschen Mädchen erteilt wird.

Sarah besuchte den Islamunterricht über mehrere Wochen hinweg und lernte schon bald Miriams ältere Schwester kennen, die ebenfalls immer wieder Unterrichtseinheiten durchführte. Regelmäßig waren etwa 20 Mädchen im Alter von 14 bis 25 Jahren anwesend. Nur selten erschienen die beiden Schwestern pünktlich, alles hatte insgesamt einen stark laienhaften Charakter.

Um es kurz zu machen: Es fand keine offensichtliche Radikalisierung statt. Es hatte mehr den Eindruck, als hätten weder Miriam noch ihre Schwester mehr als lediglich dürftiges Grundwissen über den Islam. Meist erzählten sie nur über ein einziges Thema, hielten also so eine Art Vortrag, etwa über die richtige Kleidung einer Muslimin. Dabei las zumindest Miriam immer wieder Texte ab, die ihr jemand vorbereitet hatte. Irgendwann fand ich heraus, dass Miriam einen arabischen Freund hatte, bei dem es sich gewissermaßen um den »Kopf« dieser illustren Gruppe handelte. Er kannte nämlich eines der Vorstandsmitglieder der Ditib-Moschee und deswegen durften sie dort den Unterricht abhalten. Miriams Partner war es auch, der ihr die Texte vorschrieb und den beiden Frauen sogar vorgab, worüber sie zu reden hatten. Es ging so weit, dass Miriam manchmal einen kleinen Kopfhörer im Ohr trug, über den ihr Freund ihr mitteilte, was sie erzählen sollte. Wir erfuhren davon, nachdem Sarah das Mädchen auf diese Kopfhörer ansprach und diese nicht ohne Stolz davon erzählte, wofür sie ihn verwendete. Sarah erfuhr außerdem, dass Miriam und ihr Partner demnächst heiraten wollten. Als ich davon erfuhr, erinnerte ich mich schlagartig an die Informationen von Tobias Meilicke sowie an das Gespräch mit der Konvertitin.

Zwischendurch erschienen auch Männer im Islamunterricht für Frauen, die der Gruppe dann Unterricht erteilten. Einmal erschien sogar ein Türke, der eine Frau zum Heiraten suchte (er sagte, er wolle einer Frau hier einen Heiratsantrag machen). Ein anderes Mal tauchte plötzlich ein anderer türkischer Mann während des Unterrichts auf und fragte in die Gruppe, ob seine Frau das nächste Mal am Unterricht teilnehmen dürfte. Irgendwann wurde ich das Gefühl nicht los, mich in einer unfreiwilligen Komödie zu befinden. Doch war dieses Chaos in Gladbeck nicht inszeniert, es war alles ernst gemeint. Denn man darf ja nicht vergessen, dass es sich dabei um einen Islamunterricht für Frauen handelte. Hier ist der Besuch von Männern normalerweise tabu, hier kann ein Mann nicht einfach erscheinen und Kontakt zu den Frauen aufnehmen.

Doch Miriams arabischer Freund und künftiger Ehemann fand jedoch scheinbar daran nichts auszusetzen. Auch störte es ihn relativ wenig, dass sein Herzblatt im Grunde keine Ahnung vom Islam hatte und lediglich Texte von einem Blatt Papier ablas. Einmal machte sich Sarah – wie sie mir später erzählte – den Spaß und stellte zusätzliche Fragen. An diesem Tag las Miriam eifrig alles zum Thema »Khimar« vor. Dabei handelt es sich um eine traditionelle Bekleidung für muslimische Frauen. Dazu gehört auch die Gesichtsverschleierung, bei der man lediglich die Augen sieht, während ansonsten der gesamte Körper bedeckt bleibt. Der Sinn dieser Kleidung besteht darin, dass bereits vergebene Frauen ihre Körperform verstecken, um anderen Männern keinen Anreiz zu bieten.

Sarah fragte also, ob man diese Kleidung auch während des Freitagsgebetes tragen müsse. Eine im Prinzip vollkommen unnötige Frage, denn sie ergab keinen Sinn. Doch Miriam geriet sichtlich in Panik, stotterte herum, wanderte mit den Augen wie wild über ihr Manuskript, blätterte darin herum und sagte dann, dass sie diese Frage nicht beantworten könne. Sie versprach, mit ihrem »künftigen Mann«, wie sie es bezeichnete, über dieses Thema zu reden und nächste Woche darauf die Antwort zu geben. An diesem Tag trug sie übrigens keinen Kopfhörer. Dann erzählte sie davon, dass ihr arabischer Freund ihr befohlen habe, dieses Kleidungsstück zu tragen, damit sie sich von den Kafir (Ungläubigen) hier in Deutschland unterscheide. Sie forderte außerdem von den Teilnehmerinnen, ebenfalls die Khimar zu tragen, damit auch sie sich von den Ungläubigen abhoben, und vor allem – das betonte sie – sollten die Kafir ihre Körper ebenfalls unsichtbar machen.

Anfangs dachte ich noch, dieser Islamunterricht solle mögliche Journalisten und V-Männer lediglich täuschen, diese also gewissermaßen einach auf die Schippe nehmen. Doch im Laufe der Wochen wurde mir immer klarer, dass es sich tatsächlich um einen ernstgemeinten Unterricht handelte, da die Zahl der Teilnehmerinnen immer stärker anwuchs und vor allem der Anteil türkischer Frauen aus der Ditib-Gemeinde immer mehr zunahm.

Schließlich fand ich sogar heraus, dass diese WhatsApp-Gruppe »Akhwat fi Deen« von Miriam gegründet und gemeinsam mit ihrer Schwester betrieben wurde. Und dort ging es weitaus radikaler zu als in diesem Islamunterricht. Es gab also zwei Welten, die nicht zueinander passten. Ich fand dann zusätzlich heraus, dass sich in Wahrheit sogar Miriams arabischer Freund und zukünftiger Ehemann um diese WhatsApp-Gruppe kümmerte. Er schrieb also die Texte in ihrem Namen und gab auch die Antworten auf sämtliche Fragen.

Wie mir die junge Konvertitin erzählte, die ich interviewen durfte, schicken irgendwelche Hintermänner gerne diese jungen Frauen vor, um solche WhatsApp-, Facebook-, Telegram- oder Instagram-Gruppen zu gründen, während sie, die Männer, in Wahrheit die Fäden ziehen. In dieser Gruppe gab es übrigens immer häufiger Anleitungen, wie man andere Frauen aus dem Freundes- und Bekanntenkreis ebenfalls für den Islam »begeistern« könne. Hinter meist unverfänglichen Botschaften verbargen sich klare Anleitungen, wie man gezielt Gehirnwäsche betreibt – und letztendlich ging es um nichts anderes.

Über diese WhatsApp-Gruppe werden auch Einladungen zu anderen Kursen in ganz Deutschland verschickt. Wie ich herausfand, steckt dahinter ein ganz bestimmtes System: Es sind junge Mädchen, die im Islamunterricht ebenfalls jungen Teilnehmerinnen unterrichten. Meist erzählen sie etwas zu bestimmten Themen, die mitunter von einem Manuskript abgelesen werden. Diese »Lehrerinnen« unterstützen die Teilnehmerinnen auch in anderen Belangen. Einmal fragte Sarah nach, ob Miriam denn wüsste, wo man ein paar Tage übernachten könnte und etwas zu essen bekäme. Miriam schickte ihr am nächsten Tag die Adresse einer Ditib-Moschee sowie den Namen einer Kontaktperson. Miriam schrieb weiter, dass es sich dabei um eine Art muslimisches Frauenheim handele (was auch immer darunter zu verstehen ist) und sie solle schnell dorthin gehen, weil sie bereits angekündigt worden sei und die Plätze dort rar seien. Ähnliche Meldungen tauchten in dieser WhatsApp-Gruppe immer wieder auf, was deutlich machte, dass das Ganze Methode hatte. Auch der Hinweis, »schnell Kontakt aufzunehmen«, zeigte mir, dass die Personen, die diese Nachrichten versenden, keine Sekunde verlieren wollten, um ihre Adressatinnen immer stärker an den Islam zu binden.

Auch gab es in dieser Gruppe einige Spendenaufrufe für junge Frauen, die gerade in einer finanziellen Notlage steckten. Das alles lässt sich durchaus auch mit gelebter Nächstenliebe begründen. Gleichzeitig kenne ich diese Vorgehensweise aus vielen anderen Fällen, in denen gezielte Radikalisierungsversuche durchgeführt wurden. Geldspenden sind da ein beliebtes Mittel, um sich das Vertrauen der Empfänger zu erschleichen – und diese wissen dann später sehr genau, dass sie dem edlen Spender noch etwas schuldig sind. All das dient dazu, diese Menschen schrittweise in die Radikalisierung zu treiben.

In dieser Gruppe wurde außerdem viel über die Notwendigkeit der Heirat für Muslima geschrieben. Gemeint ist, dass Frauen möglichst bald einen Mann heiraten sollen, der »nach den wahren Werten des Islam lebt«. Letztlich bedeutet so etwas, dass dafür nur ein Islamist in Frage kommt. So sagte eine der Teilnehmerinnen zu Sarah, dass Männer, die den »traditionellen« Islam praktizieren – dabei handelt es sich übrigens um eine Umschreibung für Salafisten –, Wert darauf legen, dass sich Frauen künftig nicht mehr allein in der Öffentlichkeit zeigen. Eine nette Interpretation für ein Leben unter ständiger Kontrolle. Diese Aussage bekam meine Kollegin auch vom Imam der Assalam Moschee bestätigt, der ihr einen ganzen Vortrag hielt darüber, nach welchen Werten eine Frau zu leben habe, und dessen Inhalte deckten sich übrigens nahezu vollständig mit den Themen, die in der Akhwat fi Deen-Gruppe ständig veröffentlicht werden.

Es existieren übrigens auch WhatsApp-Gruppen für junge Männer, in denen die nahezu gleichen Botschaften verkündet werden. Teilweise wird hier dann eine regelrechte Heiratspolitik betrieben, Frauen und Männer werden auf diesem Weg miteinander verkuppelt.

Jedoch sind die Frauen nach außen hin weitaus aktiver. Sie werben eifriger um neue Mitglieder als die männlichen Mitglieder der Moschee, hierin in etwa vergleichbar mit einigen Moscheen in Graz. Der Grund für dieses – in islamistischen Kreisen doch eher ungewöhnliche – Verhalten liegt mit Sicherheit daran, dass die deutschen Behörden sowie der Verfassungsschutz ihren Fokus weitaus stärker auf männliche Islamisten legen und die Frauen dadurch weit besser unter deren Radar agieren können. Das haben radikale Moscheen längst erkannt und ihre Aktivitäten entsprechend darauf ausgerichtet. Obwohl die Rolle der Frau bei Salafisten nur wenig Eigenständigkeit zulässt, dürfen wir niemals vergessen, dass auch die Frau dazu aufgefordert wird, in den Dschihad zu gehen. In diesem Fall bedeutet dies, den Ehemann bedingungslos zu unterstützen, was häufig dadurch geschieht, dass die Frau die Hauptarbeit beim Akquirieren neuer Anhängerinnen übernimmt. Auch hier muss nicht zuletzt in den Behörden ein Umdenken erfolgen, wenn wir eine neue Welle der Radikalisierung verhindern wollen.

Ich bin mir sehr sicher, dass der Imam – oder zumindest der Vorstand der Assalam-Moschee – bei all diesen Gruppen ebenfalls seine Finger mit im Spiel hatte, denn ich glaube nicht so sehr an Zufälle, vor allem dann nicht, wenn bestimmte Aussagen fast wortwörtlich übereinstimmen.

Auch fiel mir eines Tages auf, dass Miriams künftiger Ehemann mit einem der Vorstandsmitglieder der Ditib-Moschee häufig in einem Raum im Untergeschoss der Moschee verschwand, der sich neben dem Aufenthaltsraum – einer Art Café – befand. Dort warteten sie, bis der Islamunterricht zu Ende war. Ich setzte Sarah darauf an, mehr herauszufinden, was hier vor sich ging. Sie fragte also beim nächsten Treffen Aische, die marokkanische Muslimin, die ihr den Kontakt zu diesem Unterricht überhaupt verschafft hatte. Sie erklärte, dass die beiden über die im Gebäude (und davor) installierten Kameras kontrollierten, wer zum Unterricht kam, und sich auch darüber Notizen machten. Aus welchen Gründen das geschah, konnte ich nicht herausfinden, ich vermute jedoch, dass dies Teil der systematischen Radikalisierungsarbeit war. Ich begann, ebenfalls dieses Café zu besuchen, und da sich Miriams Zukünftiger dort auch immer wieder aufhielt, konnte ich seine Gespräche belauschen. Jetzt ergab seine ganze Erscheinung auch für mich – die traditionelle Kleidung, der lange Bart – einen Sinn. In seinen Telefongesprächen und auch im Austausch mit anderen Anwesenden war ich mir nun sicher, dass es sich bei ihm um einen echten Salafisten handelte. Die Art, wie er sprach, welche Begriffe er dabei verwendete und auch seine Geisteshaltung, die er offenbarte, ließen für mich keinen Zweifel offen.

In dieser Moschee in Gladbeck fand übrigens auch der Unterricht für Kinder statt. In einem Nebenraum der Moschee wurden Mädchen und Jungs im Alter von 6 bis etwa 14 Jahre die Grundregeln des Islam beigebracht. Wie ich herausfand, wusste der Vorstand dieser Ditib-Moschee zwar, dass im Nebengebäude der Unterricht für die Kinder stattfand, hatte jedoch keine Kenntnis über den Islamunterricht der arabischen Mädchengruppe im ersten Stock der Moschee. Sarah gelang es auch mehrmals, dem Kinderunterricht beizuwohnen. Dort wurde auf Türkisch und auch auf Deutsch unterrichtet, doch neben dem Islamunterricht wurde außerdem viel über den türkischen Staat gesprochen. Ein Thema, das dort eigentlich nichts zu suchen hat, noch dazu, wenn versucht wird, die Meinung dieser Kinder ideologisch einzufärben, was ganz offensichtlich geschah.

Die Struktur der Assalam-Moschee

Zu Beginn dieses Kapitels schrieb ich, dass in Deutschland viele Moscheen illegal betrieben werden. Das bedeutet, sie werden entweder überhaupt nicht als Verein geführt, und wenn doch, dann stimmt ihre tatsächliche Tätigkeit nicht mit der Vereinssatzung überein. Der Vorteil in Deutschland – gegenüber Österreich und der Schweiz – liegt darin, dass man hier auf sehr einfachem Wege die Vereinssatzung anfordern kann. Dazu muss man lediglich bei der zuständigen Behörde nachfragen und bekommt dann unmittelbar eine Kopie der entsprechenden Satzung ausgehändigt. Das alles erweist sich in den beiden anderen Ländern als weitaus schwieriger, weshalb ich in meinen Recherchen in Deutschland viel ausführlicher auf diesen Punkt eingehen kann.

Im Falle der Assalam-Moschee wird diese als Verein »Dawat-Ul-Haq Essen e.V.« mit der Vereinsnummer 2006-VR 4480 geführt, wobei dieser Name ironischerweise »Der Weg zur Wahrheit« bedeutet. Er ist im Vereinsregister des Amtsgerichts Essen eingetragen.

Der Sinn und Zweck des Vereins wird wie folgt definiert:
»Im Bewusstsein ihrer Verantwortung vor Gott, dem Allmächtigen, haben sich im Verein Bürger verschiedener Länder zusammengefunden, um die in Nordrhein-Westfalen lebenden Bürger aller Nationalitäten in ihrem Bemühen zu unterstützen, in einer durch materialistische Denkweise geprägten Umwelt die Möglichkeit zu geben, eine natürliche und islamische Lebensweise zu praktizieren. Das wird insbesondere dadurch verwirklicht, indem

a) der Verein ausschließlich religiöse und sozial-gesellschaftliche Ziele verfolgt. Er hat keinerlei politische Ambitionen und arbeitet mit keiner politischen Partei oder Gruppierung zusammen.

b) der Verein aktiv die Aus- und Weiterbildung von muslimischen Jugendlichen und Kindern und die Weiterbildung von muslimischen Erwachsenen auf religiösem Gebiet fördert.

c) der Verein sich insbesondere um die Betreuung sozialer Randgruppen kümmert, indem ihnen Möglichkeiten einer integrativen Eingliederung in die hiesige Gesellschaft ermöglicht wird.

d) der Verein die Planung der Errichtung einer Moschee in Essen aufnimmt und sich um die Errichtung einer ordentlichen islamischen Schule kümmern wird.

e) der Verein nationale und internationale Versammlungen von Muslimen durchführt. Es werden auch Personen aus dem Ausland eingeladen, die sich mit Vereinszielen identifizieren. Der Verein wird für ihre Unterkunft, Verpflegung sowie Ein- und Ausreise sorgen.

f) sich der Verein von jeglicher moralisch verwerflichen Handlung, die mit islamischen Grundsätzen nicht zu vereinbaren ist, distanziert.

g) der Verein den bedürftigen muslimischen Bürgern jede mögliche Hilfe in religiöser, wirtschaftlicher, gesellschaftlicher oder sonstiger Hinsicht leistet.

Außerdem erhebt der Verein keine Mitgliedsbeiträge, wobei jedoch die Mitglieder aufgerufen werden, entsprechend ihrer Möglichkeiten für die Vereinsausgaben zu spenden. Sämtliche Ausgaben des Vereins werden – laut dieser Satzung – durch freiwillige Spenden bestritten. Wie gut dies funktioniert, schrieb ich bereits zu Beginn dieses Kapitels.

Richtig interessant wird es unter § 14, »Auflösung des Vereins«: Demnach fällt das Vereinsvermögen an den Verein »Anjuman-e Islahul Muslemeen Deutschland e.V.« mit Sitz in der Schulstraße 15 in 61381 Friedrichsdorf. Das bedeutet, dass diese beiden Vereine in einer direkten Verbindung zueinander stehen.

Dieser Verein wiederum ist laut hessischem Verfassungsschutz ein Knotenpunkt der »Tablighi Jama'at«. Diese islamistische Bewegung stammt aus Indien, ihre Predigten enthalten salafistische Elemente, wie bereits 2008 vom Verfassungsschutz festgestellt worden war.[15]

Eine Internetpräsenz dieses Vereins konnte ich nicht feststellen, also weder eine Webseite noch eine eigene Gruppe in Facebook oder einen Account auf Instagram. Es ist jedoch vollkommen klar, dass zum engen Netzwerk der Assalam-Moschee ein fundamentalistischer Verein gehört, der sich im Visier des Verfassungsschutzes befindet.

Das bedeutet, dass die Assalam-Moschee unter einem vollkommen anderen Namen geführt wird, weshalb sämtliche Aktivitäten, die dort durchgeführt werden, grundsätzlich illegal sind. Es ist außerdem nicht klar, was mit den Geldspenden passiert, die sich regelmäßig auf hohe Summen belaufen. Immerhin etwa 2000 bis 3000 Euro wöchentlich, die alleine durch Spendenaufrufe im Rahmen des Freitagsgebetes zusammenkommen. Und vermutlich werden noch weitere Geldbeträge der Moschee direkt gespendet. Es bleibt in diesem Fall offen, ob diese Beträge auch tatsächlich dem zuständigen Finanzamt gemeldet werden, zumal – und das darf an dieser Stelle nicht vergessen werden – dieses Gebetshaus unter einem anderen Namen geführt wird, als gegenüber den Behörden angegeben wurde. Ob die dort erwirtschafteten Umsätze tatsächlich steuerlich erfasst werden, möchte ich doch grundsätzlich in Frage stellen.

Auch finde ich es ausgesprochen interessant, dass diese Moschee über keinen Internetauftritt verfügt. Gibt man »Assalam-Moschee« im Internet ein, erhält man als Treffer lediglich die Seite »moschee-assalam.de«, die sich jedoch in Wuppertal befindet. Recherchiert man weiter auf Facebook, kommt man zusätzlich zur Assalam-Moschee in Darmstadt. Das Essener Gebetshaus hingegen erscheint nirgendwo offiziell, wodurch auch keine Möglichkeit besteht, anhand des Impressums mehr Informationen über die tatsächlichen Betreiber der Essener Assalam-Moschee herauszufinden.

Das alles ist letztlich ausgesprochen suspekt, und auch hier gilt deshalb: Eine gemäßigte Moschee wird immer offen und transparent auftreten. Neben Tagen der offenen Tür verfügen diese Gebetshäuser auch über offizielle Webseiten mit einem ordentlichen Impressum. Das alles gibt es hier nicht.

Das System hinter der WhatsApp-Gruppe

Gegen Ende meiner Recherchen in der Assalam-Moschee konnte ich noch herausfinden, dass Miriams salafistischer Partner und seine Hintermänner merkten, dass die Verantwortlichen der Ditib-Moschee in Gladbeck Wind von ihren Aktivitäten bekamen, weshalb sie plötzlich verschwanden und in die Abu Bakr-Moschee in Essen, Altessener Straße 251, weiterzogen, die offiziell als »Islamischer Bund« geführt wird. Wenn man im Internet »Abu Bakr-Moschee Essen« eintippt, erhält man einen Hinweis auf diese Moschee. Dort steht rechts »Islamischer Bund Essen e.V.« und links daneben befinden sich arabische Schriftzeichen. Die Übersetzung davon lautet übrigens »Abu Bakr«. Nichtsdestotrotz handelt es sich bei diesem Gebetshaus um eine ausgesprochen lobenswerte Einrichtung. Besucht man deren Webseite, findet man sofort die Vereinssatzung, ein korrektes Impressum und Hinweise auf öffentliche Veranstaltungen. Natürlich besuchte ich auch diese Moschee und ich wünschte, alle islamischen Gebetshäuser in Deutschland wären so wie die Abu Bakr-Moschee: Alles verlief dort transparent, freundlich und offenherzig.

Doch zurück zu Miriam, ihrem Zukünftigem und der Whats-App-Gruppe: Sie begannen auch dort mit ihrem Islamunterricht für junge Mädchen. Dann zogen sie wieder weiter, zu einer anderen Moschee. Jetzt ergab alles für mich einen Sinn, denn wenn in einer Moschee deren Umfeld gewissermaßen »abgegriffen« worden war, also das Einzugsgebiet bestmöglich nach mutmaßlich Anwerbungswilligen abgeschöpft war, wendete man sich einem neuen Ort zu. Das zeigt, wie die Wege der Radikalisierung in den sozialen Netzwerken und die klassischen Wegen der Radikalisierung – Stichwort »Radikalisierung in Moscheen« etc. – ineinandergreifen. Aber das zeigt auch, wie gefährlich diese Gruppen sind, denn – wir erinnern uns – allein in Deutschland existieren Hunderte von vergleichbaren Whats-App-Gruppen. Und zu diesen müssen die Gruppen von Facebook, Instagram etc. noch hinzugezählt werden.

Selbstverständlich gibt es in Deutschland – leider – noch viele weitere Moscheen, die mit der Assalam-Moschee in Essen vergleichbar sind. Ich besuchte in zwei Jahren über 100 Moscheen, lernte teilweise ausgesprochen gemäßigte Gebetshäuser kennen, allerdings auch stark radikalisierte Einrichtungen, die vor allem für die junge Generation eine große Gefahr darstellen. Über alle diese Moscheen zu berichten, würde den Rahmen dieses Buches bei weitem sprengen. Deswegen konzentriere ich mich hier lediglich auf einige Beispiele, um die Mechanismen der radikalisierenden Moscheen aufzuzeigen. So wie im Falle der Assalam-Moschee, deren Betreiber inzwischen dazu übergegangen sind, mittels der sozialen Netzwerke und mit Unterstützung junger Frauen (wie Miriam) gezielt neue Mitglieder zu gewinnen und diese zu radikalisieren.

Es gibt aber auch andere Möglichkeiten, nämlich charismatische Prediger einzusetzen, die dank ihrer starken und einnehmenden Persönlichkeit eine starke Wirkung auf oftmals unsichere Menschen ausüben. Auf Menschen, die leicht von den Irrlehren des Islam zu überzeugen sind. Eine solche Person lernte ich in Berlin kennen.

Kapitel 7

Der Berliner Prediger Abul Baraa

Ich fuhr am 12. Juni 2018 zum wiederholten Male nach Berlin. Nachdem ich dort viele Moscheen besucht, immer mal wieder an den Gebeten teilgenommen und neue Kontakte geknüpft hatte, wollte ich jetzt endlich einmal einen Mann persönlich treffen, der als eines der bekanntesten Gesichter des Berliner Salafismus gilt: den Prediger Ahmad Abul Baraa.

Berlin: Ein Mekka der deutschen Salafistenszene?

Warum gerade in Berlin? In der Bundeshauptstadt leben etwa 250000 bis 300000 Muslime, die wöchentlich die knapp 100 Moscheen und Gebetsräume für das Freitagsgebet besuchen.[16] Vermutlich existiert in keiner anderen Stadt Deutschlands eine so große Zahl an Muslimen. Somit zählt Berlin zu den Hotspots der islamischen Gemeinde.

Dort expandiert ungebrochen die islamische Extremisten-Szene und, wie es scheint, wächst der Stadt die aktuelle Entwicklung völlig über den Kopf. Dabei vergrößert sich Berlins Salafistenszene nicht nur zahlenmäßig, sie expandiert auch geografisch. Wie ich erfuhr, plant etwa die Weddinger As-Sahaba-Moschee eine neue Moschee in Moabit und sammelt dafür eifrig Geldspenden bei den Gläubigen, wie beispielsweise im Rahmen der Freitagsgebete, ein. Der Mietvertrag für die alten Räume an der Torfstraße in Wedding wurde angeblich zum 30. Juni gekündigt, nun strebt der Verein den Erwerb von Eigentum an. Der Plan lautet offiziell, eine Lagerhalle an der Quitzowstraße zu erwerben und sie zur Moschee auszubauen.

»Offiziell« deswegen, weil Baraa immer schon klar war, dass er dieses neue Objekt nicht bekommen würde, wie ich im Laufe meiner Recherchen noch herausfinden sollte und später hier noch ausführlicher darstellen werde. Dass ihm der Kauf der Lagerhalle nie gelingen würde, wusste er deshalb, weil ihm der Verfassungsschutz den Erwerb untersagt hatte. Er blieb jedoch nach außen hin dabei, ein Gebäude finden zu wollen, damit er seinen Anhängern vortäuschen konnte, die Behörden hätten erst im letzten Moment den Erwerb verhindert. Das alles – diese ganze Entwicklung – passte Abul Baraa offenbar ganz wunderbar ins Konzept, konnte er sich doch auf diese Weise als Opfer der Politik darstellen und somit seine Anhänger noch stärker an sich binden.

Er ließ also die Gläubigen wissen, dass die aktuelle Moschee auf Druck des Verfassungsschutzes geschlossen werden müsse, daher – so verkündete er – würde nun eine neue Moschee errichtet werden und das dafür notwendige Grundstück soll sogar gekauft werden. Doch dafür benötige man Geld, worauf die Gläubigen sofort begannen zu spenden. Am Schluss verkündet er in einem Freitagsgebet (darauf gehe ich im nächsten Kapitel genauer ein), dass die Behörden den Verkäufer des neuen Objektes unter Druck setzten und dieser nun einen Rückzieher gemacht habe. Bis zu diesem Zeitpunkt waren – angeblich – mehr als einhunderttausend Euro gespendet worden, doch niemand wusste noch, wo sich dieses Geld nun eigentlich befindet. Auch die Kündigung des Mietvertrags der aktuellen Unterkunft in der Torfstraße wird nun wie von Geisterhand wieder rückgängig gemacht, denn die Moschee kann an ihrer ursprünglichen Stelle weiterbetrieben werden. Einfach so. Hier passt nichts zusammen. Denn auf der einen Seite soll dieses Gebetshaus vom Verfassungsschutz geschlossen werden, auf der anderen Seite kann dann der Moscheebetrieb so weiterlaufen wie bisher. Zurzeit ist – nach meinem Erkenntnisstand – nicht bekannt, was mit den Spendengeldern tatsächlich passiert ist. Auch schickt Abul Baraa immer häufiger stellvertretend für sich seine Helfer in die Öffentlichkeit, damit er selbst nicht zu stark ins Visier des Verfassungsschutzes und der Medien gerät.

Es gibt in der Tat auch genügend Gründe – ungeachtet der verworrenen Situation rund um das Gebäude selbst –, weshalb er sich im Umgang mit Behörden und Medien zurückhält. Das beginnt bereits mit dem Verein selbst, der das Gebetshaus in der Torfstraße betreibt. Dieser Verein mit der Vereinsnummer »VR 27304« wurde im Jahre 2007 gegründet, die Vereinsadresse lautet: Ragazer Straße 12 in 13407 Berlin. So befinden sich also der Vereinssitz und das offizielle Vereinsgebäude an zwei unterschiedlichen Orten, was durchaus mal vorkommen kann. Was allerdings nicht passt, ist die Tatsache, dass auf den ersten Blick Abul Baraa im Vorstand lediglich als Schatzmeister eingetragen ist, obwohl er dort alle Geschicke lenkt. Denn wenn man die As-Sahaba Moschee häufiger besucht, wird man den Eindruck nicht los, dass dieser Verein überhaupt nur von ihm geführt wird. Im Zuge meiner Recherchen fand ich dann heraus, dass der Name Abul Baraa nicht einmal sein richtiger Name ist, sondern mehr eine Art Künstlername, denn in der Vereinssatzung erscheint er unter »Ahmad Amih«. Ahmad Amih lautet angeblich sein wirklicher Name, doch auch da bin ich mir nicht sicher.

Laut Satzung muss jedes zweite Jahr (Kalenderjahr) ein neuer Vorstand gewählt werden. Das Ergebnis der Vorstandswahlen muss dann den entsprechenden Behörden gemeldet werden, selbst wenn die Zusammensetzung der Vorstandsmitglieder unverändert bleiben sollte. Derartige Meldungen blieben jedoch seit 2007 aus. Das bedeutet, dass nach der Vereinsgründung nie mehr eine Vorstandswahl stattfand, und falls diese doch regelmäßig durchgeführt wurde, so gibt es jedoch definitiv keine offizielle Meldung dazu, wie es der Gesetzgeber an sich vorschreibt. Auch ist unklar, ob es sich um einen gemeinnützigen Verein handelt – der Spenden erhalten darf – und ob der Vereinszweck überhaupt umgesetzt wird. Das alles wird von den Behörden schlicht nicht geprüft. Das bedeutet, dieser Verein kann schalten und walten wie er will, ohne dass sich irgendeine Behörde in Berlin dafür interessiert.

Übrigens heißt es auf der Internetseite der Moschee: »Salam alaykum, liebe Geschwister, da der Vertrag unserer Moschee (As-Sahaba-Moschee in Berlin) zum 30.06.18 ausläuft, benötigen wir eine neue Moschee. Deshalb bitte ich euch zu spenden.« Darauf folgte bislang eine Bankverbindung mit dem Hinweis, auf jeden Fall nur »Spende«

in den Verwendungszweck zu schreiben, nicht etwa »Allahu Akbar« oder Ähnliches.

Ob dieser Hinweis tatsächlich eher steuerlichen Gründen dient oder ob damit dem Verfassungsschutz Harmlosigkeit vorgetäuscht werden soll, ist unklar. Nach meinem Erkenntnisstand befindet sich dieser Verein unter Beobachtung des Verfassungsschutzes, und das nicht ohne Grund. Schließlich ist die As-Sahaba-Moschee eine von den drei sicherlich bedeutendsten Salafisten-Treffpunkten in Berlin.

Ein weiterer Treffpunkt ist die höchstwahrscheinlich bekannteste Moschee, die »Al-Nur-Moschee« in Neukölln. Geführt wird dieses Gebetshaus vom Verein »Die Islamische Gemeinschaft Berlin e.V.« unter der Vereinsnummer VR 8699B mit dem Vereinssitz: Haberstraße 3 in 12057 Berlin. Sie wurde 1986 gegründet und zählt somit zu einer der ältesten Moscheen in Berlin.

Schon kurz nach der Gründung – im Jahre 1989 – kam es zum Streit zwischen den Vorstandsmitgliedern, da einige Mitglieder den Verein wieder auflösen wollten, weshalb andere Vorstandsmitglieder gegen diesen Beschluss klagten und damit Recht bekamen.[17] Das letzte Mal wurde 2008 die Satzung geändert bzw. ein neuer Vorstand gewählt. Seitdem gab es keine Vorstandswahlen mehr, zumindest wurden die nicht der dafür zuständigen Behörde gemeldet.

Bei der dritten, salafistisch agierenden Moschee handelt es sich um die »Ibrahim-al-Khalil-Moschee« in Berlin Tempelhof (Vereinsnummer: VR 32712B). Auch dort führte die Polizei 2015 eine Razzia durch, weil der dortige Imam Kämpfer für Syrien angeworben haben soll. Außerdem habe ich festgestellt, dass Salafisten der »As-Sahaba Moschee« auch hier aktiv sind. Problematisch ist dort außerdem, dass sich diese Moschee in einem Gewerbeviertel befindet, in dem sich insbesondere Gebrauchtwagenhändler, Autolackierer und Kfz-Werkstätten niedergelassen haben und die Kinder während ihrer Pausen im Islamunterricht dort umherlaufen. Diese Kinder wiederum werden von Personen unterrichtet, die selbst keinerlei Ausbildung besitzen, was wiederum den Unmut der Eltern, aber auch einiger Vorstandsmitglieder erregt. Dadurch kommt es auch immer wieder zu Streitigkeiten, in der Vergangenheit gab es bereits mehrere Rücktritte verschiedener Vorstandsmitglieder.

Alle diese drei Moscheen werden vom Verfassungsschutz beobachtet, doch das hindert die Betreiber nicht, weiterhin gezielt radikales Gedankengut zu verbreiten.

Zu erwähnen wäre noch die »Bilal Moschee« (Vereinsnummer: VR 19935), die vom Verein »Deutschsprachiger Muslimkreis Berlin (DMK Berlin) e.V.« geführt wird. Sie befindet sich in der Drontheimerstraße 16 in 13359 Berlin. Hier sind auch Helfer von Abul Baraa aktiv. Nach meinen Recherchen wird dies der nächste radikal-islamische Hotspot werden, wenn die Behörden nicht rechtzeitig reagieren. Es treffen sich in dieser Moschee unterschiedlichste Nationalitäten, genauer gesagt: afrikanische, tschetschenische, pakistanische und arabische Muslime, um dort zu beten. Das wäre an sich nicht weiter schlimm, doch die Agitatoren von Abul Baraa gewinnen in dieser Moschee zunehmend an Einfluss und werden ihr radikales Gedankengut in diese Besuchergruppen tragen. Der – gemäßigte – pakistanische Imam dieser Moschee weiß vermutlich nicht einmal, dass radikale Gläubige derzeit besonders stark in seiner Moschee aktiv sind.

Auch insgesamt herrscht in dieser Moschee ein ziemliches Chaos, denn laut Vorstand existiert Meinungsfreiheit bezüglich der Themen der jeweiligen Gebete. Das führte dazu, dass verschiedene Prediger dort alles verkünden können, was sie wollen. Das nutzen die Leute von Abul Baraa aus, und auch ich sah in der Bilal-Moschee immer wieder Mitglieder der As-Sahaba-Moschee während der Gebetszeiten. Wohl auch deswegen, weil bekannt ist, dass die Bilal-Moschee noch nicht vom Verfassungsschutz beobachtet wird.

Auch der Berliner Ex-Rapper und militante Salafist Denis Cuspert alias Deso Dogg besuchte regelmäßig die »As-Sahaba«-Moschee.[18] Er gilt als einer der bekanntesten Deutschen, die nach Syrien in den Dschihad gingen, wo er für mehrere Massaker unter Zivilisten verantwortlich ist.

Cuspert dürfte schon seit frühester Jugend einen Hang zur Gewalt gehabt haben. In einem seiner Lieder sang der ehemalige Gangsta-Rapper: »Willkommen in meiner Welt voll Hass und Blut.« Unter seinem Musiker-Pseudonym »Deso Dogg« beschreibt er das harte Leben in Kreuzberg. Ich erfuhr von verschiedenen Personen, die ihn aus frühen Tagen kannten, dass er durchaus als lustiger und sympathischer Kumpel bekannt war. In den Augen der Behörden galt er wahrscheinlich schon als Kind als potenzieller Krimineller. Seinen ersten Überfall beging Denis Cuspert bereits mit elf Jahren, danach folgten Drogenhandel, unerlaubter Waffenbesitz, irgendwann wird er wegen Nötigung festgenommen. Er gehörte einer Jugendgang an, was ihn schließlich auch ins Gefängnis brachte. Irgendwann wendet er sich von seinem Image als Gangsta-Rapper ab, widmet sich ganz dem Koran und schließt sich einer Gruppierung Berliner Salafisten an, die sich als »dschihadistischer Flügel« versteht.

Einer Jugendrichterin soll er einst gesagt haben, er wolle vor allem berühmt werden, egal wie. So wurde es mir jedenfalls von jemandem erzählt, der ihn aus dieser Zeit kannte.

Da niemand in irgendeiner Weise versuchte, ihn vom radikalen Islamismus fernzuhalten, kam es, wie es kommen musste: Er geriet in den Sog von Terrororganisationen und nannte sich von nun an »Abu-Talha Al-Almani«. Zuvor nahm er an salafistischen Islamseminaren teil, hetzte dort gegen die Ungläubigen. Dann reiste er nach Syrien, kämpfte zunächst für die al-Qaida-nahe al-Nusra-Front und wechselte dann schließlich zum IS. Dort wurde er zum wichtigsten Propagandisten für den deutschsprachigen Raum. In Youtube-Videos zeigt sich Cuspert nur noch mit Kampfweste und Schnellfeuergewehren und brüstet sich immer häufiger mit Leichen von syrischen Regierungssoldaten. Laut den Behörden sollen angeblich rund 60 Berliner Islamisten dem Ex-Rapper nach Syrien gefolgt sein, aber nach meinen Recherchen im Verlauf von zwei Jahren schätze ich diese Zahl als weitaus höher ein. Diese Zahlen zeigen wiederum die starke Sogwirkung, die Menschen wie Cuspert besitzen. Auch das macht solche Salafisten gefährlich, denn sie präsentieren sich ganz bewusst als gnadenlose Kämpfer, um damit dafür anfällige Personen beeindrucken zu können. So steht Denis Cuspert für viele Berliner, die in der deutschen Hauptstadt radikalisiert wurden und durchaus öffentlichkeitswirksame Propagandaveranstaltungen durchführen konnten – auch das tat Denis Cuspert, bevor er in Syrien zum Mörder wurde –, ohne in irgendeiner Weise von der Exekutive oder vom Verfassungsschutz aufgehalten zu werden. Vermutlich führt dieses unbehelligte Vorgehen zu einer Art Allmachtsempfinden. Solche Menschen denken tatsächlich, nichts und niemand könne sie aufhalten. Auf diese Weise gewinnt der radikale Islamismus immer mehr an Bedeutung und Salafisten können sich an wachsenden Mitgliederzahlen erfreuen.

So stellte etwa der FDP-Politiker Marcel Luthe, Mitglied des Abgeordnetenhauses von Berlin, fest: »Wir haben eine stark wachsende Salafistenszene und einen geschwächten Verfassungsschutz, und wir sollten uns schnell von der Illusion verabschieden, dass man solche Orte erst einmal entstehen und gedeihen lassen kann, um sie dann vom Verfassungsschutz beobachten zu lassen. Im Gegenteil sollte das Entstehen von Strukturen, in denen gegen die freiheitlich-demokratische Grundordnung gearbeitet wird, im Keim erstickt werden.«

Das deckt sich auch mit meinen Beobachtungen. Bei so gut wie keinem Antrag zur Aufnahme in das Vereinsregister wird der Vereinszweck jener Moscheen gründlich überprüft. Es kann nicht sein, dass die Vereinsgründung auf Basis der Angaben auf einem Blatt Papier einfach so durchgewinkt wird, ohne dass in irgendeiner Weise zuvor eine Prüfung durchgeführt wurde. Dass insbesondere in Berlin so vorgegangen wird, erfuhr ich von vielen verschiedenen Stellen, also von Vereinsvorständen ebenso wie von Mitarbeitern in Behörden und von anderen Kontaktpersonen. Ist ein solcher Verein erst einmal gegründet, dann tritt er als Mieter auf, kann Spenden verwalten und vieles mehr. Alles Dinge, die von Privatpersonen nicht so ohne weiteres umsetzbar sind. So ist es beispielsweise für einen Verein viel einfacher, als Mieter akzeptiert zu werden, als es bei einer Privatperson der Fall ist.

Doch zurück zum geplanten Erwerb der Lagerhalle: Etwa 800 000 Euro sollen notwendig sein, damit die »As-Sahaba-Moschee« in einem neuen Gebäude errichtet werden kann. Wie ich erfuhr, soll ein Teil dieser Summe bereits vorhanden sein. Natürlich nicht ausschließlich über Spendenaufrufe im Internet und im Rahmen der Freitagsgebete, vielmehr soll dieses Geld vor allem durch edle Spender aus dem Ausland hereingekommen sein. Bestimmte Quellen, die hier anonym bleiben müssen, sagten mir, dass vor allem Geldgeber aus Ägypten und Saudi-Arabien die Umsetzung dieses Neubau-Projekts einer Moschee zu ermöglichen versuchen. Natürlich erfolgen diese Spenden immer über Mittelsmänner, um den Weg zu verschleiern, den dieses Geld bis zu seinem Bestimmungsort ging. So ist es im Prinzip unmöglich, die Personen zu identifizieren, die sich aus dem Ausland an der Errichtung von radikalen Moscheen beteiligen.

Über 11 000 Salafisten in Deutschland

Laut des Berichts des Verfassungsschutzes aus dem Jahr 2017 leben in Deutschland inzwischen mehr als 11 000 Salafisten. Rechnet man die Islamisten noch hinzu, kommt man auf eine Gesamtzahl radikaler Muslime von etwa 26 000 Personen. Als Schwerpunkte der salafistischen Szene gelten Berlin, Bremen und Nordrhein-Westfalen mit rund 3000 dieser radikal-islamischen Muslime. Bundesweit stuft der Verfassungsschutz 774 Personen sogar als Gefährder ein.[19]

Nach meinen Recherchen zeigt sich auch dabei wieder, dass die tatsächliche Zahl wahrscheinlich viel höher liegt als offiziell angegeben – alleine die Zahl der Gefährder schätze ich doppelt so hoch ein wie von den Behörden angegeben. Ich gehe davon aus, dass diese offiziellen Zahlen allesamt deutlich nach unten korrigiert wurden, um innerhalb der Bevölkerung keine Angst entstehen zu lassen oder diese nicht noch weiter anzuheizen.

Folge ich meinen Untersuchungen, komme ich zu dem Schluss, dass der Verfassungsschutz zwar mit einer gewissen Nachhaltigkeit gegen offensichtliche Gefährder oder gegen bereits bekannte radikale

Moscheen vorgeht, dies jedoch normalerweise erst dann tut, wenn ein dringender Tatverdacht vorliegt oder längst eine Katastrophe passiert ist. Beispielsweise wurde im Fall »Amri« die berühmt-berüchtigte Moschee in Berlin-Moabit, die vom Verein »Fussilet 33. e.V.« – betrieben wurde, erst dann intensiv durchsucht und schließlich im Jahr 2017 geschlossen, nachdem der Attentäter Anis Amri am 19. Dezember 2016 mit einem gestohlenen LKW in eine Menschenmenge auf dem Weihnachtsmarkt am Breitscheidplatz gefahren war und dabei 11 Besucher getötet und über 50 Menschen verletzt hatte. Mithilfe staatlicher Überwachungskameras konnte bewiesen werden, dass sich Amri in dieser Moschee eine halbe Stunde lang aufhielt, das Gebäude dann nach 19 Uhr verließ und etwa eine Stunde später das Attentat verübte. Am 20. Februar 2017 verbot schließlich die Berliner Senatsverwaltung für Inneres und Sport den Verein »Fussilet 33«.

Dieses Beispiel zeigt, wie unbekümmert die Berliner Behörden vorgehen, denn die Moschee in Berlin-Moabit war bereits seit längerer Zeit als Treffpunkt einer dschihadistisch-salafistischen Gruppierung bekannt, die sich jedoch in ihrer Vereinssatzung als »weltoffene Religionsgemeinschaft« präsentierte.

Um es ganz klar auf den Punkt zu bringen: Wenn wir in Zukunft in Deutschland (aber auch in Österreich und in der Schweiz) derartig verheerende Attentate wie jenes vom Berliner Breitscheidplatz im Jahr 2016 vermeiden wollen, muss viel mehr Prävention betrieben werden. Das bedeutet unter anderem, die Vereine daraufhin zu prüfen, ob ihre Vereinssatzung überhaupt der Wahrheit entspricht. Aber auch eine verstärkte Kontrolle der sozialen Medien mit entsprechenden Gegenmaßnahmen wird nicht zu vermeiden sein. Im vorangehenden Kapitel zeigte ich bereits, mit welch perfiden Mitteln radikal-islamische Anwerber auf Menschenfang gehen. Beispiele wie jene von Denis Cuspert und Anis Amri – der vermutlich in der Berliner Salafistenszene auf das Attentat vorbereitet wurde (wohingegen die ideologische Radikalisierung allem Anschein nach bereits zuvor in seinem Heimatland in Tunesien erfolgt war, wahrscheinlich durch seinen Neffen Fadi, der inzwischen im Hochsicherheitsgefängnis von

Tunis sitzt) – zeigen, wie wichtig eine Präventivarbeit der entsprechenden Behörden wäre, um langfristig den radikalen Islamismus in den Griff zu bekommen.

Ahmad Abul Baraa

Mich interessierte in Berlin vor allem, mit welchen Techniken Islamisten Gläubige vom radikalen Islam überzeugen. Wie sie es schaffen, Deutsche zum radikalen Islam zu konvertieren. Vor allem interessierte mich auch, wie sich diese Prediger öffentlich darstellen, wie sie dabei die sozialen Medien einbinden. Kurz gesagt: Ich wollte wissen, wie das System der Radikalisierung konkret funktioniert.

Wie ich bereits ausführte, leben in Deutschlands Hauptstadt einige der bekanntesten Salafisten. Dazu zählen z.B. neben Personen wie dem bereits genannten Denis Cuspert Prediger wie etwa Pierre Vogel. Ein Hassprediger, der etwa ab 2010 der Öffentlichkeit durch Auftritte in TV-Talkrunden wie »Maischberger« bekannt wurde. Bei Vogel handelt es sich jedoch weniger um einen »Verführer«, der versucht, die Menschen zum Dschihad zu bewegen – und somit in die Fänge von Terrororganisationen wie dem IS zu treiben –, im Gegenteil: Pierre Vogel distanziert sich ganz klar vom Islamischen Staat und soll sich dadurch sogar auf der Abschussliste dieser Terrorvereinigung befinden. Trotzdem handelt es sich bei ihm um einen Salafisten, der einen ausgesprochen extremen Islam predigt. Seine Gefährlichkeit besteht meiner Ansicht nach darin, dass seine Jünger in seinen Lehren eine Aufforderung verstehen, in den Dschihad zu gehen. Also auch, wenn Pierre Vogel es für sich selbst nicht anstrebt, führen seine Lehren doch durchaus auch dazu, den Kampf gegen die Kafir zu suchen. Daran ändert auch nicht, dass er diesen Weg nicht als Lösung der Probleme betrachtet.

Mein Ziel in Berlin bestand also darin, mit einem radikalen Prediger, der einen hohen Bekanntheitsgrad besitzt, persönlich zu sprechen. Doch das ist bei vielen dieser Personen nicht so einfach, da sie ausgesprochen misstrauisch sind. So scheiterte ich trotz mehrerer Versuche bei verschiedenen salafistischen Predigern – bis ich auf Abul Baraa traf.

Welchen Einfluss radikal-islamische Prediger auf die Gläubigen ausüben kann, zeigt seine Person besonders deutlich. Er versteht es nämlich hervorragend, seine »Fans« regelmäßig mit seinen Botschaften zu versorgen. Dafür nutzt er persönlich gehaltene Vorträge und Predigten ebenso wie Videos auf Youtube und auch seine Präsenz in sozialen Netzwerken wie Facebook, Instagram, WhatsApp oder Telegram, Letzterer ist ein Instant-Messaging-Dienst (vergleichbar mit »WhatsApp«), der vor allem in Russland, aber auch in den arabischen Teilen der Welt stark verbreitet ist.

Normalerweise predigt Abul Baraa in der »As-Sahaba-Moschee« in Berlin. Genau in jener Moschee, die als Treffpunkt radikaler Salafisten bekannt ist und zurzeit eine neue Bleibe sucht. Jene Moschee, die angeblich etwa 800 000 Euro über Spenden sammelt, um ein großes Lagerhaus in Berlin-Moabit kaufen zu können, damit dort künftig gebetet werden kann.

Dort zeichnet er regelmäßig Videos zu Thesen seiner Weltanschauung auf und lädt sie auf der Videoplattform »Youtube« hoch. Insgesamt verfügt er über mehrere Kanäle, die seine Vorträge und Predigten veröffentlichen und in Summe sind es rund 11 000 Abonnenten, die ihm folgen. Üblicherweise spricht Abul Baraa über Ge- und Verbote für Muslime. Aus vielen seiner Aussagen geht hervor, dass er eine Gesellschaftsordnung auf Basis von Koran und Sunna unterstütze und »die westliche Lebensweise, die pluralistische Gesellschaft und das demokratische System weitgehend ablehne«, so formuliert es der niedersächsische Verfassungsschutz auf Anfrage.

Der Prediger behauptet unter anderem, Frauen, die bunte Kleidung tragen, seien »selbst schuld«, wenn sie von Männern belästigt werden würden, und die USA seien die »wahren Terroristen«. Zudem propagiert er eine Abschottung gegenüber Ungläubigen, zu denen er übrigens auch nicht-salafistische Muslime zählt.

Auf Facebook haben etwa knapp 16 000 Personen seine Seite abonniert und auf Instagram und Telegram lesen mehr oder weniger 1200 Abonnenten seine Texte mit Begeisterung. Verglichen mit den Zahlen des weitaus prominenteren Predigers Pierre Vogel – etwa

35 000 Youtube-Abonnenten, rund 300 000 Follower auf Facebook und 18 000 Personen, die ihm auf Instagram folgen –, wirken Baraas Zahlen gering. Dennoch dokumentieren auch seine Abonnentenzahlen deutlich die hohe Aufmerksamkeit, die Prediger wie er und ihre Hasspredigten genießen können. So manche deutsche Musikgruppe träumt von derartigen Zahlen.

All dies spricht dafür, über Baraa zu recherchieren.

Doch es gab auch noch weitere Punkte, die mich dazu bewegten. Zunächst einmal steht er der »As-Sahaba-Moschee« vor, und wie ich bereits ausführte, wurden dort einige der gefährlichsten Salafisten Deutschlands radikalisiert. Man kann sich leicht vorstellen, dass kein gemäßigter Prediger auf der Welt in einem derartigen Gebetshaus arbeiten würde. Vielmehr braucht es eine Menge radikalen Gedankenguts, um dort praktizieren zu können.

Gleich zu Beginn fand ich heraus, dass an diesem Prediger so gut wie nichts stimmte: Weder besitzt er eine Ausbildung zum Imam, noch ist sein Name echt (wie ich bereits oben schrieb). Baraa studierte angeblich in Deutschland Wirtschaftswissenschaft. Dieser Punkt dürfte sogar der Wahrheit entsprechen, wobei jedoch offen bleibt, ob er dieses Studium auch abgeschlossen hat. Mir erzählte er zwar, dass er ein Wirtschaftsstudium absolvierte, doch machte er nie Angaben über einen möglichen Abschluss. Alles andere aus seiner Biografie klingt jedoch nach einer gut durchdachten Geschichte, nichts weiter.

Ich traf Ahmad Abul Baraa Ende Juni 2018 in der »As-Sahaba-Moschee« im Berliner Stadtteil Wedding. Zunächst wohnte ich seiner Predigt bei. Die Moschee – ein ehemaliges Ladenlokal, das mit einem roten Teppich ausgelegt ist und genügend Platz für mehrere Hunderte Personen bietet – ist sehr einfach gehalten, kein Prunk oder etwas Vergleichbares findet sich hier. In seiner Predigt forderte Abul Baraa sehr eindringlich dazu auf, Geld für die neue Moschee zu spenden, da noch immer ein gewisser Geldbetrag fehle. Er betonte außerdem, dass er nicht aus Saudi-Arabien unterstützt werde (obwohl mir Quellen anderes erzählten), denn sonst – so erklärte er weiter – müsste er nicht ein so altes Auto fahren. Er sprach lange über die Pflicht eines jeden Gläubigen zu spenden, um den Segen Allahs zu erhalten. Dann hob er eine kleine Tüte mit Cent-Münzen hoch und erzählte, dass er diese von einem siebenjährigen Jungen bekommen habe. An dieser Stelle arbeitete er sehr geschickt mit den Emotionen der Anwesenden – knapp einhundert an der Zahl. Er beschrieb den Jungen, erzählte, wie viel diesem diese Moschee bedeutete, und sagte: »Wenn selbst dieser Junge seine ganzen Ersparnisse spendete, dann könnt auch ihr Geld für eure neue Moschee geben.«

Im weiteren Verlauf seiner Predigt sprach er über die Scharia und dass es den Frauen untersagt sei, sich zu schminken, sich aufreizend zu kleiden, die Augenbrauen zu zupfen usw. Er erklärte, dass wir fasten sollten, nachdem wir gesündigt hätten, beispielsweise indem wir einen schlechten Film angeschaut hätten, Shisha rauchten, falsche Musik gehört oder sogar Alkohol getrunken hätten. Sollten wir während des Fastens sterben, dann zögen wir – die gläubigen Muslime – direkt in das Paradies ein. Das Fasten war an diesem Tag – neben den Spendenaufrufen – ein zentrales Thema seiner Predigt.

In der »As-Sahaba-Moschee« wird übrigens Deutsch gesprochen, auch in den Predigten und im Rahmen des Islamunterrichts mit den Kindern. Abu Baraa predigt dabei immer in deutscher Sprache und übersetzt bestimmte Stellen auf Arabisch. Wenn man seinen Erzählungen, seinen Vorträgen und seinen Gebeten folgen möchte, muss man jedoch der deutschen Sprache grundsätzlich mächtig sein. An sich finde ich es grundsätzlich gut, dass er auf Deutsch predigt. Davon könnten sich andere Imame eine Scheibe abschneiden, doch leider verbirgt sich auch dahinter wieder mal ein klares Kalkül Baraas, auf das ich an anderer Stelle noch eingehen werde. Nach dieser Predigt jedenfalls suchte ich Abul Baraa auf und bat ihn um ein kurzes Gespräch.

Das Gespräch mit Abul Baraa

Zu Beginn stellte ich mal wieder meine Lieblingsfrage, die ich allen Imamen stelle.

HAQ: »Vor einiger Zeit fragte mich ein Deutscher, warum im islamischen Glauben das Paradies nur den Muslimen vorbehalten ist und nicht auch den Christen. Und das, obwohl wir hier in Deutschland so viele Flüchtlinge aufnehmen, ihnen ein Heim anbieten, ihnen zu essen geben. Die meisten davon sind ja islamischen Glaubens und durch ihre Taten müssten ja auch die Christen einen Platz im Paradies bekommen. Was soll ich auf eine solche Frage antworten?«

AB: »Zunächst einmal zu den Flüchtlingen, die hier aufgenommen werden: Deutschland hat die Bomben nach Syrien geschickt, hat sich an den Kriegen gegen Muslime stets beteiligt. Da macht es keinen Unterschied, ob deutsche Soldaten unsere Geschwister töten, wie es etwa in Afghanistan der Fall ist, oder ob sie logistische Unterstützung anbieten und dadurch Muslime getötet werden oder ob sie die Bomben liefern, die andere Länder abwerfen und unsere Brüder und Schwestern umbringen. Deutschland hat Blut an seinen Händen. Da ist es das Mindeste, dass es sich um die Überlebenden dieses Krieges kümmert, nachdem die deutsche Regierung ihr Heim zerstört hat, ihre Familien ermordete und ihr Land in Schutt und Asche legte. Das Mindeste, das sie machen können, ist, den Opfern zu helfen, mit deren Blut sie ihre Verträge mit anderen Staaten unterzeichneten.

Deutschland ist einer der größten Waffenproduzenten der Welt, das darf man nie vergessen. Wegen ihrer Gräueltaten sind die Flüchtlinge überhaupt erst hier und deswegen sollen sie den Deutschen auch noch danken? Dafür wollen sie ins Paradies kommen? Die meisten dieser Menschen hätten nie einen Fuß in dieses Land Deutschland gesetzt, wären es nicht die deutschen Waffen und der deutsche Militärapparat, die diese Menschen erst vertrieben haben. Mit der Aufnahme dieser Flüchtlinge versucht die deutsche Regierung lediglich, das Blut von ihren Händen zu waschen, doch das funktioniert nicht. Dadurch werden sie nicht zu wahren Gläubigen. Hier hat niemand das Paradies verdient.

Dann noch etwas: Die meisten Muslime, die hier in Deutschland leben, verhalten sich ganz natürlich. Passen sich also den Gepflogenheiten dieses Landes an. Trotzdem höre und lese ich immer wieder von Beschwerden der Deutschen, dass sich die Flüchtlinge nicht den deutschen Gepflogenheiten anpassen. Um nur ein Beispiel zu nennen: Was machen denn die Deutschen auf Mallorca? Die besaufen sich, prügeln sich auf offener Straße, pöbeln die Bewohner dieser Insel an und sorgen dafür, dass gewisse Ecken dort faktisch zu No-Go-Bereichen für die Einheimischen werden. Soll man jetzt alle Deutschen in einen Topf stecken, nur weil ein paar Verrückte auf Mallorca ausrasten?«

HAQ: »Das bedeutet also, dass den Christen das Paradies vorenthalten bleibt, richtig?«

AB: »Wie reagiert denn das christliche Oberhaupt, der Papst, wenn jemand behauptet, Jesus ist nicht der Sohn Gottes? Würde er dann behaupten, dass so jemand ins Paradies kommt? Nein, er würde sagen, diese Person kommt in die Hölle. Es ist ein Ungläubiger, für den das Paradies immer verschlossen bleibt, denn dieses öffnet nur für diejenigen seine Tore, die immer redlich und nach dem wahren Glauben lebten.«

HAQ: »Ja, gut. Trotzdem haben die Deutschen Millionen Flüchtlinge aufgenommen und viele dieser Menschen hier haben den Flüchtlingen aus einem reinen Herzen heraus geholfen. Diese Leute haben nichts mit den Bomben zu tun, sie verurteilen die Entscheidung der Regierung sogar.«

AB: »Und gleichzeitig haben sie sehr viele Menschen umgebracht. Nicht die eine Person, die einem Flüchtling hilft, sondern das gesamte Volk, die deutsche Nation. Deutschland hat vermutlich mehr Menschen ermordet als jemals ein Volk zuvor in der gesamten Geschichte der Menschheit, das darf man nie vergessen. (Anmerkung: Er meint hier die Gräueltaten der Nationalsozialisten im Zweiten Weltkrieg.)

Was ist denn mit den Muslimen auf der ganzen Welt, die getötet werden? Beispielsweise in Palästina: Sagen die Deutschen etwa, dass das nicht gut ist? Dass man damit aufhören soll? Sagt irgendjemand, dass Israel mit dem Morden endlich aufhören soll?

Die Muslime haben immer – im gesamten Verlauf der Menschheitsgeschichte – alle Menschen aufgenommen. In Syrien, Marokko, Ägypten wurden die Christen und die Juden aufgenommen. Nimmt man etwa Syrien her, dann gab es dort Schulen und Kirchen für christliche Kinder und Erwachsene. Die Menschen konnten dort ihre Religion offen ausleben. Niemand hat etwas dagegen unternommen. Die Muslime respektieren die Religion der anderen Menschen. Wir wissen, dass es jetzt in Syrien keine Kirchen und Schulen mehr gibt, denn die wurden alle zerstört, nämlich mit westlichen Bomben, Granaten und Waffen. Mit dabei auch deutsche Waffentechnologie.

Gibt es hier (Anmerkung: in Deutschland bzw. in Berlin) eine muslimische Schule? Ich meine damit keinen Islamunterricht, sondern eine richtige öffentliche Schule für muslimische Kinder? Nein. Im Gegenteil, wir werden für unseren Glauben sogar verfolgt, nur weil ein paar Verrückte Amok laufen.

Ich sage immer: »›Wer im Glashaus sitzt, sollte nicht mit Steinen werfen.‹«

Abul Baraa stand kurz nach unserem Gespräch auf und verabschiedete sich von mir, weil er nun wieder weiter müsse, zum nächsten Vortrag.

Dieses Gespräch zeigt deutlich, wie intelligent, manipulativ und geschickt er in seiner Argumentation vorgeht. Intelligent, weil er in diesem Gespräch (und so verhält es sich auch bei seinen Vorträgen und seinen Predigten) Behauptungen aufstellt, die zunächst plausibel, jedenfalls nicht direkt widerlegbar sind, und weil er Vieles einfach unerwähnt ließ; so z.B. die Verbrechen, die die Taliban, der IS und andere Radikale gegen andere Muslime verüben. Und wer weiß schon, was der Papst so alles gesagt hat, und vor allem wissen wir selbstverständlich nicht, von welchem Papst die Aussage stammen könnte. Somit können wir nichts Gegenteiliges behaupten und in unserem Kopf wird diese Aussage mit hoher Wahrscheinlichkeit als »wahr« abgespeichert. Genau diese Strategie wendet er auch in seinen öffentlichen Auftritten an. Dabei zitiert er Passagen aus dem Koran, die im Kontext seines Themas durchaus widersprüchlich verstanden werden können. Dahinter verbirgt sich natürlich eine gut durchdachte Strategie, nämlich die, unsichere Personen immer stärker an den radikalen Islam heranzuführen. Wir dürfen hier nicht vergessen, dass Abul Baraa ein Islamist ist. Ein Wolf im Schafspelz, der sich zwar nach außen hin ausgesprochen freundlich und warmherzig gibt, während seine Aussagen jedoch extrem fundamentalistisch ausfallen. Deshalb sind seine Vorträge und Predigten auch so manipulativ, denn er weiß genau, wie man andere in ihrem Glauben und in ihren Überzeugungen verunsichert. Einige seiner Antworten sind sicherlich sogar bedenkenswert, doch münden sie immer in der Auffassung, dass nur gläubige Muslime ins Paradies einziehen können. Diese Abgrenzung halte ich für gefährlich und im Übrigen auch für falsch.

Kennzeichnend für seine Argumentationstechnik ist auch, dass er in unserem Gespräch die Fragen nach Ursache und Schuld sofort an Deutschland weiterreichte und damit das Flüchtlingsthema gewissermaßen umdrehte. Ein ausgesprochen geschicktes Vorgehen, zumal Abul Baraa stets sehr darauf achtet, seine Aussagen möglichst offen zu formulieren. So ging er mit keinem Wort auf meine eigentlichen Fragen ein, sondern stellte ständig Gegenfragen oder stellte irgendwelche Vergleiche an. Niemand kann daher behaupten, dass er dazu aufrufen würde, die Ungläubigen in die Hölle zu schicken. Doch schafft er es, seine Aussage so zu formulieren, dass der eine oder andere Muslim diesen Inhalt von sich aus einfach hineininterpretiert. Genau diese Dialektik beherrschen die radikalen Prediger beinahe perfekt. Das macht sie so gefährlich, zumal wenn sie zudem noch dazu anhalten, gegen die Kafir in den Dschihad zu ziehen oder Ähnliches.

Meine Einschätzung von Abul Baraa

Ich verbrachte insgesamt 20 Wochen intensiv mit Abul Baraa und in dieser Zeit wurde mir klar, dass es sich bei ihm wahrscheinlich um keinen gewalttätigen Radikalen handelt. Auch schickt er niemanden in den Krieg nach Syrien oder anderswohin. Trotzdem halte ich ihn für gefährlich, weil er es schafft, mit seinen Worten die Menschen zu berühren, und weil er eine ausgesprochen fundamentalistische Einstellung besitzt.

Nach meiner Ansicht versuchen er und seine vielen Helfer, innerhalb der muslimischen Gemeinde Verwirrung zu stiften. Sie wollen die gemäßigten Muslime mit ihren Theorien verunsichern. So verfolgen Baraa und seine Vasallen stets das Ziel, die Gläubigen zu Salafisten zu »bekehren«. Dabei verwirrt Baraa – und seine Helfer – diese Gläubigen mit mehrdeutigen Aussagen, um sie auf diese Weise Schritt für Schritt zu radikalisieren. Das ist im Grunde die eigentliche Strategie.

Sie nehmen also Begriffe und Worte aus dem Koran und aus den Aussagen des Propheten Muhammad und geben diesen in der deutschen Sprache eine mehrdeutige Bedeutung. Und das ist schon das Problem und übrigens mit ein Grund dafür, weshalb in der »As-Sahaba-Moschee« auch in erster Linie deutsch gesprochen wird. Schließlich ist die Bedeutung von arabischen Begriffen im Koran häufig sehr eindeutig. Gläubige – oder auch Andersgläubige, die konvertiert werden sollen – kennen die Schriften des Korans natürlich nicht so exakt wie ausgebildete Imame oder auch gewisse strenggläubige Muslime. Durch die deutsche Sprache entstehen Interpretationsspielräume, die Hassprediger wie Abul Baraa ganz gezielt nutzen, um die Bedeutung von Sätzen oder Aussagen zu verschieben oder um schlicht zu verwirren. Ist die Verwirrung erstmal entstanden, werden diese Personen den Prediger aufsuchen, um nachzufragen. Sobald das geschieht, befinden sie sich bereits gewissermaßen im Netz der Spinne. Solche Gespräche werden dann in Hinterzimmern geführt. Es wird in ihnen die ohnehin schon eingetretene Verwirrung noch verstärkt und so entsteht eine Bindung zwischen dem Prediger, der Moschee und dem verunsicherten Gläubigen.

Dennoch begrüße ich es, wenn Abul Baraa auf Deutsch predigt. Prediger in deutschsprachigen Ländern sollen und müssen natürlich in den Landessprachen, also in Deutsch, zu den Gläubigen sprechen.

Das aber bedeutet natürlich noch lange nicht, sie für Zwecke zu missbrauchen, die nichts mit Glaubensvermittlung zu tun haben.

Abul Baraa geht teilweise sogar so weit, dass er Allah andichtet, er würde in bestimmten Situationen lachen. Lachen, Weinen, Zorn, Angst, all das sind Eigenschaften der Menschen oder vielleicht noch einiger Tiere. Ein Mensch lacht, ein Tier lacht. Allah jedoch ist der Allmächtige, der alles erschaffen hat und der nichts und niemanden braucht. Er kann auch nicht mit einem irdischen Wesen verglichen werden. Daher werden im Koran keine derartigen Emotionen oder Regungen beschrieben, weil sie Allah einfach nicht zugeschrieben werden können. Der Fehler dabei liegt darin, dass bei diesem Hadith (einem Ausspruch, der dem Propheten zugeordnet wird) oder bei jener Ayah (Koranvers) einfach eigene Interpretationen hinzugedichtet werden. Meist handelt es sich dann um Begriffe, die eben eine ganz andere Bedeutung haben, als sie den Gelehrten an den offiziellen Koranschulen vermittelt werden. Das mag bei dem Beispiel wie dem angeblichen Lachen vielleicht nicht so schlimm erscheinen, doch wenn es dann um den, sagen wir mal: den Zorn Allahs auf die Ungläubigen geht, dann wird es an dieser Stelle doch schon sehr fragwürdig.

Die Salafisten, also Personen wie Abul Baraa, formulieren ihr Wissen entweder einfach so, wie es ihnen sinnvoll erscheint, übernehmen es von angeblich höher gestellten Predigern oder aus irgendwelchen Büchern. Sie lesen, recherchieren über das Internet, ohne jedoch je einen wirklichen Lehrer – also einen ausgebildeten Imam, und damit meine ich keinen radikalen Islamisten – gehabt zu haben.

Als Beispiel hierfür nehme ich das Wort »Istawa«. Dabei handelt es sich um ein Wort, das in der arabischen Sprache fünfzehn verschiedene Bedeutungen besitzt. Man nimmt in Bezug auf Allah jene Bedeutung, die von den Gelehrten verwendet wird, also jene, die auch zu Allah passt. So z.B. die Ayah (Koranvers) aus der Suratu Ta-ha, Ayah fünf (Koranvers 20:5 الرحمن على العرش استوى ar-rahmaan ,alaa al-'arsh istawa). Die Übersetzung lautet: »Allah, der Gnädige, schützt den Thron.«

Die Salafisten sagen: »Er sitzt auf dem Thron« oder: »Er ist über dem Thron«. Das Wort »Istawa« hat die Bedeutung »sitzen«, hat die Bedeutung »gar« (im Sinne eines fertig gekochten Essens) oder die Bedeutung »schützen«. Und das ist es auch, was zu Allah passt: Allah schützt den Thron, und zwar vor seinem Sturz auf Himmel und Erden. Wenn dieser Thron auf Himmel und Erden hinabstürzen würde, würde er alles zerstören.

Derartige Mehrdeutigkeiten gibt es natürlich auch in der arabischen Sprache und dafür gibt es wiederum eindeutige Empfehlungen von Gelehrten, an die man sich zu halten hat. Erschwerend kommt hinzu, dass es außerdem mehrdeutige Aussagen des Propheten Mohammed gibt. Doch auch in diesem Fall existiert eine ganz klare Sprachregelung: Diese dürfen nicht so erläutert werden, dass sie dadurch den eindeutigen Aussagen widersprechen. Kurz gesagt: Man darf eine Ayah nicht so deuten, dass sie anderen Ayaat widerspricht.

Das ist sogar im Koran, dem heiligen Buch des Islam, vermerkt, und zwar in der »Suratu aal-imraan« (Sure 3, Vers 7). Hier gilt eine einfache Grundregel: Unsere Religion ist widerspruchsfrei. Andere Religionen sind widersprüchlich von vorne bis hinten, aber nicht der Islam. Er ist die einzige Religion, die im Einklang ist mit Koran und Sunnah und mit dem gesunden Menschenverstand. Es gibt zwar mehrdeutige Ayaat, doch dürfen diese eben nicht so interpretiert werden, dass sie anderen Ayaat widersprechen.

Dieser Punkt ist entscheidend, und jeder gläubige Muslim weiß davon. Salafisten, Hassprediger und also sämtliche Fundamentalisten wissen ebenso um die Bedeutung der Eindeutigkeit im Koran, selbst wenn es sich um mehrdeutige Aussagen handelt. Ein Abul Baraa schert sich jedoch nicht darum und instrumentalisiert die Aussagen des Korans für seine eigenen Zwecke. Das ist der Weg, den Baraa grundsätzlich geht, und er wendet diese Techniken ungemein geschickt an.

Abul Baraa und die sozialen Netzwerke

Der Laienprediger aus der As-Sahaba Moschee in Berlin-Wedding versteht es also in vorzüglicher Weise, in seinen Predigten und Vorträgen Textstellen aus dem Koran und aus Hadithen so zu verdrehen, dass sie insbesondere für uns Deutsche entweder verharmlost werden oder überhaupt einen völlig falschen Glauben vermitteln. Verfolgt man seine Ansprachen, dann wird auch klar, warum er so viele – meist im Glauben oder innerhalb der Gesellschaft verunsicherte – Menschen erreicht. Seine Worte klingen warmherzig und auf den ersten Blick erscheint alles von ihm schlüssig. Baraa präsentiert sich nicht als brüllender, zorniger Mann, der stumpfe Hassparolen vom Rednerpult schleudert und dabei einen Blick aufsetzt, der einen vollkommen Irren dahinter vermuten lässt. Die wirklich erfolgreichen Hassprediger – also jene, die es tatsächlich schaffen, unsere Kinder in den radikalen Islam zu treiben und sie sogar zum Dschihad zu überreden – vermitteln eher das Bild eines Freundes, den Eindruck eines Menschen, dem man vertrauen kann. Und genau das macht sie so gefährlich. Ein solcher Eindruck des Warmherzigen und Freundlichen lässt sich natürlich auf Veranstaltungen in Moscheen wunderbar inszenieren. Etwas anderes ist die Frage, welche Wirkung diese Prediger in den sozialen Netzwerken erzeugen. Wie ich bereits im vorigen Kapitel am Beispiel der WhatsApp-Gruppe »Akwhat fi Deen« aufzeigte, sind die sozialen Medien ein sehr wichtiger Kanal, um den Samen des radikalen Islam zu säen und auf diese Weise viele Menschen zu erreichen. Sozusagen eine Saat zu verbreiten, die aufgeht.

Auf Facebook folgen Abul Baraa etwa 16 000 Menschen, jedoch ist die Zahl der Kommentare unter seinen Posts – meist Videos – gering. Meistens handelt es sich zwischen fünf bis 30 Wortmeldungen seiner Fans. Vergleicht man diese Zahl mit den Kommentaren zu dem Prediger Pierre Vogel – mit immerhin 300 000 Abonnenten – dann ergibt sich dennoch ein durchaus vergleichbares Bild.

Das bedeutet, die meisten Personen folgen diesen Salafisten einfach stumm und halten sich zurück, um nicht selbst in den Fokus des Verfassungsschutzes zu geraten. Auf der anderen Seite werden diese Videos regelmäßig mehrere tausend Mal aufgerufen, einige von ihnen bis zu 10 000-mal.

So verwenden diese Prediger durchaus trendige Themen, um Gläubige zu erreichen. Beispielsweise veröffentlichte Pierre Vogel am 9. Juli 2018 auf Facebook ein Live-Video, in dem er darauf einging, was ein Muslim vom portugiesischen Fußball-Star Christiano Ronaldo lernen kann. Selbstverständlich dient hier der Name des Fußballers lediglich dazu, möglichst viele Menschen zu erreichen. Und es klappt: Knapp 18 000 Aufrufe, über 600 Kommentare und mehr als 217-mal wurde dieses etwa 18-minütige Video geteilt. So bekommen die Nutzer immer wieder Tipps, wie bestimmte Stellen aus dem Koran umgesetzt werden können, sprich: Sie erhalten Anweisungen, wodurch die mitunter abstrakten Textstellen durchaus einen relevanten Charakter für das tägliche Leben bekommen. Diese Prediger machen den Koran auf diese Weise zu einer Art Handbuch, zu einem Lebenshilfe-Ratgeber (das er in seiner ursprünglichen Weise auch sein sollte), woran zunächst nichts auszusetzen ist. Jedoch interpretieren es salafistische Prediger – wie bereits mehrfach beschrieben – in einer Art und Weise, die als hochgradig bedenklich anzusehen ist, ja bekämpft und abgelehnt werden muss.

Mit meiner Begleitung Sarah gründete ich auf Facebook einen weiblichen Fake-Account, mit dem ich mich in den Gruppen von Pierre Vogel und Abul Baraa bewegen wollte. Wir wollten auf diese Weise feststellen, wie die Islamisierung in den sozialen Medien funktioniert.

Zu Beginn teilten wir einige Videos und setzten unser Likes auf bestimmte Kommentare, kurzum: Wir versuchten, auf uns aufmerksam zu machen. Es klappte überraschend gut, denn bald darauf schrieben uns auch andere Mitglieder aus den Gruppen an. Dann haben wir eine WhatsApp-Gruppe gegründet und Mitglieder dorthin eingeladen. Auch wenn ich meistens diesen Account bediente, war mir die Unterstützung von Sarah wichtig. Und es dauerte auch nicht lange, bis einige Mitglieder sichergehen wollten, dass auch tatsächlich eine Frau hinter diesem Account steckte. So sprach sie mit einigen über Facebook, um sämtliche Zweifel zu zerstreuen.

Jetzt wollten wir noch wissen, wie man kontaktiert wird – und tatsächlich wurde unsere Fake-Muslima zu Vorträgen von Salafistenpredigern eingeladen. Und wieder dauerte es nicht lange und wir bekamen auch perverse Bilder und Texte zugeschickt, und zwar auch von radikalen Salafisten. So haben sich einige Muslime auf der Facebook-Seite von Pierre Vogel zunächst sehr höflich mit uns unterhalten, wurden dann jedoch ziemlich bald sehr deutlich.

Auch wurden wir über unseren Fake-Account teilweise sehr eindringlich aufgefordert, Geld zu spenden. In einigen Fällen bekamen wir die Aufforderung, uns Gedanken über den Dschihad zu machen. Sarah telefonierte sogar mit einem sichtlich radikalen Muslim und fragte ihn, ob es jetzt auch noch möglich wäre, zum Dschihad zu gehen, obwohl der IS nahezu besiegt sei. Er sagte ihr, dass sie immer noch vor allem in den Irak gehen könne. Man würde ihr dann zeigen, wen sie treffen sollte, um den Splittergruppen des IS zu helfen, damit diese wieder erstarken.

Mich wundert es immer wieder, wie offen in den sozialen Medien über solche Dinge gesprochen werden kann, ohne dass die Behörden reagieren. Scheinbar ist es doch unmöglich, die sozialen Medien zu kontrollieren. Wir haben hier eine Lücke im System und diese wird von radikalen Gruppierungen brutal ausgenutzt.

Abul Baraa wiederum stellt sich auf seinem Facebook-Kanal auch immer wieder mal den Fragen seiner Anhänger. So war er am 26. Mai 2018 live auf Facebook zu sehen und beantwortete Fragen zum Thema »Fasten«. Diese Fragen wurden live in den Kommentaren gestellt und von einer Person im Hintergrund Abul Baraas vorgelesen, anschließend antwortete dieser vor laufender Kamera. So fragte etwa ein Gläubiger, ob es denn das Fasten unterbreche, wenn man Spucke schlucke. Selbst auf derartige Meldungen antwortete Baraa geduldig, schließlich weiß er ganz genau, dass sich derartige Veranstaltungen auf Facebook auszahlen: Über 6700 Aufrufe, mit 216 Kommentaren und 45-mal wurde dieses Video anschließend geteilt.

An dieser Stelle gilt es zu bedenken, dass die meisten dieser Prediger mehrmals pro Woche Videos – sowohl Live-Videos als auch Aufzeichnungen von Vorträgen und Predigten – von sich auf Facebook veröffentlichen. Abul Baraa lud bislang durchschnittlich alle zwei Tage ein neues Video hoch. Gegen Ende meiner Recherchen reduzierte sich das jedoch, die Pausen wurden länger. Es könnte durchaus sein, dass er vom Verfassungsschutz einen Anruf erhalten hatte, mit der Aufforderung, es nicht zu übertreiben. So etwas ist nicht ungewöhnlich, wie ich später noch von einem Salafisten in Hamburg erfahren sollte.

Da Abonnenten auch immer wieder neue Personen einladen, sich die entsprechenden Videos anzusehen, kommt es hier zu einer enormen Verbreitung. Diese Videos werden auch auf Youtube und in verschiedenen Gruppen in WhatsApp und Telegram weitergeleitet, während Instagram eher dazu dient, Termine von Vorträgen und Predigten zu verbreiten. Grundsätzlich lässt sich sagen, dass derjenige, der einen Salafisten-Prediger wie Abul Baraa oder Pierre Vogel auf verschiedenen Kanälen abonniert hat, wie in einem Dauerfeuer – also permanent – mit Informationen und Mitteilungen versorgt wird.

Die Strategie der meisten Hassprediger besteht darin, vor allem Jugendliche zum Islam zu konvertieren, wie ich aus verschiedenen Quellen erfuhr. Dafür spielt natürlich das Internet eine entscheidende Rolle, denn diese Zielgruppe verfügt durch das Smartphone über einen regelmäßigen Zugang zu den sozialen Medien. Dabei gilt, dass der Erstkontakt vorwiegend über das World Wide Web erfolgt. Von dort bekommt der interessierte Jugendliche auch ständig die Aufforderung, an den Gebeten in der Moschee teilzunehmen. Sollte diese Form der »Anwerbung« gelingen und er besucht das Gebetshaus, kümmern sich die Helfer um ihn. Sie begrüßen ihn freundlich, bauen schnell eine Beziehung zu ihm auf, präsentieren das Gebetshaus als eine Gemeinschaft, in der alle eine riesige Familie sind, ohne Stress, Streit oder negativer Stimmung. Schließlich besteht häufig genau daraus das Umfeld, in dem sich dieser Jugendliche befindet –

und das wissen die Islamisten. Einem solch negativen Umfeld versucht der Jugendliche zu entkommen, und genau da setzen sie an. Diese Helfer sind es auch, die einen Kontakt zum Prediger vermitteln, und wenn dieser dann dem Jugendlichen erst einmal gegenübersitzt, ist es meist schon zu spät. Aus dem Umfeld von Abul Baraa erzählte mir jemand ganz stolz, dass »von zehn Jungs und Mädchen, die Abul Baraa gegenübersitzen, sieben auch zum Islam konvertieren«. Wie ich jedoch feststellte, ist es heute dennoch nicht mehr so leicht, Menschen in dieser Weise zu manipulieren. Heutzutage sind es vielleicht maximal 5 von 10 Personen, die auf so einfache Weise zum radikalen Islam hinübergezogen werden können.

Meiner Meinung nach müsste bereits in den Schulen eine weitaus intensivere Aufklärung über die Vorgehensweise der Radikalen im Netz betrieben werden als bislang üblich. So, wie auf die Gefahr von Drogen hingewiesen wird, sollte auch die Gefahr von religiösem Fanatismus aufmerksam gemacht werden und die Techniken erklärt werden, mit denen die Radikalen auf Mitgliederfang gehen. Unsere Kinder müssen einfach verstehen, dass die Zugehörigkeit zu einer radikal-islamischen Gruppe weder modern noch trendig ist, sondern dass sie auf diese Weise zum einen sehr schnell der Beihilfe zu Straftaten beschuldigt werden können und ihre Teilnahme zum anderen mit enormen persönlichen Einschränkungen und Gefährdungen verbunden ist.

Die Unterstützer von Abul Baraa

So gut wie jeder radikal-islamische Prediger verfügt über mehrere Personen, die ihn in allen Belangen unterstützen. Sie kümmern sich um die Technik, wenn dieser seine Predigten und Vorträge hält, sie laden die Videos in den sozialen Netzwerken hoch, sie fahren ihn mit dem Auto in der Gegend herum und sie sorgen maßgeblich für neuen Zuwachs unter den Gläubigen, sprich: für neue Fans ihres illuminierten Anführers.

Abul Baraa ist in ganz Deutschland unterwegs und hält in verschiedenen Moscheen Vorträge. Im Laufe der Wochen und Monate begann ich einen immer besseren Kontakt zu ihm aufzubauen. Als er zu einem Vortrag nach Hamburg wollte, bot ich mich an, zwei seiner Jünger im Auto mitzunehmen. Wir trafen uns an der »As-Sahaba-Moschee« in Berlin. In mein Auto stieg ein etwa 21-jähriger Mann, auf den ich schon zuvor jedes Mal in der Moschee getroffen war und der als rechte Hand Baraas gilt. Bei dem zweiten Helfer handelte es sich um einen 28-jährigen Deutschen, der zum Islam konvertiert war und den ich an dieser Stelle Usman nennen werde. In einem anderen Auto saß Abul Baraa mit seinen zwei Technikern, die seinen Vortrag in Hamburg anschließend sofort auf Facebook und auf Youtube stellen sollten. Wir fuhren also zusammen nach Hamburg, wobei ich dem Auto Abul Baraas vorausfuhr. Kurz bevor wir losfuhren, trat noch jemand vom Vorstand der Moschee an unser Auto heran und wünschte uns eine gute Fahrt. Zu diesem Zeitpunkt lief die Fußball-WM in Russland, weshalb ich meine Seitenspiegel mit Deutschlandflaggen überzogen hatte. Er sah sie einen Moment lang an, dann warf er einen Blick ins Wageninnere und sagte zu uns, dass für ihn ohnehin nur eine Flagge wirklich zähle. Ich fragte ihn, welche er damit meinte. »Die schwarz/weiße Fahne mit den Sprüchen: ›Es gibt keinen Gott außer Gott‹ und ›Allah – Prophet – Mohammed‹. Alles andere zählt für mich nicht.«

Im ersten Moment war ich so perplex, dass mir überhaupt keine Antwort einfiel. Er sprach damit nämlich die Flagge des Islamischen Staates an, das Symbol des Grauens und des Tötens. Es war wie ein Schock für mich, denn dann fiel mir auch noch ein, dass dieser Typ zudem für den Islamunterricht in der Moschee zuständig war, also auch Kinder unterrichtete. Während also Abul Baraa sich durchaus bemühte, der Moschee nach außen hin einen seriösen Anstrich zu verleihen, offenbarte dieses Vorstandsmitglied, das gerade an meinem Autofenster lehnte und mich angrinste, das wahre Gesicht dieses Gotteshauses. Für mich ist es wirklich komplett unverständlich, warum dieser Verein nicht schon längst verboten wurde, doch dazu später mehr.

Kurz darauf fuhren wir auch schon los.

Ich kam mit dem deutschen Konvertiten ins Gespräch und Usman erzählte mir, dass er vor vier Jahren zum Islam übergetreten war. Der Grund für diese Entscheidung war die Hasspredigt eines christlichen Pfarrers gegen den Islam gewesen, die er im Internet gesehen hatte. Erst dadurch war er motiviert worden, sich mit dem Islam zu beschäftigen und konvertierte in einer Ditib-Moschee in Berlin. Dort fühlte er sich aber nicht so ganz wohl. Doch jetzt, seitdem er der As-Sahaba-Moschee angehöre, fühle er sich als richtiger Muslim.

Während ich fuhr und ihm zuhörte, musste ich mir Mühe geben, nicht meine Augen zu verdrehen. Stattdessen fragte ich ihn, woher er denn wisse, dass der Islam der wahre Weg für ihn sei.

Er erzählte mir, dass er kurz nach seiner Konvertierung ein Zeichen von Allah erhalten habe, deshalb wisse er, dass der Islam der wahre Weg für ihn sei. Damals, so erzählte er weiter, lag er abends im Bett und betete. Plötzlich begannen seine Arme und sein restlicher Körper für einen Zeitraum von etwa 30 Sekunden stark zu leuchten. Ein anderes Zeichen bestand für ihn darin, dass plötzlich der Koran aus dem Bücherregal fiel, als er sich mit seiner Frau stritt. Das Buch lag aufgeschlagen auf dem Boden und den Text, den er an der aufgeschlagenen Stelle las, bedeutete gleichzeitig auch die Lösung für den Streit, den er gerade mit seiner Frau führte. Als ich das alles hörte, konnte ich ihn mir als gläubigen Moslem nur sehr schwer vorstellen. Dass ein auf den Boden fallender Koran dafür verantwortlich gewesen sein soll, dieser Gedanke befremdete mich doch sehr.

Auch seine Ehefrau konvertierte dann zum Islam. Dies jedoch weniger, weil sie der Koran so tief beeindruckte, sondern weil Usman drohte, aus der gemeinsamen Wohnung auszuziehen, da er nicht mehr mit einer Kafira zusammenleben wollte. Er erzählte mir außerdem, dass er zu Hause weder einen Fernseher noch ein Radiogerät besitze und dass er auch seine drei Kinder nach islamischem Recht erziehen würde. Natürlich immer getreu der salafistischen Prinzipien, die in der »As-Sahaba-Moschee« vermittelt werden. Übrigens findet sich darin auch der Grund, weshalb mich niemand in dieser

Moschee erkannte. Oder besser ausgedrückt, warum ich in der salafistischen Szene weitgehend unbehelligt recherchieren konnte, obwohl mein Name nach meinem letzten Buch durch sämtliche Medien ging: Die meisten Salafisten sehen weder fern noch hören sie Radio, noch lesen sie Zeitung oder sonstige Printmedien. Sie beschäftigen sich nur mit dem Koran und lehnen alles andere ab, da es die Reinheit ihrer Gedanken beflecken könnte. Ein Glück für mich. Ausnahmen bestätigen die Regel, denn Abul Baraa beschäftigt sich sehr intensiv mit den deutschen Medien, wie sich in seinen Predigten zeigt, in denen er immer wieder Bezug auf die Berichterstattung in diesen nimmt.

Das bedeutet jedoch auch, dass während der gesamten Fahrt von Berlin nach Hamburg kein Radio lief, denn darum bat mich Baraas' rechte Hand. Der junge Mann saß hinten und schlief die meiste Zeit während der rund dreistündigen Autofahrt. Stattdessen war Usman weitaus gesprächiger. Der Mann mit dem langen Bart und der traditionellen Kleidung, die seine kalkweiße Haut weitgehend verdeckte, erzählte mir von seinen Problemen im Leben. Davon, dass er im Grunde noch nichts zustande gebracht hatte (außer einer Ehe und drei Kindern), und dass er aktuell eine Ausbildung zum Schreiner absolvierte. Mit 28 Jahren. Zudem versuche er, seine Kinder streng salafistisch zu erziehen, denn sie sollten es künftig besser haben als er. Auch diesmal fehlten mir wieder die Worte. Es gibt Menschen, die möchte man am liebsten packen und minutenlang schütteln in der Hoffnung, sie wieder zur Vernunft zu bringen. Mit anderen Worten: Auf dieser kurzen Reise saß neben mir ein Mann, der mir von seinen familiären Problemen erzählte, von seinen Alkoholexzessen und von der permanenten Geldknappheit, unter der seine Familie litt. Dann redete er davon, dass Gott nun alles für ihn richten werde, dass er dank seiner Hilfe endlich eine Ausbildung begonnen habe und seine Kinder nun »richtig« erziehen könne. Dabei plapperte er ständig irgendwelche Zitate aus dem Koran, und das ohne Sinn und Verstand. Usman war für mich einer dieser typischen Vertreter von Konvertiten im salafistischen Umfeld, die als Lebensversager hoffen, durch den Islam endlich zu einer Lösung für ihre Probleme zu kommen. Dass so etwas nicht funktioniert, sollte eigentlich so ziemlich jedem klar sein, denn der Islam ist keine »Wünsch-dir-was«-Box, sondern eine Religion, die den Menschen Halt und Orientierung bietet. Einen Weg kann man vielleicht zeigen, doch gehen muss ihn jeder selbst. Gleichzeitig sind es genau diese Typen, die ich als Konvertiten so häufig in den Moscheen treffe. Genau solche Menschen, die sich bislang als Versager fühlten, gehören vermutlich zur wichtigsten Zielgruppe der Islamisten.

Die As-Sahaba-Moschee

Was gibt es noch zur As-Sahaba-Moschee zu sagen, was ich bislang unerwähnt ließ? Grundsätzlich fokussierte ich mich in meinen Recherchen in Berlin auf dieses Gebetshaus, das stellvertretend für sämtliche salafistische Moscheen in der Stadt alle Vorgehensweisen und Strategien verwendet, wie sie für Fundamentalisten typisch sind. Natürlich gibt es mindestens eine ebenso fragwürdige Moschee in Neukölln und einigen anderen Bezirken, doch würden sich die Geschichten aus diesen Moscheen nicht wesentlich von denen der As-Sahaba-Moschee unterscheiden.

Erwähnenswert ist hier vielleicht noch, dass bis vor einigen Jahren ein gewisser Reda Seyam als Vorstand in der As-Sahaba tätig war. Dabei handelt es sich um einen Islamisten, der vermutlich in den verheerenden Terroranschlag auf Bali im Jahre 2002 mit 202 Todesopfern verwickelt war. Damals explodierte in einem vorwiegend von Touristen frequentierten Lokal eine elektronisch gezündete Bombe, die ein Selbstmordattentäter bei sich trug. Reda Seyam, der sich zum Tatzeitpunkt nachweislich auf Bali aufhielt, wurde von der indonesischen Polizei festgenommen. Man fand bei ihm eine Festplatte mit Geldüberweisungen an den Hauptangeklagten Imam Samudra. Trotzdem wurde Seyam nicht der Prozess gemacht, sondern er wurde lediglich des Landes verwiesen. In Deutschland wurde er dann jahrelang als Gefährder von den Behörden überwacht. Trotzdem konnte er anschließend noch über mehrere Jahre hinweg seine Funktion in der Moschee ausüben (vermutlich ab dem Jahr 2004), ohne dass der Verfassungsschutz in irgendeiner Weise dagegen vorging. Ob es sich dabei um Naivität seitens der Behörden handelte, um eine bürokratische Überlastung, um eine ganz bestimmte Strategie oder um andere Gründe, konnte ich nicht feststellen. Ich verstehe jedenfalls nicht, warum eine solche Moschee mit einer derartigen Tradition nach wie vor unbehelligt weiter agieren kann.

Irgendwann verlor sich die Spur zu Seyam, bis der Verfassungsschutz von Baden-Württemberg 2015 einen Bericht über ihn veröffentlichte[20], der ihn als einen Funktionär des IS präsentierte. Auch wird darüber berichtet, dass Seyam 2014 in der irakischen Stadt Mossul angeblich zu Tode kam, wobei sein Tod bislang noch nicht offiziell bestätigt werden konnte.

Wer führt nun eigentlich heute diese Berliner Moschee? Das Vereinsregister stammt aus dem Jahr 2007, doch bezweifle ich stark, dass die dort genannten Vorstandsmitglieder nach wie vor in der Moschee aktiv sind. Vor allem nach den Vorgängen kurz nach 2010, als Denis Cuspert in der As-Sahaba-Moschee auftauchte und damit den Verfassungsschutz auf den Plan rief, müssten theoretisch einige der Vorstandsmitglieder untergetaucht sein. So kenne ich es zumindest aus anderen radikal-islamischen Vereinen.

Apropos: Die Vereinssatzung dieser Moschee umfasst etwa 30 Seiten und ist so verwirrend geschrieben, dass ich mich wundere, wie dieser Verein überhaupt eine Genehmigung bekommen konnte. Auch konnte ich von keiner Stelle in Berlin erfahren, ob es sich dabei um einen gemeinnützigen Verein handelt oder nicht. Dieser Punkt ist insbesondere wichtig, da Abul Baraa – oder Ahmad Amih, je nachdem, welcher Name hier tatsächlich richtig ist – eine nicht unerhebliche sechsstellige Summe an Spendengelder sammelte, die ja irgendwie offiziell verbucht sein müsste.

Im Vereinsregister wie in der Vereinssatzung taucht der Prediger Baraa übrigens nicht auf. Entweder hat er sich dort unter einem anderen Namen eintragen lassen oder er hat offiziell mit dem Verein nichts zu tun. Dagegen wiederum spricht, dass auf der offiziellen Webseite der As-Sahaba-Moschee Baraa als Verantwortlicher im Impressum geführt wird.[21] Und zwar unter dem Namen Ahmad Amih. Es könnte sogar sein, dass der Verein selbst inzwischen verboten wurde, denn neuerdings verweisen die Spendenaufrufe auf der Homepage der Moschee nur noch auf ein Paypal-Konto. Ein Bankkonto kann nur entweder von Privatpersonen, Unternehmen oder von Vereinen eröffnet werden. Es gab vorher ein Konto der »Fidor Bank«, doch das dürfte nun nicht mehr existieren. Ganz gleich, welchen Hintergrund diese Entwicklung hat, sie wirkt jedenfalls nicht besonders vertrauenswürdig. Auch sollte man nicht vergessen, dass Baraa ein Wirtschaftsstudium absolviert hat (wenn man seinen Angaben trauen darf). Er sprach sogar von einem Studium der Finanzwirtschaft, was auch immer sich konkret dahinter verbergen mag. Somit verfügt er über das nötige Wissen, um eine derartige Spendenaktion mehr oder weniger rechtssicher durchzuführen. So sollen Spendengelder von ausländischen Geldgebern eingegangen sein, auch wenn Baraa derartige Geldeingänge öffentlich grundsätzlich in Abrede stellt. Auf sämtliche Anfragen an den Verfassungsschutz diesbezüglich erhielt ich keine Information, doch einige Gläubige aus dem näheren Umfeld des Predigers sagten mir, dass ansehnliche Spenden aus Saudi-Arabien und anderen arabischen Staaten geflossen sein sollen.

Übrigens gab es vor einiger Zeit noch einen eigenen Gebetsraum für Frauen in der As-Sahaba-Moschee, erreichbar über einen separaten Eingang, wie das in allen Moscheen üblich ist. Doch dieser Raum ist nun auch den Männern vorbehalten, da schlicht mehr Platz für die männlichen Gläubigen benötigt wurde. Das erzählt Abul Baraa auch in mindestens einem Video und empfiehlt den Muslima, dass es ohnehin für sie besser sei, zu Hause zu beten, wie es der Islam auch vorsehen würde.

Insgesamt muss die As-Sahaba-Moschee meinen Recherchen zufolge nach wie vor als eine Salafisten-Hochburg mit einem hohen

Gefährder-Potenzial betrachtet werden, die zudem von einem undurchsichtig geführten Verein betrieben wird. Entweder verfolgen die Behörden in diesem Fall eine besondere, langfristige Strategie oder sie unterschätzen die Gefährlichkeit dieser Moschee gewaltig.

Kapitel 8

Die Moscheen in Hamburg

Ich fuhr also mit den beiden Helfern von Abul Baraa von Berlin nach Hamburg. Wir fuhren direkt zur »Masjid al-Taqwah Moschee« in der Anzengruberstraße 32 in Hamburg-Harburg. Wie könnte es anders sein, handelt es sich auch bei dieser ehemaligen Lagerhalle um eine den Behörden bereits bekannte Salafisten-Hochburg. Diese Moschee gilt bereits seit Jahren als Sammelbecken für gewaltbereite Salafisten und befindet sich entsprechend lange im Visier des Verfassungsschutzes.

Am 15.11.2016 stürmten Beamte am frühen Morgen das Vereinslokal und nahmen mehrere Beweismittel mit. Der Grund für diese Aktion war das Verbot der Vereinigung »Der wahre Islam«, der für die »Lies!«-Kampagne zuständig war, über die ich schon in einem früheren Kapitel berichtete.

»We love Muhammad«

Keine Frage, dass sich in einer derartigen Umgebung ein Prediger wie Abul Baraa pudelwohl fühlt. Meinen internen Quellen zufolge soll sich Hamburg in den letzten Jahren zu einem Zentrum des Salafismus entwickelt haben. Von den etwa 700 bekannten Salafisten soll rund die Hälfte als Dschihadisten gelten, die den »Heiligen Krieg« unterstützen. Ungefähr 70 Personen reisten nach Syrien und schlossen sich dort als Kämpfer einer Terrororganisation an. Das Ganze wiederum – so jedenfalls das Ergebnis meiner Recherchen – wird durch radikal-islamische Moscheen gelenkt und entsprechend gesteuert. Dabei handelt es sich bei den eben genannten Zahlen mal wieder um offizielle Angaben, die regelmäßig vom Verfassungsschutz veröffentlicht werden. Nach meinen Quellen dürften die tatsächlichen Zahlen in Hamburg jedoch mindestens doppelt so hoch liegen. Vermutlich wird in der Öffentlichkeit bewusst mit geringen Zahlen operiert, um keine Unruhe bei der Bevölkerung zu erzeugen.

In Hamburg startete auch die Buchverteilungskampagne »We love Muhammad«, die vom Salafistenprediger Pierre Vogel gegründet oder zumindest maßgeblich von ihm mitgestaltet wurde (so ganz genau weiß man es nicht). Dabei handelt es sich um die Nachfolgekampagne der verbotenen »Lies!«-Aktion, mit der Salafisten in erster Linie neue Mitglieder gewinnen wollten. »We love Muhammad« verfolgt das gleiche Ziel. Diesmal wurde das Verbot jedoch umgangen, indem schlicht die Biographie des Predigers Mohammed in Buchform veröffentlicht und gratis an exponierten Stellen in Hamburg, wie Fußgängerzonen und Ähnlichem, angeboten wurde. Nun gibt es jedoch keine Bücherstände mehr, an denen diese Werke gratis an Passanten abgegeben werden, sondern meist laufen Personen mit Plakaten auf Vorder- und Rückseite des Oberkörpers durch die Straßen und sie sprechen die Hamburger auf das Buch an. Alternativ tragen manche einen Bauchladen mit sich herum, in dem sich einige der Exemplare befinden. Sollten die Bücher ausgegangen sein, wird bei Interesse ein Exemplar auch kostenlos zugeschickt, wobei der Empfänger idealerweise die Versandgebühren trägt.[22]

Man sieht also, Kosteneffizienz ist auch in Salafistenkreisen durchaus ein Thema. Doch Spaß beiseite, diese Aktion zeigt, wie dringlich das Thema des radikalen Islamismus in Hamburg tatsächlich ist. Ja, es ist nahezu bezeichnend, dass eine derartige Aktion gerade in Hamburg so intensiv durchgeführt wird und nicht in einer anderen Stadt, denn hier sind besonders viele – vor allem jugendliche – Konvertiten zum Islam übergetreten, in erster Linie natürlich zu den salafistischen Hardlinern.

Ein Beispiel dafür ist Florent Prince N., der aus Kamerun stammt, als Kleinkind nach Deutschland kam und in Hamburg zunächst als getaufter Christ aufwächst. Angeblich wurde er als 14-Jähriger über die »Lies!«-Aktion auf den Islam aufmerksam, begann daraufhin Moscheen zu besuchen und geriet in die Fänge von Salafisten. Er

konvertierte zum Islam und nannte sich ab diesem Moment nur noch
»Bilal«. Mit 17 Jahren reiste er schließlich mit einem gefälschten Pass
nach Syrien und schloss sich dann dem IS an. In dieser Zeit sandte
er einige Sprachnachrichten an ehemalige Freunde und Schulkame-
raden. In ihnen kritisierte er den Islamischen Staat, erzählte davon,
dass die Kommandanten ihre Soldaten schlichtweg in den Tod schicken würden.

»Kämpft einfach. Geht einfach nach vorne, stürmt einfach nach
vorne«, zitierte er einen derartigen Befehl. Auf die Nachfrage eines
anderen Soldaten, wie denn die Taktik dafür aussehe, bekam dieser
als Antwort, er solle einfach nur kämpfen.

So etwas irritierte Bilal, musste er doch feststellen, dass dieser IS
wenig mit dem gemein hatte, wie man ihm in Deutschland präsentiert hatte. Auch das führte er in einer seiner Audionachrichten aus.
Jetzt könnte man natürlich über so viel Naivität einfach nur den Kopf
schütteln, doch sollte man nicht vergessen, dass es sich bei ihm, wie
bei so vielen anderen, fast noch um ein Kind handelte, das systematisch radikalisiert worden ist.

Etwa drei Monate nach seinen Audionachrichten ist Bilal vermutlich gestorben. Das war im Jahr 2016. Bis heute gibt es keinen Nach-
weis über seinen Tod. Entweder starb er im Krieg oder er wurde
vom IS selbst ermordet. Als Strafe für seine Kritik an der Terrororganisation. Beide Versionen halten sich hartnäckig.

Doch damit ist seine Geschichte noch nicht zu Ende. Am
11.1.2015 wurde auf die Tageszeitung »Hamburger Morgenpost« und
auf eine Schule in Hamburg-Altona ein Brandanschlag verübt.
Schnell wurde klar, dass es sich hier um einen islamistisch motivier-
ten Terroranschlag handelte. Der Grund für diese Anschläge lag in
Mohammed-Karikaturen. Die »Hamburger Morgenpost« hatte solche veröffentlicht und vier Schüler hatten in Altona ebenfalls Bilder
mit Karikaturen aufgehängt. Damals wurden nach den Anschlägen
relativ zügig vier Männer aus der salafistischen Szene gefasst. Als
Organisator und Haupttäter gaben die Angeklagten den damals
15-jährigen Bilal an, der wenige Monate nach diesen Anschlägen

nach Syrien ausreiste und sich dem IS anschloss. Etwa ein halbes Jahr vor den Brandanschlägen gründete Bilal eine Chatgruppe mit dem Namen »Ein Muslim, ein Wort« und schaffte es damit, viele Jugendliche in diese Gruppe zu holen.

Bilal ist nur ein Beispiel für radikalisierte Jugendliche, die in Hamburg zum Islam konvertierten. In dieser Stadt fällt es den Salafisten anscheinend besonders leicht, junge Menschen für radikalislamisches Gedankengut zu begeistern, und nicht zufällig zählt die Hansestadt damit leider zu einem der Hotspots für den deutschen Salafismus.

Der Vortrag von Abul Baraa in Hamburg

So wird es wohl auch niemanden verwundern, wenn der ohnehin ausgesprochen umtriebige Abul Baraa aus Berlin auch Vorträge in der Hansestadt hält. Nachdem wir die »Masjid al-Taqwah Moschee« in Hamburg-Harburg erreicht hatten, begannen die Helfer sofort mit den Vorbereitungen. Etwa eine Stunde später startet Baraa seinen Vortrag vor etwa 60 Männern im Alter von 14 bis 30 Jahren und einigen jungen Frauen, die hinter einem Vorhang dem Vortrag lauschen. Leider konnte ich nicht feststellen, wie viele Frauen es waren, denn sonst hätte ich mich womöglich als Journalist verraten. Baraa ist ein exzellenter Vortragsredner, wechselt häufig die Stimmlage zwischen einem freundlichen, warmherzigen und einem lauten und aggressiven Tonfall. Zwischendurch erzählt er ein paar Witze, die Anwesenden lachen, die Stimmung ist gut. Selbstverständlich schmettert er keine eindeutigen Hassparolen, im Gegenteil: Alles, was er sagt, ergibt Sinn, klingt in sich schlüssig. Und doch erkennt der geübte Zuhörer zwischen den Zeilen die salafistischen Botschaften.

Hier sind einige Ausschnitte aus Freitagsgebeten, damit Sie ein Gefühl dafür bekommen, wie geschickt solche Prediger – in diesem Fall Abul Baraa – vorgehen:

»Vielleicht mögt ihr eine Sache nicht, vielleicht ist euch eine Sache zuwider. Ihr wollt nicht, dass sie passiert, aber sie ist unter euch. Und vielleicht liebt ihr eine Sache, dies ist aber schlecht für euch. Damit bestätigt Allah, dass wir allesamt Unwissende sind, weil wir nicht das Verborgene kennen. Allah weiß, wobei ihr nicht wisst. Und ihr wisst, liebe Geschwister, in ein paar Tagen wird die Moschee in Berlin offiziell geschlossen und wir werden alles daran setzen, dass wir noch einige Zeit dort verbringen können, und da werden wir euch natürlich auf dem Laufenden halten. Wir wissen noch nicht, wie das Ganze funktioniert, aber wesentlich hat Allah etwas Besseres mit uns vor. Ich sage euch, meine Geschwister, wer ein wahrhaftiger Moslem ist, und ich rede nur über die wahrhaftigen Muslime, wer den Weg des Islam beschreitet, der muss von Allah geprüft werden. Uns vereinigt nicht das Blut von unserer Familie, uns vereinigt Allah.

Wenn unser eigener Vater Allah hasst, so hassen wir unseren Vater. Und wenn unsere Mutter Allah hasst, so hassen wir unsere Mutter dafür dass sie Allah hasst. Das ist unsere Religion und das solltest du dir in dein Herz schreiben. Unsere Verbindung ist der Islam. Wer den Islam liebt, liebt die Muslime und jene, die auch die Muslime lieben. Und wer den Islam hasst, der hasst alle, die den Islam lieben. Und daher liebe Geschwister, verliert nicht die Hoffnung, Allah wird uns einen Ausweg zeigen. Manchmal kommt die Lösung in der letzten Sekunde. Warum? Weil Allah wissen will, ob dein Vertrauen wahrhaftig ist oder ob es nur ein Lippenbekenntnis ist, wie es bei vielen Muslimen vorzufinden ist.«

Diese Worte können für einen Fundamentalisten durchaus bedeuten, dass er sich gegen alle »Ungläubigen« wenden soll, also gegen alle Nicht-Muslime, selbst wenn Abul Baraa dies so nicht explizit ausspricht. Nach meiner Ansicht ist kein anderer Prediger in Deutschland ein so exzellenter Redner wie Abul Baraa. Sogar ich muss manchmal überlegen, ob er hier und da nicht wirklich die Wahrheit sagt. Für die jungen Frauen und Männer ist er nicht ohne Grund auch so etwas wie eine Leitfigur. Aus meiner Sicht hat der Prediger Baraa das Zeug dazu, der künftige Pierre Vogel zu werden und eventuell noch wirksamer zu sein als dieser. Sein Bekanntheitsgrad wird mit Sicherheit bald jene des aktuellen Stars der deutschen Salafistenszene noch übertreffen.

Übrigens, wie extrem Abul Baraa und andere Salafisten mit ihren Worten auch sein mögen: Ich glaube nicht, dass sie in Deutschland gewalttätig werden oder zu Gewalttaten – wie etwa zu Terroranschlägen – aufrufen. Der Grund für diese Annahme liegt darin, dass ich sehr viel Zeit in einer der extremeren Salafistenmoscheen mit Abul Baraa verbracht habe. Dabei gewann ich nie den Eindruck, dass dort etwa Waffen lagerten oder andere Dinge passierten, die darauf schließen ließen, dass etwas Kriminelles vorbereitet wird. Speziell Abul Baraa wird wohl nie derartige Aktionen durchführen, denn dafür kennt er die deutschen Gesetze viel zu gut. Er weiß sehr genau einzuschätzen, wie weit er sich bewegen darf. Man sollte an dieser Stelle nicht vergessen, dass es sich bei ihm um einen hochintelligenten Menschen handelt.

Doch nun wieder zurück zu seiner Ansprache, in der er erneut sehr geschickt auf seine Spendenaktion für seine Moschee in Berlin überleitete:

»Und ich möchte heute in den paar Minuten mit euch über ein wunderschönes Thema sprechen. Wie können wir unser Vermögen verlieren? Welche Gründe hat uns die Religion vorgegeben, so dass wir unser Vermögen vermehren können? Der erste Grund, wie du an Geld herankommst, wie Allah dein Vermögen vermehrt, ist die Gottesfurcht. Wenn ich Allah fürchte, so wird Allah mich versorgen. Sei dir sicher, das sind die Worte Allahs. Allah, der Mächtige, der die Wahrheit spricht, sagt: ›Und wer Allah fürchtet, so schafft er ihm einen Ausweg im Leben.‹

Die Reihenfolge ist wichtig: Du musst ihn fürchten, damit er dir einen Ausweg zeigt. Nicht anders herum. Und das ist das Problem in der heutigen Zeit, wenn wir keine Lösung von Allah vorgegeben bekommen, aus einem einzigen Grund, weil sie Allah nicht fürchten. Und wer Allah fürchtet, dem schafft er eine Lösung, einen Ausweg in seinem Leben. Ist das alles? Nein. Denn Allah versorgt ihn, womit er nicht rechnet, und die beste Versorgung, sagen die Gelehrten, kommt von irgendwo her und sie erfreut dein Herz, weil du gar nicht damit gerechnet hast.

Es kann sein, dass du jeden Monat 1500 Euro von deinem Chef bekommst, du rechnest immer mit diesem Gehalt. Aber eines Tages kommt dein Chef und sagt: ›Schau mal, ich bin zufrieden mit dir. Hier hast du weitere 300 Euro.‹

Diese 300 Euro erfreuen dich mehr als die 1500 Euro, obwohl das nicht miteinander zu vergleichen ist.

Warum? Sie kamen, ohne dass du damit gerechnet hast. Und wer auf Allah richtig vertraut, so reicht Allah ihm aus. Aber was ist das Vertrauen auf Allah? Wir haben Leute, die auf der einen Seite etwas falsch machen, und andere, die in der anderen Sache etwas falsch machen. Es gibt Leute die sagen: ›Ja ich weiß, Allah ist mein Versorger.‹ Dann setzen sich diese Leute, nehmen keine Mittel in Anspruch, suchen nicht nach Arbeit und denken, dass es von oben, vom Himmel, Gold und Silber regnen wird. Aber das wird nicht passieren. Sondern, wie die Gelehrten sagen, dass dein Herz wahrlich auf Allah vertraut. Er weiß, dass deine Bestimmung auf jeden Fall eintreffen wird, während du die Mittel in Anspruch nimmst. Es gab mal Leute, die behauptet haben, auf Allah zu vertrauen, aber sie haben nichts getan. Sie haben gesagt: ›Allah ist unser Versorger‹ und daraufhin haben sie nichts gemacht.«

Dann geht Baraa auf Gebote und Verbote im Islam ein, wobei in diesem Beispiel der Begriff »haram« für verbotene Dinge im Islam steht und »halal« für erlaubtes Verhalten.

»Lausche diesen Worten. Wenn du heute in haram Geld verdienst, so hättest du dieses Geld sowieso bekommen. Aber du hast es in haram verdient und Allah ist zornig auf dich. Alles, was du kriegen sollst, steht in einem deutlichen Buch geschrieben, und wenn du nach dem halal strebst, wirst du belohnt. Ich wiederhole es nochmal, weil viele Muslime nicht auf halal vertrauen: Sie betrügen das Jobcenter, obwohl sie von dort Geld bekommen. Ich meine, haben wir gelernt, dankbar zu sein?

›Ja, aber sie haben eine schlechte Absicht.‹

Dann nimm das Geld nicht. Nimm es nicht! Fürchte Allah, auch wenn dir ein Nicht-Muslim etwas Gutes tut. Ein Moslem ist dankbar! Derjenige, der den Menschen nicht dankt, so dankt er auch Allah nicht. Allah hat nicht nur die Gläubigen genannt, er sagte allgemein den Menschen. Selbst wenn sie dir etwas geben. Und wenn sie dir etwas geben, betrügst du sie auch noch? Und er zeigt sich noch vor den Leuten und sagt: ›Ich habe den und den Beamten betrogen.‹ Was für ein toller Charakter! Dadurch werden uns die Deutschen hier noch mehr lieben, nämlich durch deinen super Charakter.

Oder das Benehmen von vielen Muslimen hier in diesem Land. Hätten sie dieses Benehmen nicht, stünden wir in einem anderen Licht hier bei den Deutschen. Ich sage es euch, wir können es uns auf unsere eigene Haut schreiben, das meiste kommt von uns. Ich lebe selber in einem Haus, an dem ich den Tag herbeisehne, an dem ich ausziehen kann. Unsere Leute, Araber, Türken, Kurden: Sie kiffen im Fahrstuhl, sie schmeißen das Essen, den Müll in den Fahrstuhl, weil sie selber Müll sind. Und dann erwarten sie, dass die Leute uns noch ruhig und höflich begrüßen.

Was ist das für ein Verhalten? Allah hat uns gesagt: ›Du besitzt die besten Charaktereigenschaften.‹

Ist es die beste Eigenschaft, dass du Müll in den Fahrstuhl wirfst? Zählt zu den besten Charaktereigenschaften, dass du deinem Nachbarn ins Gesicht spuckst? Ist es von der besten Charaktereigenschaft, dass du dich als jemand zeigst, der du gar nicht bist? Sorge dafür, dass du mal voller Stolz vor Allah stehen kannst.«

Es handelt sich um Auszüge aus dem Freitagsgebet vom 22. Juni 2018. Jedoch lässt er kritische Passagen – die für ihn ein Problem werden könnten – einfach weg. Als ich diese Predigt auf Facebook sah, fehlten dort ungefähr 2 Minuten. Das gehört übrigens zur grundsätzlichen Taktik von Abul Baraa: Er hetzt in seinen Ansprachen gegen bestimmte Gruppen (Behörden, Medien etc.) und löscht diese Passagen in den veröffentlichten Videos auf Facebook. Dadurch umgeht er natürlich das Risiko, dafür vom Staat belangt zu werden, da er rechtswidrig handelte. Seine Worte jedoch bleiben in den Köpfen der Teilnehmer hängen – und dabei handelt es sich immerhin um durchschnittlich etwa 200 bis 300 Personen – so setzt er sehr geschickt seinen salafistischen Stachel ins Fleisch der Gläubigen.

Beispielsweise sagte er im vorhin erwähnten Freitagsgebet: »Die schmutzigen Behörden. Möge Allah sie vernichten.« Und beginnt plötzlich so laut zu schreien, dass sogar ein Teilnehmer neben mir, der zuvor eingeschlafen war, richtiggehend hochschreckte: »Fürchtet nicht sie, sondern fürchtet mich! (Anmerkung: gemeint ist Allah.)« Dabei handelt es sich um ein Muslimen bekanntes Zitat aus dem Koran, das er für seine Zwecke verwendete. Das ist sehr geschickt von ihm und kennzeichnet seine Sätze als Hassparolen. Dann ging es in diesem Ton weiter: »Die sind unter unseren Füßen, diese Schmutzigen. Weil sie Islamhasser sind. Wir haben niemandem etwas angetan, niemandem von den Nachbarn etwas angetan. Wir haben immer unsere Miete bezahlt. Und unser Hausmeister hat uns bestätigt, dass wir die besten Nachbarn sind.«

Hier ging es um die neue Moschee, um das Objekt, das er letzten Endes doch nicht bekam. Mit diesen Worten bringt er die Teilnehmer in Stimmung gegen die Behörden, vielleicht sogar gegen ganz Deutschland. Weiter geht's über die Behörden: »Ich kann mir vorstellen, dass sie sagten: ›Wollt ihr diese Terroristen beherbergen? Wisst ihr nicht, dass sie sehr gefährlich sind, dass sie Leute nach Irak und Syrien schicken?‹ Wallahi (Anmerkung: »Ich schwöre auf den Namen Gott«), so reden sie und ich kenne sie. Ich weiß, wer sie sind.«

Durch sein Schwören auf Gott vermittelt er den Gläubigen, dass er nur die Wahrheit ausspricht. Dadurch glauben sie ihm jedes Wort, selbst wenn es sich lediglich um Spekulationen des Abul Baraa handelt. Diese gesamte Passage schnitt er jedoch in dem Video, das später auf Facebook veröffentlicht wurde, heraus. Eine Technik, die fast in so ziemlich jedem Freitagsgebet angewendet wird. Dabei erweist er sich jedoch in meinen Augen nicht nur als geschickter Hassprediger, sondern zudem auch als Heuchler, dem der Mut fehlt, die Dinge so zu veröffentlichen, wie er sie in seinen Predigten anprangert.

Im nächsten Freitagsgebet nahm er dann beispielsweise die Medien auseinander und stellte seine Ansprache anschließend, natürlich wieder in gekürzter Fassung, auf Facebook. Im Freitagsgebet vom 13. Juli 2018 nahm er dann sogar meine Lieblingsfrage – die ich ihm zuvor persönlich gestellt hatte – zum Anlass, darauf genauer einzugehen, und auch hier findet man danach auf Facebook eine lediglich »zensierte« Fassung.

Am Ende jeder Predigt bettelt er um Geld, erzählt von der »As-Sahaba Moschee« in Berlin und dass der Verfassungsschutz das Gebetshaus schließen möchte. Dass sie eine neue Unterkunft gefunden haben und dafür 800 000 Euro benötigen, jedoch bislang nur 100 000 durch Spendengelder zusammenbekommen haben. Nach meinen Recherchen handelt es sich dabei letzten Endes auch hier um bloße Taktik. Ich glaube ihm keine Sekunde, dass er Spendengelder in dieser Höhe erhielt. Dazu war ich viel zu oft als Teilnehmer in seinen Veranstaltungen und konnte verfolgen, welche Summen die Menschen dort spenden. Das aber bedeutet, dass er entweder finanzielle Zuwendungen von außerhalb bekommt, also aus anderen Ländern, oder er nennt die 100 000 Euro einfach deshalb, um die Menschen zu motivieren, mehr zu spenden.

»Der dritte Punkt, liebe Geschwister, wie wir an Vermögen rankommen, ist, dass wir selber spenden, um von Allah mehr zu bekommen. Ein Moslem spendet und dadurch bekommt er mehr? Ja, nämlich wenn ihr Allah einen guten Grund dazu gebt, halal seid nicht haram. Heutzutage hast du Leute, die verkaufen Drogen und wollen dieses Geld dann für halal nutzen. Allah wird dein Geld nicht annehmen. Allah ist gut und gütig und will nur das halal. Allah will dein haram-Geld nicht. Vor allem nicht, wenn du es für gute Zwecke ausgibst. Wenn Allah erkennt, dass du für eine gute Sache gibst, so wird er es vervielfachen. Du wirst so viel Lohn dafür bekommen, wie du bei Allah nicht in dieser Größenordnung gespendet hast.

Und noch eine Sache, Allah löscht dir Sünden. Dadurch, dass du für Allah etwas ausgibst, löscht Allah dir dafür eine Sünde. Die Schlausten sind diejenigen, die jeden Tag etwas spenden. Wenn es auch wenig ist. Es vergeht kein Tag, an dem Allah nicht zwei Engel auf die Erde herabsendet. Und einer sagt, wenn er jemanden spenden sieht, dass Allah ihm noch mehr gibt. Und bei dem Geizigen, der nichts gibt, sorgt Allah dafür, dass sein Vermögen Verlust erleidet.

So, meine lieben Geschwister, wir sind nicht mehr lange in unserer Moschee. Wir sind auf Spenden angewiesen. Ihr habt noch mehr Anrecht darauf zu spenden, als die Leute, die von drüben sind und nichts mit unserer Gemeinschaft direkt zu tun haben. Und ich möchte heute mindestens 10 grüne Scheine sehen, damit ihr uns beweist, dass ihr auch etwas von der Moschee haltet. Ich würde euch auch gerne mehr verraten, aber diese ganzen Demokraten, die uns eigentlich hassen und uns unter der Erde sehen wollen, machen es schwer. Und auch mit dem Mitvertrag, der Mann mit dem ich ihn abschließen wollte, hat am selben Morgen einen Rückzieher gemacht, obwohl er zuvor noch so freundlich war. Und warum hat er das getan? Er hat Besuch bekommen, von diesen schmutzigen Behörden, die sich nicht trauen, mit uns direkt zu reden. Sie sollen nicht uns fürchten, sondern Allah. Sie tun das, weil sie uns hassen. Und warum? Wir haben niemandem etwas getan. Ich kann mir vorstellen, warum sie jetzt so sind: Ihnen wird erzählt, dass wir Terroristen sind, dass wir gefährlich sind und Leute nach Iran und Syrien schicken. Genauso reden sie. Aber umso schwerer wird Ihre Strafe sein. Denn wer andere abhält, im Hause Allahs zu beten, wird bestraft werden.«

Wie ich bereits früher schrieb, halte ich Abul Baraa nicht für jemanden, der wissentlich Muslime in den Dschihad schickt. Schon gar nicht für jemanden, der junge Männer oder Frauen gezielt an Terrororganisationen vermittelt. Doch seine Reden und seine Thesen haben garantiert ihre Wirkung. Auch wenn er es vielleicht nicht wahrhaben will, seine Worte bringen speziell unsichere Gläubige, jene, die nach Halt suchen, die aus schwierigen Familienverhältnissen kommen und eine neue Gemeinschaft suchen, zum Nachdenken in eine Richtung, die gefährlich ist. Für sie selbst, vor allem aber auch für andere. Diese Personen sind es dann, die sich so radikalisieren, dass sie glauben, für den Dschihad bereit zu sein. Und zwar für diesen entsetzlichen, diesen verqueren Dschihad, der Gläubige dazu bringt, in den Krieg zu ziehen oder Bomben zu zünden.

Im Koran gibt es Verse, die den Gläubigen empfehlen, Geld zu spenden, Zeit für den Islam zu investieren und mit anderen Personen über den Islam zu sprechen. Eine Art missionarische Tätigkeit, die sogenannte »Dawah«. Nach der Ansicht von Baraa gehört auch das alles zum Dschihad, wodurch er eine Empfehlung zur Pflicht macht. Natürlich übernehmen andere diese Arbeit, doch nach meiner Erfahrung sind es Prediger wie Abul Baraa, die bei den unsicheren – meist handelt es sich dabei um erst kürzlich Konvertierte – Muslimen eine Art Tor zu einer neuen Welt aufstoßen.

An jenem Tag in Hamburg spricht Baraa über viele Themen: Über die Behörden in Deutschland, die es den Muslimen wahnsinnig schwer machen, ihren Glauben auszuleben. Er kritisiert muslimische Gemeinden, die seiner Meinung nach viel zu lässig mit den Regeln des Islam umgehen, er spricht offen über den Umgang mit Alkohol und Drogen. Beides wird von vielen Gläubigen konsumiert und beides ist im Islam strikt verboten. An dieser Stelle wird er laut, wäscht den Anwesenden richtiggehend den Kopf. Er referiert auch über Sex und wie man damit umzugehen hat, über die Rolle der Frau. Ich beobachte die Reaktionen der Teilnehmer: Baraa kommt eindeutig gut an. Er weiß genau, wie er die Menschen für sich gewinnt. Dazu kommt, dass wir uns ohnehin in einer radikalen Moschee befinden. Die Besucher wissen oder ahnen zumindest, was sie erwartet, seine fundamentalistischen Thesen werden von vornherein begrüßt. Sehr geduldig, professionell und warmherzig beantwortet er ihnen jede noch so heikle Frage. Auch dies ist etwas Besonderes, denn in anderen muslimischen Gemeinden wird nicht in ähnlicher Weise über heikle Themen gesprochen. Wieder ein Punkt, durch den er sich mal wieder von den anderen – den gemäßigten Predigern – abhebt. Mich erinnern diese Szenen hier in Hamburg an die Geschichte des Rattenfängers von Hameln. Baraas Worte klingen in den Ohren seiner Zuhörer vermutlich wie Musik, die ihnen die Sinne vernebelt. Er versteht es einfach, die Menschen einzufangen.

Zum Schluss bettelte er mal wieder um Geld. Dabei geht er geschickt vor, denn er erschafft einen Feind, den alle kennen: die bösen deutschen Behörden. So etwas schweißt zusammen und mit dieser Taktik überzeugt er immer wieder Gläubige, Geld zu spenden.

Außerdem spricht er davon, dass die Aufgabe eines jeden gläubigen Muslim darin besteht, Spenden zu leisten. Er hebt seine Stimme an und schreit beinahe, dass es einer heiligen Aufgabe gleichkomme, beim Bau eines künftigen Gebetshauses, eines Hauses für Gott, zu helfen. Er sagt aber auch, dass wir für Gott Opfer zu bringen haben. Und weiter ruft er den Teilnehmern zu, dass manche vielleicht für ihren Glauben ins Gefängnis kommen oder umgebracht oder des Landes verwiesen werden. In diesem Fall werde man ein Held des Islam. Deswegen, so meint er weiter, dürfe man nicht damit aufhören, den richtigen Islam zu leben, selbst wenn man dafür ein Risiko eingehe.

Diese Worte fand ich, zurückhaltend gesagt, ausgesprochen befremdlich, denn sie können sehr leicht missverstanden werden.

Nach diesem Vortrag unterhielt ich mich mit ein paar Teilnehmern. Dabei erfuhr ich, dass einige Personen extra aus Berlin angereist waren und einer sagte mir zu Beginn, dass er sogar aus Frankfurt am Main gekommen war, nur um Abul Baraa zu erleben. Dann fand ich heraus, dass dieser Muslim im Alter von Mitte zwanzig zum inneren Kreis der Gruppe von Baraa gehörte. Seine Aufgabe bestand darin, die Botschaften nach Frankfurt zu bringen, Abul Baraa dort bekannter zu machen. Dieser Prediger konnte sich tatsächlich ein beachtenswertes Netzwerk aufbauen, das sich inzwischen in alle Richtungen Deutschlands erstreckt.

Schließlich lernte ich noch einen Bosnier kennen, den ich Umer nennen werde. Wir unterhielten uns einige Minuten lang, und als ich mich für die Lehren des wahren Islam interessiert zeigte, schlug er ein erneutes Treffen vor, damit wir uns darüber in Ruhe unterhalten könnten. Bei ihm merkte ich sofort, dass mir ein Salafist gegenüberstand. Die Art, wie er sprach, sein langer Bart, die traditionelle Kleidung: Alles deutete auf einen islamischen Fundamentalisten hin. Er bot außerdem an, mich auf andere Vorträge dieser Art in Hamburg mitzunehmen, worin ich schließlich einwilligte.

Hamburg-Harburg und 09/11

Einige Tage später reise ich erneut nach Hamburg. Ich wollte mich alleine in der »Masjid al-Taqwah-Moschee« umsehen, dort beten, Menschen kennenlernen und mehr über den Verein, der diese Moschee betreibt, herausfinden. Um 21.45 Uhr komme ich an, stehe jedoch vor verschlossenen Türen. Normalerweise findet dort zu dieser Uhrzeit das traditionelle Abendgebet statt, daher war es reichlich ungewöhnlich, dass niemand hier war. Mehr noch, nach der islamischen Tradition ist es sogar die Pflicht einer Moschee, während der Gebetszeiten den Gläubigen offen zu stehen. Nachdem ich einige Minuten lang wartete, wollte ich gerade gehen, als ein anderer Gläubiger erschien. Es handelte sich um einen aus Algerien stammenden Muslim, der bereits seit vielen Jahren in Deutschland lebte. Als ihm klar wurde, dass die Moschee geschlossen war, klopfte er heftig gegen die Eingangstür, doch nichts rührte sich. Von ihm erfuhr ich, dass der Imam dieses Gebetshauses direkt gegenüber wohnte. Bevor ich reagieren konnte, begab sich der Algerier schon auf den Weg dorthin. Er läutete Sturm, doch es meldete sich niemand. Wie ich später von Emre (so nenne ich den Algerier) erfuhr, war es in der Vergangenheit schon mehrmals vorgekommen, dass diese Moschee geschlossen blieb, daher auch seine Wut.

Ich schlug ihm vor, stattdessen in die tunesische »El-Iman«-Moschee zu fahren, da mir diese als ebenfalls radikal-islamische Moschee bekannt war und sie sich ebenfalls in Harburg befindet, also in unmittelbarer Nähe. Das schlug Emre jedoch aus genau diesem Grund aus. Er sagte mir, dass in dieser Gebetsstätte bereits öfters die Polizei aufgetaucht sei. So bot er an, eine türkische Moschee zu besuchen, um dort gemeinsam am Abendgebet teilzunehmen. Auf der Fahrt dorthin erzählte er mir, dass diese beiden Moscheen – die »Masjid al-Taqwah- und die El-Iman-Moschee – sehr problematisch seien, weil beide vom Verfassungsschutz beobachtet würden. Er wirkte während seiner Erzählung sehr aufgeregt. Vor allem, als er mir erzählte, dass er die Masjid al-Taqwah-Moschee trotzdem immer wieder besuchte, weil er ja »irgendwo beten müsse«. Von ihm erfuhr ich auch, dass die El-Iman-Moschee vom »Islamischen Verein Hamburg« betrieben wird.

So ganz unrecht hatte Emre ja nicht. Schließlich spielte speziell der Hamburger Stadtteil Harburg damals im Rahmen des Anschlages auf das New Yorker World Trade Center – richtig: 09/11, einer der folgenreichsten Terroranschläge der Welt – eine besondere Rolle. Schließlich hatten hier einige der Attentäter von 9/11 gelebt. Sowohl der Flugzeugentführer Mohammed Atta und mehrere seiner Komplizen, aber auch der als Terrorhelfer verurteilte Mounir al-Motassadeq wohnten in diesem Stadtteil. Damals hatte Atta mit seinen Mitstreitern eine Wohnung in der Marienstraße bezogen. Er studierte an der TU Hamburg-Harburg und eignete sich dort teilweise jenes Wissen an, das er für das Attentat auf das World Trade Center benötigte.[23]

Zudem predigte auch der Salafist Pierre Vogel in den beiden oben genannten Moscheen, kurzum: Wir bewegten uns zu diesem Zeitpunkt in einem der bedeutendsten islamistischen Brennpunkte Hamburgs.

Wir beteten also in einer türkischen Moschee, wo ich wieder einen interessanten Mann kennenlernte, einen Pakistaner. Mit ihm unterhalten wir uns. Er erzählte uns, dass die Polizei vor ein paar Jahren in beiden Moscheen Razzien durchgeführt hatte und in der tunesischen El-Iman-Moschee sogar Schwerter gefunden hatte. Eine ganze Menge, wie er uns nicht unbeeindruckt sagte. Dann wurde diese Moschee geschlossen. Erst als dieses Gebetshaus unter die Kontrolle der zentraltürkischen Moschee in der Nähe des Hauptbahnhofes kam, öffnete sie wieder ihre Türen. Jetzt, so erzählte der Pakistani, müsse in der El-Iman-Moschee alles genehmigt werden, bevor etwas veröffentlicht wird. Ich fragte ihn, was er damit meine, und er erklärte, dass sämtliche Gebete, Vorträge und Veranstaltungen die vorherige Genehmigung der zentraltürkischen Moschee benötigten. Dennoch sei die Gefahr groß, dass dieses Gebetshaus erneut von den Behörden geschlossen werden würde.

Dawah, die missionarische Überzeugungsarbeit

Einige Tage später besuche ich die El-Iman-Moschee erneut und treffe dort Umer wieder, den bereits erwähnten Bosnier. Wir schließen schnell Freundschaft und er fragt mich, ob ich mehr über den Islam erfahren möchte. »Über den wahren Weg des Islam«, wie er es ausdrückte. Langsam konnte ich diese Floskel nicht mehr hören. Er sagte mir, er wolle ein Dawah an mir durchführen. Dabei handelt es sich um ein Gespräch, um gläubige Muslime zum Salafismus zu bringen. Man unterhält sich über den Islam und versucht, die sogenannten »wahren Werte« dieser Religion zu vermitteln. Eine missionarische Aktivität, bzw. eine Form der neuen Bekehrung von bereits gläubigen Muslimen, wenn man so will. Da ich selbst keinen langen Bart trage, sehen die meisten Salafisten in mir ohnehin einen ungläubigen Muslim. Und diesmal fühlte sich einer von ihnen berufen, mir die Augen zu öffnen. Selbstverständlich willigte ich ein, denn so ergab sich für mich die Chance, einen mutmaßlichen Anwerber aus einer der radikalsten Moscheen in der Salafisten-Hochburg Hamburg bei der Arbeit zu erleben. Mich interessierte, wie er dabei vorging. Wenn ich Glück hätte, so sagte ich mir, könnte ich durch ihn erleben, wie Muslime, Deutsche und Konvertiten normalerweise radikalisiert werden.

Umer ist um die 35 Jahre alt und erzählte mir, dass er ursprünglich Christ war, dann mit dem Islam in Kontakt gekommen war, schließlich in der tunesischen Moschee landete und seitdem die meiste Zeit dort verbringe. Leider konnte ich nicht mehr Details zu seiner Konvertierung herausfinden, sonst hätte ich mich vielleicht verraten. Denn obwohl wir sehr schnell Freundschaft geschlossen hatten, wurde er sichtlich misstrauisch, sobald ich zu viele Fragen stellte. Ich unterdrückte also meinen Wunsch, mehr über ihn herauszufinden, und willigte ein, ihn am nächsten Tag in seiner Wohnung zu treffen.

Er lud mich zum Abendessen ein. Das war das erste Mal, dass ich einen Salafisten in seiner Wohnung besuchte. Ein Gefühl, das mir nicht behagte. Mehr noch, an diesem Tag erinnerte ich mich an die Situation, als ich erstmals die tschetschenische Moschee in Graz betreten hatte und mich dort die Fundamentalisten misstrauisch beäugten und ich mir dachte, sie würden mich sofort als Journalisten erkennen und gleich mit Eisenstangen auf mich losstürmen.

Hier in Hamburg sollte ja nun auch noch ein Dawah bei mir durchgeführt werden, also eine Gehirnwäsche. Das hatte ich schon einmal erlebt, und zwar in Winterthur, aber auch daran habe ich wahrlich keine positiven Erinnerungen. Kurzum: Ich hatte keine Ahnung, was mich erwartete, und das machte mich nervös.

Um 18 Uhr klingelte ich und Umer öffnete die Tür. Ich betrat die kleine Wohnung und wir gingen in das Wohnzimmer. Über einem kleinen LCD-Fernseher hing das Bild des indischen Taj Mahal in intensiven Rot- und Orangetönen, davor befand sich ein schwarz-weißer Teppich. Kein typischer Gebetsteppich, sondern eher etwas, wie man es bei IKEA findet. Zwei weitere Personen kamen kurz darauf in die Wohnung, für einen kurzen Moment schnitt es mir durch den Magen. Einen Augenblick lang dachte ich, sie hätten mich enttarnt, doch meine Sorgen waren unbegründet. Nach einer freundlichen Begrüßung begannen wir sofort mit einem gemeinsamen Gebet.

Umer erzählte mir von einem Prediger und spielte mir Passagen von seinen Predigten vor. Ich hörte ihn lediglich, sah jedoch kein Bild. Umer sagte mir, dass dieser Imam seit zehn Jahren hier in Deutschland predige, jedoch kein Video oder Foto von ihm existiere. Er erklärte mir, dass er und seine Helfer sehr darauf achteten, dass bei seinen Predigten keine Smartphones zum Einsatz kommen. »Wegen dem Verfassungsschutz«, ergänzte er noch.

Dieser Prediger sprach perfektes Deutsch. Es handelte sich um einen Mann mit arabischen und deutschen Wurzeln, wie ich erfuhr.

»Er hat auch eine Islamakademie in der Nähe von Frankfurt. Da können nur diejenigen hin, die schon einiges an Wissen besitzen. Hier in Deutschland gibt es niemanden, der mehr über den Islam weiß als er. Er hat sogar von mehreren Universitäten die Erlaubnis«, erzählte er mir.

Scheinbar gibt es sie also doch, die radikalen Prediger, die sich unter dem Radar der Behörden befinden. Jene, die peinlich genau darauf achten, dass keine Bilder oder Videos über sie existieren, die auch keine Internetpräsenzen haben. Ich hatte schon in der Vergangenheit bereits mehrfach über diese Untergrund-Prediger gehört, doch bislang kam ich an keinen von ihnen heran. Daher, so vermutete ich bislang, handelte es sich dabei doch wohl lediglich um wirre Hinterhofgeschichten ohne Wahrheitsgehalt. Doch nun hörte ich eine Stimme, die im Wesentlichen ähnliche Dinge erzählte wie Abul Baraa oder Pierre Vogel.

»Das ist ja toll, dann gehe ich dort hin und lerne an der Akademie. Kannst du mir eine Adresse geben?«, versuche ich diese Chance zu nutzen.

»Das ist nicht so easy. Du kannst dort nicht so einfach hingehen. Dafür musst du zuerst perfekt Arabisch sprechen und musst schon viel über den Islam wissen. So einfach geht das nicht.«

Ich verstand. Diese Salafisten warfen mir erst mal einen Brocken hin, damit ich mich mehr mit ihnen auseinandersetzte. Dieser Prediger sollte also meine Belohnung sein, wenn ich mich für den radikal-islamischen Weg entschließe. Eine ausgesprochen schlaue Taktik.

Anschließend zeigt er mir ein Video auf Youtube. Eigentlich hätte ich an dieser Stelle erwartet, dass mir Umer einige Textstellen aus dem Koran vorlegt und deren Bedeutung mit mir diskutiert, flankiert von seinen beiden Gefährten. So ähnlich eben, wie es mir in der Winterthurer Moschee ergangen war, doch weit gefehlt. Stattdessen lief der Vortrag eines jungen Predigers im Alter von etwa 28 Jahren, der exzellentes Deutsch sprach. Darin erzählte er von den Leiden, die der Prophet Mohammed ertragen hatte, von den vielen Wegen der Prüfung, die er erdulden musste. Das alles lief hochemotional ab, an manchen Stellen brach jener Prediger beinahe in Tränen aus. Ich fühlte mich stellenweise wie in einem falschen Film.

Etwas später brachte ich unser Gespräch auf Abul Baraa, erzählte den Männern, dass ich bei einem Vortrag von ihm hier in Hamburg gewesen sei und anschließend in der türkischen Moschee. Davon, dass ich von den beiden radikalen Moscheen in Harburg erfahren hatte und dass man in einer sogar ein Schwert gefunden habe. Sie rieten mir davon ab, diese Moscheen zu besuchen, da sie vom Verfassungsschutz überwacht würden.

»Dann bist du in deren Datenbank und sie haben dich im Visier. Außerdem sind dort überall Kameras, die dein Gesicht filmen«, sagte mir Umer.

In diesem Zusammenhang erzählte er mir auch, dass vor einiger Zeit eines Abends plötzlich sechs Personen vom Verfassungsschutz, flankiert von Polizisten des Sondereinsatzkommandos, vor seiner Wohnung auftauchten. So standen zehn Leute vor ihm und er ließ sie herein – eine andere Wahl war ihm auch nicht geblieben. Sie sagten ihm, er kenne viele gefährlichere Personen und vor denen wollten sie ihn warnen. Er fragte nach, um welche Leute es sich dabei handele, denn schließlich kenne er nicht nur 30 oder 40 Muslime, sondern 4000 Glaubensbrüder. Doch das sagten sie ihm nicht und gingen wieder.

Jetzt war die Zeit für meine Lieblingsfrage gekommen, wonach nur Muslime ins Paradies kämen und was denn mit den Deutschen wäre, die den Flüchtlingen so viel helfen?

»Stell dir vor«, begann Umer, »ich gebe dir jetzt 50 000 Euro. Was würdest du machen? Würdest du mir danken? Logisch, oder? Aber wenn ich dir jetzt 2 Millionen Euro geben würde, würdest du mir deine beiden Augen geben?«

Ich verneinte.

»Was ist mit demjenigen, der dir Augen, Herz, Gesundheit gegeben hat? Verdient der nicht, dass du ihm dienst?«

»Natürlich«, sagte ich.

»Wie ist es mit den Deutschen? Dienen sie Allah? Das ist ein ganz einfacher Punkt. Oder sagen sie, sie möchten Gott anbeten, so wie wir das wollen? Wenn du einer Freundin ein Geschenk kaufen möchtest, kaufst du ihr dann ein Geschenk, das dir gefällt, oder eines, das sie möchte?«

»Ich kaufe das, was sie mag.«

»Siehst du«, sagte Umer, »deshalb soll man Allah so anbeten, wie er es sagt, und nicht so, wie du es sagst. Das gilt auch für die Deutschen: Sie dienen nicht Allah. Die Leute hier, die gesellen sich ihm bei, doch was sie machen, tun sie für sich selbst. Und letztendlich hat dieses Land alle diese Flüchtlinge bombardiert. Am Ende ist es ganz einfach.«

Umer erklärte dann noch, dass die Christen drei Götter anbeten würden, nämlich Gott, Jesus und den Heiligen Geist. Und er betonte zudem, dass von Allah keine anderen Religionen – außer dem Islam – akzeptiert würden. Daher haben diese Menschen auch keinen Platz im Paradies. Ich kann mir gut vorstellen, wie derartige Vergleiche Nicht-Muslime verwirren können. Vermutlich werden genau diese Verdrehungen auch bei anderen Anwerbungen angewendet.

Ich fragte Umer dann noch, wie es sich mit den 73 Gruppierungen innerhalb des Islam verhalte. Ob diese Menschen alle ins Paradies kämen, da es sich bei ihnen ja um Muslime handelte. Und auch hier zeigte sich sein radikales Gedankengut, denn für ihn war klar, dass nur eine einzige Gruppierung als wahrhaftig gläubig anzusehen ist, während alle anderen – wohlgemerkt: gläubige Muslime, aber eben keine Salafisten – als Kafir betrachtet werden müssen. Im Umkehrschluss bedeutet das nichts anderes, als dass für einen Salafisten ein gemäßigter Muslim ebenfalls ein Kafir ist, ein Ungläubiger, der einen Platz in der Hölle verdient.

Dann dozierte er darüber, dass in der Stunde des Todes – wenn man als Kafir den Engel des Todes sieht, der einem die verblendete Seele entreißt –, man alles dafür tun würde, um sich dem wahren Islam zuzuwenden.

»Ich sage dir«, so führte Umer – jetzt in Hochform – weiter aus, »du würdest alles dafür geben, nur damit du das nicht siehst, und das ist gar nichts. Allein ihm, dem Engel des Todes, zuzusehen, was er mit einem verstorbenen Kafir tut oder mit einem Moslem, der gar kein Moslem gewesen war: Der Engel bringt ihn zuerst in den Himmel und schlägt ihn mit einem Eisenhammer auf den Boden, immer wieder. Wenn wir Menschen hier auf der Erde die Schreie der Gestorbenen hören könnten, unsere Herzen würden explodieren. Wir würden für immer taub und blind bleiben vor Angst.

Und danach beginnt erst die richtige Strafe. In sein Gehirn wird kochendes Wasser gefüllt, das 70 Mal heißer ist als Lava. Und dann wird eine glühend heiße Kette in den Mund geschoben, bis sie unten wieder herauskommt. Damit verbrennt er dir die Haut. Immer wieder, denn dir wächst jedes Mal eine neue Haut nach. Ein Tag im Jenseits entspricht 50 000 Jahren auf Erden.«

Tja, diese Aussichten waren ja alles andere als rosig. Mir taten die vielen Kafir richtiggehend leid, die vom Engel des Todes bislang dermaßen malträtiert worden waren. Vor allem, wenn man bedenkt, dass diese Tortur sich ja noch im Himmel abspielt, wie muss es dann erst in der Hölle sein? Ich behielt diese Gedanken für mich, tat so, als wäre ich über alle Maßen schockiert und bemühte mich gleichzeitig, keinen Lachanfall zu bekommen.

»Aber es ist sehr schwierig, den richtigen Weg zu finden, weißt du, was ich meine?«, sagte ich und war froh, endlich die richtigen Worte zu finden.

Umer nickte verständnisvoll. »Ja, aber es gibt nur einen richtigen Weg, und das ist die Mitte, so sagt Allah. Und diese Sekten (er meint die restlichen 72 Gruppierungen im Islam), die es gibt, die reden nur über eine Sache. Darüber, ob Allah spricht, ob er Augen oder ob er einen Kopf hat. Nur über Teile sprechen sie. (Er spricht damit die Vermenschlichung Allahs an). Sie reden nur über das Kalifat. Aber bevor man sich mit diesen Gruppierungen beschäftigt, sollte man sich erst einmal mit der richtigen Sache beschäftigen, weil sonst gerät man schnell auf Abwege.«

So ging es einige Zeit hin und her. Schließlich sagte er mir, dass die meisten Moscheen hier in Hamburg nichts unternehmen würden, um die Menschen zum Islam zu konvertieren. Er prangerte die vielen Moscheen rund um den Hauptbahnhof an – dort allein gibt es etwa 15 Gebetshäuser, aber inoffiziell sind es über 20, wie ich herausfand –, die sich lediglich passiv verhielten und die keine Gebete auf Deutsch hielten.

»Ich verstehe diese ganzen Ängste vor dem Verfassungsschutz nicht«, fährt Umer fort, »wenn ich weiß, ich mache nichts falsch, dann kann ich ja auch auf Deutsch predigen. Ich bin schon 30 Jahre hier und rede mit den Deutschen. Mir ist das egal. Das ist übrigens das Gute bei Abdul Baraa. Er spricht deutsch, so wie es sein soll. Er hat keine Angst.«

Es war inzwischen spät geworden und er zeigte mir nun Videos von Pierre Vogel und Abul Baraa, pries deren weise Worte in den höchsten Tönen. Darin bestand also der zweite Schritt der Dawah: via Fernseher über Youtube.

Schließlich kam noch ein weiterer, dritter Mann zu uns, ein Serbe. Dazu sollte man wissen, dass Serben und Bosnier sich etwa so sympathisch sind wie ein Inder und ein Pakistani – nämlich gar nicht. Das ist wie Feuer und Wasser. Da jedoch beide Männer Salafisten waren, kamen sie gut miteinander aus. Möchte man also dem Salafismus unbedingt einen positiven Aspekt abringen, dann ist es vielleicht dieser, dass er dafür sorgt, sämtliche Kulturen miteinander zu vereinen, auch jene Nationalitäten, die sich normalerweise aus dem Weg gehen.

Gemeinsam sahen wir uns dann verschiedene Propagandavideos in deutscher Sprache an. Etwa zwei Stunden lang flimmerten Ausschnitte von Vorträgen und Predigten bekannter Salafistenprediger über den Fernseher, das kam tatsächlich einer Gehirnwäsche sehr nahe. Gleichzeitig empfand ich rückblickend meine damalige Konfrontation mit den zwei Männern in der Winterthurer »Al-Nur-Moschee« sogar als noch gefährlicher. Damals verwickelten sie mich in ein Gespräch und verdrehten meine Worte so geschickt, dass ich selbst bald nicht mehr wusste, was ich glauben sollte. Hier in Hamburg war es anders. Ich wurde nicht in diese Art Kreuzverhör genommen, wie es in der Schweiz stattgefunden hatte. Stattdessen setzte mich Umer einer mehrstündigen Dauerbeschallung durch islamischen Stumpfsinn aus. Zwischendurch ging er auf meine Fragen ein, wodurch er aber mit seinen Antworten nur noch mehr Stumpfsinn über mich ergoss.

Ich denke, diese Form der Dawah eignet sich vielleicht gut, um Jugendliche zu bekehren, denn bei »Bekehrungen« der Art, wie ich sie in Winterthur erlebt hatte, würden die meisten jungen Menschen schnell abschalten. Ich fragte ihn nebenbei, ob er die Art und Weise, diese Dawah durchzuführen, selbst erarbeitet habe oder ob er sich dafür irgendwo Anregungen holte. Seine Antwort kam zögerlich und sein Blick wich mir aus. Er meinte, dass er sich das meiste selbst zusammenstellte und dann einen Imam fragte, der ihm ein paar Tipps gab. Doch dann wechselte er schnell das Thema, als ich nach dem Namen des Geistlichen fragte. In diesem Fall log er wie gedruckt, davon bin ich überzeugt. Vielmehr denke ich, dass Umer ganz gezielt als Anwerber arbeitet und dass dahinter ein System steckt. Soweit mir bekannt ist, existiert in Deutschland eine gut organisierte Salafisten-Szene, in der nur wenig dem Zufall überlassen wird. Für mich ist Umer der nächste Abul Baraa, nur diesmal in Hamburg. So stark schätze ich seine Wirkung auf die Menschen hier ein. Vielleicht ist er noch kein so begnadeter Prediger wie Abul Baraa, doch daran wird er mit Sicherheit noch arbeiten. Ihn treibt sein extremer Glaube an, und wie ich feststellen konnte, scharen sich bereits jetzt etliche Muslime um ihn, wozu auch sein großes Netzwerk von etwa 4000 Personen zählt, das stetig anwächst. Ich bin sicher, dass ich von ihm noch einiges hören werde.

Er erzählte mir und dem Serben dann noch von einer Situation mit seiner Tochter. Seine Frau arbeitete in einem Supermarkt und eines Tages nahm sie dorthin auch die gemeinsame Tochter mit. Diese saß auf einer Bank und wartete, als ein Mann zu ihr kam und ihr sagte, sie solle ein Stück rutschen, damit er sich auch hinsetzen könne. Dabei habe er den Oberschenkel des Kindes berührt. Umer meinte, dieser Vorfall habe sich erst vor wenigen Wochen ereignet, und als er davon hörte, hätte er dem Typen am liebsten den Kopf abgeschnitten. Während er seine Geschichte erzählte, sprang er auf und lief im Wohnzimmer herum. Dann beruhigte er sich wieder, setzte sich zurück auf den Boden und dachte einen Moment lang nach.

Schließlich sagte er: »Wir brauchen starke Männer, körperlich und auch mental, um den Islam zu stärken. Dieses Blutvergießen ist zwar nicht schön, aber doch wichtig, damit nur das Gute, nur das Reine bleibt.«

Im Hintergrund lief derweil ein Video mit Pierre Vogel, der von der Ladefläche eines LKW herab zu den vielen Besuchern einer

Kundgebung sprach. Er sagte, dass die USA kurz nach den Anschlägen auf das World Trade Center und auf das Pentagon für eine gewisse Zeit ihren Status als Weltmacht verloren hätten.

Ich denke nicht, dass es uns – der gemäßigten Gesellschaft – gelingen wird, einen derartigen Extremismus und Fundamentalismus, wieder in normale Bahnen zu lenken. Als Umer sagte, dass Blutvergießen zwar nicht schön sei, aber letztlich einer höheren Sache diene, und nachdem ich beinahe gleichzeitig diesen Star der deutschen Salafisten-Szene auf Youtube hören musste, wurde mir klar, dass wir alles unternehmen müssen, um die Menschen darüber aufzuklären, wie gefährlich religiöser Extremismus ist. Darunter fällt nicht allein der Salafismus, vielmehr sind dazu auch sämtliche religiöse Randgruppen zu zählen, die radikale Ansichten vertreten. Leider ist es zur Zeit vor allem der radikal-islamische Extremismus, der uns alle so sehr beschäftigt.

Irgendwann waren wir mit den Videos endlich fertig und ich fragte Umer etwas zur Organisation des Salafismus.

»Gibt es unter Salafisten auch verschiedene Gruppierungen?«

Er antwortete: »Wir haben keine Namen. Ich nenne mich auch nicht Salafist. Ich bin einfach Moslem. Die anderen geben uns Namen, damit sie uns einordnen können. Die dürfen uns aber eigentlich nicht so betiteln. Ich bin Moslem. Das reicht. Wir sind hier auf dieser Erde, damit wir Allah dienen, weil wir das Gute erlauben und das Schlechte verbieten. Die Kafir haben uns gespalten, damit sie die eine Gruppe, die richtig ist, bekämpfen kann.

Das Problem ist, dass die Leute viel zu viel in die eigentliche Religion reininterpretieren, Dinge, die der Prophet nie gesagt hat. Wir müssen darauf hören, was uns der Prophet mitteilt.

Und wenn jemand einen Bart hat, ist der direkt ein Salafist. So ist ja die allgemeine Meinung, oder etwa nicht? Weißt du, es gibt ja auch Personen, die sind Kafir und die haben auch einen Bart. Warum sind die dann nicht automatisch auch Salafisten? Aber sobald du Moslem bist und einen Bart hast, ist das ein Problem.«

An dieser Stelle muss ich erwähnen, dass es bei Salafisten zwei unterschiedlich geprägte Ausrichtungen gibt. Klar ist, diese Muslime leben allesamt eine fundamentalistische Ausrichtung ihrer Religion, vielleicht sogar vergleichbar mit den christlichen Amischen (den Amish-People, wie sie in den USA genannt werden). Eine Gruppe der Salafisten lebt den Islam nach außen hin gemäßigt, die andere, zweite Gruppe ist hingegen jene, die uns zu Recht ängstigt und die wir immer wieder in den Medien antreffen. Das sind jene, die alle nicht-fundamentalistischen Muslime regelrecht als Ungläubige verteufeln. Trotzdem ist es wichtig, daran zu denken, Salafist ist nicht gleich Salafist.

Doch kommen wir zurück zu Umers Aussage hinsichtlich der Unterscheidung zwischen bärtigen Ungläubigen und bärtigen Muslimen: Ja, theoretisch könnte eine grundsätzliche Vorverurteilung stattfinden, keine Frage. Selbstverständlich ist der lange Bart für einen Muslim ein Ausdruck von hoher religiöser Identifikation, wobei natürlich ein Bart alleine keinen Salafisten macht. Doch in Kombination mit weiteren äußeren Attributen wie der traditionellen Kleidung und der religiösen Kopfbedeckung ist dies zumindest ein deutliches Indiz für eine bestimmte Geisteshaltung. Vielleicht lässt sich das an dieser Stelle mit dem äußeren Erscheinungsbild rechtsradikaler Gruppierungen vergleichen: Nicht jeder Mensch, der schwarze Springerstiefel trägt, ist deshalb automatisch der rechten Szene zuzuordnen. Wenn jedoch auch entsprechende Jeans, Bomberjacke und der kahlrasierte Schädel hinzukommen, dürfte die Wahrscheinlichkeit hoch sein, einem Neonazi oder zumindest Hooligan gegenüberzustehen. Ähnlich verhält es sich auch mit Muslimen und der Art und Weise, wie sie ihr äußeres Erscheinungsbild wählen. Ganz eindeutig, wessen Geistes Kind sie sind, wird es jedoch dann, wenn man sich mit diesen Menschen unterhält, denn insbesondere radikales Gedankengut lässt sich nicht so einfach maskieren.

Plötzlich brandete sogar ein Streit in einer Glaubensfrage zwischen den beiden Männern auf, die sich gleichzeitig mit mir noch in Umers Wohnung aufhielten. Es war für mich besonders interessant zu sehen, wie diese beiden mit unterschiedlichen Ansichten umgingen, zumal es sich bei beiden um Salafisten handelt.

Das Thema, um das sich ihr Disput drehte, war die Frage, ob alle Propheten fehlerfrei waren, bevor sie, als gewöhnliche Menschen, zum Islam übertraten. Eine Frage, die besonders im Hinblick auf Mohammed interessant ist. Der Serbe behauptete, im Koran gäbe es zwei Ayat (Verse), in denen der Prophet Mohammed jeweils verwarnt wurde. Es ging darum, dass der Prophet etwas verboten hatte, das doch von Allah erlaubt (also halal) worden war.

Sie überlegten, warum der Prophet sich so verhielt, welche Beweggründe es für sein Verhalten möglicherweise gab. Bei dieser Geschichte ging es darum, dass der Prophet einem Bettler nicht zuhörte und beide – Umer und der Serbe – diskutierten nun über die Logik dieses Verhaltens.

Die Diskussion drehte sich dann um die Frage, ob der Prophet vielleicht einen Fehler begangen hatte oder ob es sich womöglich nur um eine kleinere Verfehlung gehandelt habe. Wie groß und wie verwerflich war also die Ursache gewesen, die zu jener Ermahnung Mohammeds geführt hatte? Dieser Punkt war für beide Männer ungemein wichtig, denn schließlich richten sie ihr Leben nach Gott aus und dabei ist es nicht unerheblich, ob in diesem Fall ein Fehler begangen wurde oder ob es sich nur um eine Verfehlung handelte, der Mohammed sich als normaler Mensch, also bevor er Prophet wurde, schuldig gemacht hatte. Vielleicht traf aber auch keines von beidem zu.

Diese Auseinandersetzung zwischen den beiden verlief sehr hartnäckig und insbesondere Umer regte sich total darüber auf. Sein Gesicht lief phasenweise purpurrot an. Dafür gab es zwei Gründe: Erstens konnte er sich einfach nicht vorstellen, dass Mohammed – bevor er zum Propheten wurde – einen Fehler beging. Für mich selbst ist es ganz normal, dass wir Menschen Fehler machen, doch für Umer passte diese Vorstellung einfach nicht in sein Weltbild, er konnte damit nicht umgehen.

Zweitens erfuhr ich später, dass der Serbe neu in der Salafisten-Szene war. Umer dagegen ist in dieser Szene eine wichtige Person, und er konnte bei einem solchen Grünschnabel einfach nicht akzeptieren, dass dieser vielleicht sogar besser Bescheid wusste als er selbst.

Letztlich blieb dieser kurze Disput ergebnislos. Wir aßen zusammen etwas und führten anschließend noch das Abendgebet durch. Insgesamt verbrachte ich sechs Stunden bei Umer und lernte dort einiges über den Koran. Besser gesagt, ich lernte etwas über die Interpretation des Korans durch einen Salafisten. Nach diesem ersten Erlebnis in seiner Wohnung konnte ich mir gut vorstellen, wie jemand auf diese Weise radikalisiert wurde. Zum einen sorgte dafür die stundenlange Dauerbeschallung, ebenso aber auch die exzellente Gastfreundschaft und die äußerst angenehme Atmospäre. So versorgte mich Umer die ganze Zeit über mit Tee und gutem Essen und verhielt sich mir gegenüber stets freundlich, gleichgültig, welche Frage ich stellte. Gleichzeitig machte diese Form der Dawah zwar wenig Eindruck auf mich, doch ich kann mir gut vorstellen, dass diese Überzeugungsarbeit bei Jugendlichen nachhaltige Spuren hinterlässt. Auch hier lässt sich wieder feststellen: Diese Anwerber präsentieren sich in der Regel nicht als entrückte Hetzer, die irgendwelche absurden Parolen schmettern (wenn wir die Sache mit dem Engel des Todes und seiner Kette hier mal unbeachtet lassen), sondern sie verhalten sich dem suchenden Muslim, dem Neuen gegenüber sehr freundlich, verständnisvoll und vor allem ausgesprochen zugewandt. Zwischen den Zeilen vermitteln sie stets die Botschaft: »Wir sind für dich da, und wir geben dir die Gemeinschaft, nach der du suchst.« Diese Überzeugungsarbeit führen sie in nahezu perfekter Weise durch. Genau deshalb schaffen die Salafisten es auch, eine ganz bestimmte Gruppe Jugendlicher (die ich schon an anderer Stelle beschrieb) von ihrer Ideologie zu überzeugen und zu konvertieren.

Bevor ich ging, lud mich Umer noch zu einem Vortrag eines Mullahs – unter diesem Begriff wird ein verdienter Prediger verstanden, der jedoch keine anerkannte Ausbildung zum Imam besitzt – in dessen Privathaus ein. Die Strategie schien an dieser Stelle klar zu sein: Er wollte mich weiter in die Welt des Salafismus hineinziehen, was am besten über permanente Berieselung mit radikalem Gedankengut gelingen würde, und zwar über sämtliche Kanäle. Umer ließ mich wissen, dass es sich bei diesem Besuch um eine besondere Ehre handelte. Schließlich dürfe an diesem Vortrag nicht jeder teilnehmen, anders als es bei einer Moschee der Fall ist, die grundsätzlich für jeden geöffnet ist. Es handelte sich somit um eine private Veranstaltung, und ich bekam ein VIP-Ticket. Ich konnte diesen Termin jedoch aus zeitlichen Gründen nicht wahrnehmen. Ich musste in eine andere Stadt, um auch dort tiefer in die Szene der radikalen Islamisten einzutauchen. Nach all meinen Reisen und Moscheebesuchen könnte ich im Grunde zu jeder radikal-islamischen Moschee ein kleines Buch schreiben, doch sehe ich den Sinn meiner Recherchen darin, die Strategie der Islamisten herausfinden und nicht, eine umfassende Beschreibung radikalisierter Gotteshäuser zu verfassen. Aus diesem Grund sagte ich den Termin bei dem Mullah ab, obwohl ich natürlich auch gerne erfahren hätte, welche Menschen diese Veranstaltung besuchten.

Die Moscheen am Hauptbahnhof

Die Al-Nour-Moschee in der Nähe des Hamburger Hauptbahnhofs ist dem Verfassungsschutz natürlich bekannt, und als Umer eines Abends vorschlug, dorthin zu gehen, um zu beten, sagte ich natürlich spontan zu.

An diesem Abend lernte ich dort einen syrischen Flüchtling kennen, der aus dem Bürgerkrieg nach Deutschland geflohen war und von Umer und seinen Leute zum Salafisten »bekehrt« werden sollte. Ihm konnte man die latente Gehirnwäsche zweifelsfrei ansehen, die der Bosnier an ihm durchführte. Schließlich war dieser etwa Mitte Zwanzigjährige sogar wieder bereit, in den Krieg nach Syrien zurückzukehren. Dieser Salafist ist in meinen Augen eine tickende Zeitbombe. Seine Ansichten gegenüber den Kafir, sein entschlossener Blick, all das beunruhigte mich sehr. Ich erfuhr, dass er seit 2015 in Deutschland lebte, sich jedoch inmitten all der Ungläubigen in diesem Land überhaupt nicht wohl fühlte. Er sagte mir, dass er sich deshalb darauf vorbereite, wieder in den Dschihad zu gehen. Ich fragte ihn, ob er den Dschihad in Syrien meine. Er dachte darüber einige Sekunden lang nach und bejahte schließlich meine Frage. In diesem Fall hoffe ich wirklich, nichts über ihn in irgendwelchen Zeitungen lesen zu müssen.

Danach besuchte ich monatelang in verschiedenen Abständen die Moscheen hinter dem Hauptbahnhof von Hamburg. Ich kenne keinen anderen Ort in Deutschland, wo sich so viele Gebetsstätten drängen wie hier. Einige dieser »Moscheen« werden illegal betrieben, häufig handelt es sich nur um einen kleinen Raum, in dem gebetet wird. Natürlich sind die meisten davon Vereine, manche davon sind im Vereinsregister eingetragen, andere wiederum laut meiner Recherchen nicht mal das. Dann entdeckte ich Vereine, die sich zwar offiziell aufgelöst hatten, jedoch unter der angegebenen Adresse nach wie vor existierten. Also ein Chaos durch und durch.

Hier eine kurze Aufstellung der Gebetshäuser hinter dem Hamburger Hauptbahnhof:

- Kurdistans islamische Gemeinde in Hamburg
- Pak Islami Majlis e.V. – Musalla Hamburg
- Der islamische Bund e.V. – Muhajirin Moschee
- Bangladesh islamisches Zentrum
- Merkez Genclik
- Islamischer Jugendbund e.V.
- Kurdischer Roter Halbmond
- Islamische Gemeinschaft Sbikun e.V.
- Vahdet Moschee
- Arabisch-Deutscher Kultur Verein e.V. – Alhuda Moschee
- Islamisch-Albanisches Kulturzentrum Hamburg e.V. (VR 10090),
  Kleiner Pulverteich 21, 20099 Hamburg
- Islami Tahrik e.V. (VR 13446),
  Kleiner Pulverteich 19, 20099 Hamburg
- Kulturverein der Maghariba e.V. (VR 20615),
  Ittenstraße 23, 22115 Hamburg
- Die Gemeinschaft des Olivenbaumzweiges e.V. –
  Masjid-al-Taqwah (VR 20684),
  Baererstraße 39, 21073 Hamburg

Bei den letztgenannten Vereinen gelang es mir, die Vereinssatzungen anzufordern. In allen anderen Fällen scheiterte ich entweder an den Behörden oder es existierte schlicht kein Eintrag im Vereinsregister. Wie bereits gesagt: Chaos von vorn bis hinten. Und hier handelt es sich lediglich um einen kurzen Auszug der Gebetshäuser in der Gegend um den Hauptbahnhof.

Als Erstes besuchte ich die »Al-Nour Moschee« (VR 15797), eine ehemalige Lagergarage, die Platz für mehrere hundert Gläubige bietet. Auch diese Moschee ist dem Verfassungsschutz nicht völlig unbekannt, zumal in der Vergangenheit – wie man mir erzählte – Mitglieder dieser Moschee bevorzugt Flüchtlinge aus Asylheimen für sich zu gewinnen versuchten. Mein Kontaktmann erzählte mir auch, dass in dieser Zeit – das war im Jahr 2016 – die Zahl der Gläubigen im Rahmen des Freitagsgebets von ungefähr 600 auf über zweitausend Personen anstieg. Und das regelmäßig.

Die Al-Nour-Moschee wurde in der Vergangenheit immer wieder mit dem Salafismus in Verbindung gebracht und galt über mehrere Jahre hinweg als radikal-islamische Moschee. Doch gleichzeitig muss man fairerweise auch feststellen, dass seit einiger Zeit alles unternommen wird, um dieses Gebetshaus als gemäßigte Moschee zu etablieren. Ein Besuch auf der Webseite[24] zeigt, wie offen sich diese Moschee präsentiert. Es finden Führungen für Schulklassen statt, ebenso wie Veranstaltungen, die für jedermann zugänglich sind. Es existiert außerdem ein Impressum, das den Verein »Islamisches Zentrum Al-Nour e.V.« als Träger zeigt, und auch der Imam Samir El-Rajab wird auf der Homepage vorgestellt. Dann gibt es noch einige Informationen über den Bauplan einer »richtigen« Moschee, die als neues Gebetshaus dienen soll.

Mit dem Imam führte ich außerdem ein offizielles Interview, auch das ein Zeichen für eine grundsätzlich positive Entwicklung dieser Moschee, da normalerweise radikale Imame jegliche Zusammenarbeit mit den Medien verweigern. Wir unterhielten uns über die »Schura – Rat der islamischen Gemeinschaften in Hamburg«, eine Vereinigung von islamischen Gemeinden und Vereinen. Dabei handelt es sich um den Verein »SCHURA e.V. mit der Vereinsnummer »VR 16234«, Böckmannstraße 18 in 20099 Hamburg. Im Jahre 2012 schloss die SCHURA (gemeinsam mit dem DITIB-Landesverband Hamburg und dem Verband der islamischen Kulturzentren) und der Freien und Hansestadt Hamburg einen Staatsvertrag, in dem die Freiheit der Religionsausübung bekräftigt und bestätigt wurde. Kurzum: Dieser Vertrag bestätigt, dass sich die unterzeichnenden islamischen Vereine und Verbände zur Einhaltung der deutschen Gesetze verpflichten. Im Gegenzug garantiert die Stadt das Recht auf freie Religionsausübung.

Der Imam und ich sprachen aber auch darüber, welche Aktivitäten die Al-Nour-Moschee anbietet und welche Voraussetzungen ein Imam mitbringen muss, um hier predigen zu können.

Hier ist ein Ausschnitt aus dem Gespräch mit Samir El-Rajab:

HAQ: »Können Sie mir einige grundlegende Informationen über die Al-Nour-Moschee geben?«

SER: »Hallo und herzlich willkommen bei uns. Das islamische Zentrum Al-Nour-Moschee wurde im Jahre 1993 gegründet und als eingetragener Verein, »e.V.«, registriert. Die Al-Nour-Moschee ist mittlerweile eine in Hamburg etablierte Moschee, die mit dem deutschen Staat sehr gut kooperiert. Es findet ein regelmäßiger Austausch statt.

Die Moschee ist auch Mitglied der »Schura – Rat der islamischen Gemeinschaften in Hamburg« und versucht, sich für die Interessen der Muslime einzusetzen. Unser Vorstandsvorsitzender Daniel Abdin ist auch gleichzeitig der Vorstandsvorsitzende der Schura, der auch die Ehre erhielt, den Staatsvertrag zwischen der Stadt Hamburg und der Schura zu unterzeichnen. Dies ist ein Meilenstein, den wir gemeinsam erreicht haben.«

HAQ: »Was ist das Ziel der Schura?«

SER: »Die Schura ist ein Zusammenschluss vieler islamischer Gemeinden in Hamburg. Wir vertreten in erster Linie die Interessen der Muslime. Auch veranstalten wir meistens gemeinsame Aktivitäten oder Feste. Auch sprechen wir Probleme an, und dabei darf jeder seine eigene Meinung kundtun. Es ist quasi ein Zusammenschluss, mit dem wir gemeinsam und einheitlich agieren wollen, um den Islam zu schützen.«[2]

HAQ: »Was für Aktivitäten bieten Sie für ihre Moscheebesucher oder allgemein für Interessierte an?«

SER: »Zunächst einmal bieten wir jedem, der Interesse hat, immer die Möglichkeit, ein Gespräch mit uns zu führen. Wir haben mehrere Kontaktdaten, über die wir erreichbar sind, oder man besucht uns einfach in die Moschee. Generell bieten wir zahlreiche Aktivitäten an: die islamische Eheschließung, Seelsorge bei Todesfällen, Veranstaltung an den Bayram-Festen für Kinder und Familien, Islam- und Arabischunterricht für Kinder, Islamunterricht für Jugendliche und Erwachsene in deutscher und arabischer Sprache und zu guter Letzt den Koranunterricht für alle.

Zusätzlich bieten wir für Schulen, Universitäten und Behörden Rundgänge und Moscheeführungen an. Außerdem gibt es auch den Tag der offenen Tür. Bei all diesen Moscheeführungen darf jede Frage gestellt werden, die wir entsprechend beantworten, und wir versuchen keine Fragen offen zu lassen. Generell achten wir sehr darauf, dass wir gegen die schleichende Radikalisierung arbeiten, und wir wollen den Muslimen dieses Bewusstsein für die damit einhergehende Gefahr mitgeben. Vor allem wir als Al-Nour-Moschee können dafür einiges bewirken. Wir wissen sehr wohl, welche Verantwortung wir als Moschee hier auf dem Steindamm haben.«

HAQ: »Welche Voraussetzungen muss der Imam mitbringen und wie wird er finanziert?«

SER: »Der Imam muss eine islamische Ausbildung bzw. ein Studium absolviert haben. Hierbei geht es darum, dass der Imam inhaltlich ein umfassendes Wissen benötigt, um dieser Position gerecht zu werden. Denn die Position des Imams bedeutet, eine große Aufgabe zu bewerkstelligen. Allgemein wird der Imam im Islam hoch angesehen, weshalb ein sensibler Umgang in dieser Position erwartet wird. Ich selber habe ein Islamstudium an der Az-Zahar Universität in Beirut absolviert und erfülle daher die Voraussetzungen. Der Imam wird durch die Spenden der Moschee finanziert.«

HAQ: »Wie finanziert sich die Moschee?«

SER: »Die Moschee finanziert sich hauptsächlich durch Spenden, zu denen wir immer aufrufen. Auch durch die Mitgliederbeiträge finanzieren wir uns. Die meisten Personen im Vorstand arbeiten zudem ehrenamtlich und verdienen ihr Geld durch eine andere Arbeit. Sie sehen diese Tätigkeit als eine ehrenvolle Arbeit an, mit dem Ziel, den Menschen zu helfen. Die Moschee ist ein Ort, wo jeder Mensch akzeptiert wird und wir jedem, der Hilfe benötigt, helfen.

Es kamen bei der Flüchtlingswelle auch viele Flüchtlinge zu uns, um ein Dach über den Kopf zu bekommen oder wenigstens nachts einen Schlafplatz zu haben. Dabei haben wir sogar christliche Araber, die geflüchtet sind, aufgenommen und sie versorgt, so gut wir konnten.«

HAQ: »Wie ist das Verhältnis zu den Flüchtlingen?«

SER: »Nun ja, viele Flüchtlinge besuchen vor allem unsere Moschee, da wir in erster Linie arabisch sprechen. Wir versuchen den Flüchtlingen zu helfen, aber auch unsere Kapazitäten und Ressourcen sind leider begrenzt. Sie sollen diese Moschee als ihr Zuhause empfinden und so auch mit der Moschee umgehen. Gleichzeitig machen wir ihnen klar, dass es unabhängig von der Moschee viele Angebote gibt, in diesem Land zurechtzukommen.«

HAQ: »Sie haben ein Gebäude für eine neue Moschee gekauft. Können Sie mir etwas darüber berichten?«

SER: »Wir haben im November 2012 die ehemalige Kapernaum-Kirche gekauft, weil wir einen neuen Standort für unsere Moschee benötigen. Momentan halten wir uns in einer Tiefgarage auf und denken, es ist nun an der Zeit für eine größere Veränderung. Zwar verbinden wir mit der Tiefgarage eine schöne Geschichte und den Anfang einer großen Sache, doch vertreten wir mittlerweile eine sehr große Gemeinschaft, für die wir es geeigneter finden, einen schöneren Standort anzubieten. 2014 begannen die Umbauarbeiten, sie dauern bis heute noch an. Wir hoffen, dass wir Ende 2018 endlich dorthin umziehen dürfen.«

HAQ: »Was erhoffen Sie sich von der neuen Moschee?«

SER: »Wir hoffen, den Menschen, die gerne unsere Moschee besuchen, einen gerechten Standort anbieten zu können. Auch dass mehr Menschen auf unsere Moschee aufmerksam werden. Und wir wollen für die Gesellschaft etwas Positives leisten. Mit dieser Moschee ist es uns möglich, vieles zu erreichen. Wir können unseren Beitrag für die Integration der Muslime in dieser Gesellschaft leisten und sind kooperativ mit jedem, der mit uns arbeiten möchte. Über schön sachliche und produktive Gespräche würden wir uns sehr freuen.«

So weit das Gespräch mit Imam Samir El-Rajab.

Zur Al-Nour-Moschee ist dennoch anzumerken, dass es auch bei ihr – obwohl sie sich inzwischen grundsätzlich auf einem guten Weg befindet – immer noch einige Kritikpunkte anzumerken gibt. So gibt es dort zum Beispiel Islamunterricht für Kinder, der vorzugsweise von tschetschenischen Salafisten durchgeführt wird. Ich sah selbst, wie die Kinder, teilweise stark verängstigt, diesem Unterricht beiwohnten, weil diese Männer mitunter sehr hart zur Sache gingen. »Hart« im Sinne des Inhalts (es wurde zum Teil ein radikaler Islam vermittelt) und auch im Sinne des Umganges mit den Kindern.

So sah ich beispielsweise einen etwa 8-jährigen Jungen, der auf dem Boden saß und von drei tschetschenischen Imamen flankiert wurde, während er den Koran lesen musste. Er wirkte total eingeschüchtert, vor allem sicherlich auch deswegen, weil ihn die Männer sofort maßregelten, wenn er einen Fehler machte.

Auch in den Gruppen lief nicht alles positiv ab. So wird der Unterricht auf Tschetschenisch geführt, während ein anderer die Worte des Imams übersetzt. Teilweise finden sich darunter extrem salafistische Auslegungen des Korans und ich konnte leicht verfolgen, wie diese Aussagen die Kinder verunsicherten.

Vor allem aber kritisiere ich hier, dass augenscheinlich niemand diese Imame kontrolliert. Ich konnte nicht herausfinden – trotz intensiver Recherchen –, mit welchem Vorstandsmitglied sich diese Imame über die Unterrichtsinhalte abstimmen. Auch sah ich kein einziges Mal ein Mitglied aus dem Vorstand bei diesen Unterrichtseinheiten, weder auf der Seite der Jungs noch auf der Seite der Mädchen (der Unterricht findet auch hier nach Geschlechtern getrennt statt). So können diese Imame schalten und walten, wie sie wollen, und letztlich weiß niemand, was den Kindern vermittelt wird.

Leider bleibt die Al-Nour-Moschee hinter dem Bahnhof die – tendenziell – positive Ausnahme, denn unter den afrikanischen, bengalischen, afghanischen, indonesischen und mehreren pakistanischen Moscheen ist viel Wildwuchs zu beobachten. Dazu zählt vor allem der extreme Drogenhandel, der in diesen Gebetshäusern (und davor) gang und gäbe ist. Es wird teilweise ganz offen gedealt, doch niemanden scheint das zu stören. Ein Vorstandsmitglied einer dieser Moscheen erzählte mir, dass ein anderes Vorstandsmitglied Spendengelder in Höhe von 30 000 Euro mitnahm und auf Nimmerwiedersehen verschwand. In einer anderen Moschee soll der Imam mehrere Kinder belästigt haben. In vielen dieser Vereinshäusern halten sich illegale Flüchtlinge auf, schlafen und wohnen dort. In einem Fall gibt es eine Dachterrasse mit Betten, hier halten sich einige Illegale auf. Das fiel mir insbesondere in einer der pakistanischen Moscheen auf. Auch hier vermeide ich es, Namen zu nennen, da ich meine Aufgabe darin sehe, auf diese Missstände aufmerksam zu machen, jedoch nicht, diese Personen ans Messer zu liefern. Denn andernfalls würde mit mir künftig niemand mehr sprechen wollen, und ich könnte Recherchen dieser Art nicht mehr durchführen.

Es gibt in diesen Moscheen zudem die Möglichkeit, mit Schleuserbanden Kontakt aufzunehmen, die für einen entsprechenden Geldbetrag gefälschte Pässe anbieten. Auf diese Weise könnten etwa Dschihadisten von Deutschland illegal in die Türkei oder nach Syrien gelangen.

Ob die Imame oder die Vorstände davon wissen oder nicht, das ist eine andere Frage. Ich vermute zumindest, dass die Imame (oder die Prediger, denn häufig predigen in diesen Moscheen keine ausgebildeten Imame) und der jeweilige Vorstand zumindest teilweise darüber Bescheid wissen, denn sonst ließen sich derartige illegale Geschäfte nicht in dieser Form betreiben.

Ein paar Moscheen befinden sich zudem direkt am Straßenstrich, die Gläubigen teilen sich ihren Weg zum Gebetshaus mit den Prostituierten, die dort ihr Geld verdienen. Übrigens fand ich heraus, dass auch einige Mitglieder dieser Moscheen am Prostitutionsgeschäft mitverdienten. Außerdem erlebte ich, dass einige Mitglieder eifrig die vielen dortigen Casinos besuchten. Dabei sind für einen gläubigen Muslim Prostitution, Zuhälterei und auch das Glücksspiel ganz klar »haram«. Insgesamt gibt es hinter dem Bahnhof so viel Kriminalität, wie ich sie noch nie in so konzentrierter Form gesehen habe, zumindest nicht in Kombination mit etwa 20 Moscheen, die sich dort sprichwörtlich drängen.

Insgesamt stellte ich in Hamburg fest, dass die dortige Salafistenszene – ähnlich wie in Berlin – jedenfalls bei oberflächlicher Betrachtung vom Verfassungsschutz unter Kontrolle gehalten wird. Dringt man jedoch tiefer ein und lässt dabei die augenscheinlichen Erfolge – wie die Schließung von Moscheen, die Kontrolle und Überwachung von bekannten Salafisten und das Verbot von Kundgebungen – einmal beiseite, so kommt einiges zutage. Die radikalislamischen Gruppierungen haben sich auch hier neu organisiert. Sie agieren mehr im Untergrund, und sie konzentrieren sich nun stärker auf junge Deutsche mit Migrationshintergrund sowie auf Flüchtlinge, die sie über das Internet ansprechen und mit auf ihr Weltbild angepassten Vorträgen einlullen. Die deutschen Behörden gehen auch in dieser Stadt viel zu naiv vor und unterschätzen die tatsächlichen Gefahren, die von den Salafisten ausgehen. Oder sie halten sich absichtlich zurück.

So erzählte mir ein Salafist, dass er von einem Mann des Verfassungsschutzes angesprochen worden war, ob er nicht Hasspredigten halten wolle. Er begründete diese Anfrage damit, dass der deutsche Staat – angeblich – von den USA (und anderen Ländern) finanzielle Unterstützung zur Bekämpfung des Terrorismus bekäme. Davon sollte er (der Salafist) ebenfalls ein Stück abbekommen, falls er bereit wäre, hier mitzuspielen. Ob diese Geschichte stimmt oder nicht, meine Kontaktperson meinte es jedenfalls vollkommen ernst.

Ungeachtet dessen, ob der Verfassungsschutz vereinzelt mit Islamisten irgendwelche Deals eingeht, handelt es sich bei diesen radikalen Islamisten nicht lediglich um ein paar verklärte Fundamentalisten, die wirres Zeug verbreiten. Von einem solchen Bild können, ja müssen wir uns – leider – verabschieden. Diese Extremisten wissen sehr genau, was sie erreichen wollen, und sie setzen dabei sämtliche Möglichkeiten der Beeinflussung und der Indoktrination ein. Diesen Personen geht es darum, möglichst viele Nicht-Muslime zu konvertieren, sie zu radikalisieren, damit sie ihren Dschihad in die Welt hinaustragen. Gerade für Hamburg ist eine anwachsende, stärker werdende salafistische Szene zu beobachten. Hier müssen Politik und Behörden ausgesprochen wachsam bleiben.

Kapitel 9

Ein Resumeé

Nachdem ich im Laufe von zwei Jahren mehr als hundert Moscheen besucht habe, dabei unzählige Extremisten kennenlernte und tief in die inneren Strukturen der radikal-islamischen Szene eingetaucht bin, muss ich feststellen, dass neben den vielen gemäßigten muslimischen Gebetshäusern eine nicht zu vernachlässigende Zahl an radikal-islamischen Moscheen existiert, deren Aktivitäten nicht unterschätzt werden dürfen.

Diese Moscheen verbreiten radikales Gedankengut, sie rekrutieren teilweise gezielt Dschihadisten, die dann in den Krieg nach Syrien oder in andere Länder geschickt werden. Manche von ihnen kehren anschließend wieder nach Deutschland zurück, ohne dass wir wissen, welche Ziele sie verfolgen oder welche Aufgaben ihnen aufgetragen wurden.

Insgesamt lässt sich beobachten, dass radikal-islamisches Gedankengut primär über das Internet verbreitet wird, und auf diesem Weg erreicht es auch seine wichtigste Zielgruppe: Die bekannten Hassprediger scharen teilweise zigtausende Anhänger um sich, und zwar in virtuellen Räumen wie denen von Facebook, Youtube oder anderen sozialen Diensten, wie beispielsweise WhatsApp. Der Messengerdienst »Telegram« nimmt hier eine besondere Rolle ein, da insbesondere Salafisten diesen Dienst nutzen. Und hierbei macht es auch keinen Unterschied, ob wir über Österreich, die Schweiz oder über Deutschland reden, hier handelt es sich um ein europäisches, wenn nicht sogar weltweites Vergehen des fundamentalistischen Islam und seiner Propagandisten.

Doch wie lässt sich dieses Problem lösen? Die radikale Schließung von Moscheen, wie es in Österreich betrieben wird, bringt nicht die gewünschten Ergebnisse, denn dann werden einfach neue Vereine gegründet und andere Ladenlokale angemietet, in denen anschließend so weitergemacht wie bisher. Natürlich hinterlässt ein solcher politischer Akt der Stärke bei den Betreibern einen gewissen Eindruck. Keine Frage. Doch letzten Endes werden die Hintermänner nur vorsichtiger, sie agieren dann noch mehr im Untergrund. Das bedeutet, die vordergründigen Erfolge, die man mit derartigen Maßnahmen erzielt, erweisen sich auf längere Sicht gesehen vermutlich als Bumerang.

Auch die teilweise rigorose Ausweisung von Imamen erzielt einen ähnlichen Effekt wie die Schließung von radikal-islamischen Gebetsstätten. Noch dazu sollte man in diesem Fall bedenken, dass jährlich tausende Imame ihre Ausbildungen in Ländern wie Saudi-Arabien, Algerien, Ägypten, Marokko, Türkei und einigen weiteren abschließen. Sie alle befinden sich dann auf der Suche nach einer Anstellung. Kurz gesagt: Wird ein Imam ausgewiesen, stehen bereits zehn weitere mit gepackten Koffern am Flughafen und warten nur darauf, seine Stelle einzunehmen.

Die Beobachtung durch den Verfassungsschutz, die gezielte Erfassung von mutmaßlichen Gefährdern halte ich für eine langfristig sinnvolle Strategie. Auch die mehr oder minder regelmäßige Kontrolle radikaler Moscheen durch die Exekutive (beispielsweise mittels Razzien) sorgt zumindest für eine Verunsicherung bei den Gläubigen, die dann eher dazu neigen, diesen Gebetshäusern fernzubleiben. Das zumindest sagten mir einige Muslime, mit denen ich sprach.

Doch um den radikal-islamischen Tendenzen – und damit teilweise auch der Terrorgefahr – langfristig erfolgreich zu begegnen, bedarf es nach meiner Ansicht einer Doppelstrategie, die parallel verfolgt werden sollte.

Zunächst einmal muss weit mehr Aufklärungsarbeit betrieben werden; und zwar in Schulen, in den sozialen Medien, also überall dort, wo sich vorwiegend junge Menschen aufhalten oder Personen, die sich in einem tendenziell prekären sozialen Umfeld aufhalten, denn von hier geht das größte Risiko der Konvertierung durch Islamisten aus. Es müssten also Aussteiger aus der Islamisten-Szene in die Schulen geschickt werden, es braucht Videos, die attraktiv genug sind, um auf viralem Wege in den sozialen Medien verbreitet zu werden. Die Konsumenten dieser Dienste müssen einfach erfahren, was sich hinter den nach außen hin warmherzigen und einlullenden Worten von Hasspredigern wie Abul Baraa oder Pierre Vogel tatsächlich verbirgt. Nur wer sich eine eigene Meinung dazu bilden kann, wird auch die richtige Entscheidung treffen.

Die zweite Strategie sollte aus meiner Sicht darin bestehen, den gemäßigten Islam zu stärken, wobei wir auch andere Religionen nicht vergessen sollten. Warum fahren denn so viele Muslime und Konvertiten ihren Idolen wie Baraa hinterher? Weil es scheinbar keinen Vertreter der gemäßigten Seite gibt, der diesen Hasspredigern das Wasser reichen könnte. Und dies meine ich nicht in ideologischer Hinsicht, sondern als persönliches Vorbild, als exzellenter Redner, als charismatische Persönlichkeit, der die Menschen Vertrauen schenken, weil sie sie beeindruckt.

Wenn wir wissen, dass bestimmte Menschen besonders deswegen zu Islamisten wurden, weil sie erst in der Islamisten-Gemeinschaft eine Art »Familie« fanden, erst dort ein Gefühl von Zugehörigkeit entwickeln konnten, dann frage ich mich, warum genau das die anderen Religionen – dazu zähle ich auch einen gemäßigten Islam – nicht zustande bringen? Warum schaffen es diese nicht, ihre und also auch unsere Werte genau so überzeugend zu vermitteln wie die Hassprediger dies vermögen? Wir befinden uns hier in einer Art Wettbewerb und diesem sollten sich diese Imame und Prediger sämtlicher Glaubensrichtungen auch stellen.

Warum gibt es aktuell keinen christlichen Pfarrer, der auf Facebook Live-Vorträge hält und damit mehrere tausend Menschen anspricht? Oder ein entsprechender Imam? Mir fällt jedenfalls an dieser Stelle niemand ein und es wurde mir auch niemand während meiner ganzen Recherchen genannt. Mit Sicherheit gibt es irgendwo diese Prediger, doch sie sind letztlich nur ein sprichwörtlicher winziger Tropfen auf dem heißen Stein. Auch das ist bezeichnend. Weil es eben aktuell offenbar keinen Vertreter der gemäßigten Religionen gibt, der diese Aufgabe übernehmen wollte – leider. Dadurch überlassen wir das Feld kampflos den Islamisten und das verstehe ich nicht. An diesem traurigen Zustand haben aus meiner Sicht auch die vielen gemäßigten Vereine eine große (Mit-)Schuld, die viel zu wenig unternehmen, um jener Entwicklung hin zu den Hasspredigern gegenzusteuern. Möglichkeiten dazu gäbe es genug: Sie könnten sich weitaus mehr um die Jugendlichen kümmern, sie in ihre Gebetshäuser einladen, sich für ihre Sorgen und Nöte interessieren. Es muss also ein »Dawah« (arabisch für: Aufruf, Einladung, Werbung) durch die gemäßigten Moscheen stattfinden. Denn es liegt ja auf der Hand, dass all die Vielen, die in den letzten Jahren in Deutschland, Österreich und in der Schweiz radikalisiert wurden, nicht schon immer radikal waren, sondern langsam und stetig und mittels gezielter Gehirnwäsche in die Radikalität geführt wurden. Diese »Gehirnwäsche« hätte genauso in eine andere Richtung stattfinden können, und zwar in Richtung eines gemäßigten Islam. Doch in dieser Sache agieren die Verantwortlichen nach wie vor viel zu träge.

Auch hoffe ich sehr, dass die Politik demnächst etwas gegen diese Entwicklung unternimmt. Das beginnt mit einem kritischeren Genehmigungsverfahren bei Vereinsgründungen, mit Kontrollen der Umsetzung von Vereinssatzungen und mit gezielter Präventionsarbeit.

In allen drei Ländern – in Deutschland, in Österreich und in der Schweiz – existieren viele vorbildliche islamische Gotteshäuser. Moscheen mit ungemein freundlichen, weltoffenen Imamen, mit tollen Vorständen, denen eine offene und tolerante Kultur besonders wertvoll ist. Es ist überaus schade, dass diese Gebetsstätten dann häufig im selben Atemzug mit radikal-islamischen Moscheen genannt werden. So bleibt mir nur die Hoffnung, dass sich die Zahl der gemäßigten Moscheen in den kommenden Jahren weiter vergrößert, während sich die Zahl der extremistischen Gebetshäuser gleichzeitig im gleichen Ausmaß verringert.

Natürlich tragen zum Teil auch die Bürger selbst eine gewisse Verantwortung für die Radikalisierung. Denn es werden über die

Medien sehr schnell gleich ganze Gruppen als Schuldige abgestempelt, insbesondere wenn es sich um Jugendliche handelt, die sich dem radikalen Islam zuwenden. Diese mediale Stimmungsmache, insbesondere wenn sie länger durchgehalten wird, wird am Ende von großen Teilen der Bevölkerung übernommen, ohne sie kritisch zu hinterfragen. Ein solch extremes Bild führt vor allem bei vielen Jugendlichen mit Sicherheit dazu, dass diese überhaupt erst ein Interesse an radikalen Islamgruppen entwickeln. Stattdessen fände ich es weitaus hilfreicher, wenn sich die Menschen in den einzelnen Ländern selbst eine Meinung bilden würden, indem sie Moscheen besuchen, mit Imamen sprechen und vieles mehr. Diese Überlegung ist weniger abwegig, als sie zunächst klingen mag. Denn eine Moschee ist ein Ort der Begegnung, unabhängig davon, welcher Religion man angehört. Erst wenn man sich eine persönliche Meinung bilden konnte, kann man mit Jugendlichen (möglicherweise mit den eigenen Kindern) einen differenzierten Dialog über Religion, die eigenen religiösen Überzeugungen und über Radikalismus führen. Ich denke, so etwas ist weitaus hilfreicher, um junge Menschen vom radikalen Islam fernzuhalten, als lediglich Stammtischparolen zu schmettern.

Zusätzlich benötigen wir einen Dialog mit den Islamisten selbst, und dieser sollte wiederum von ausgebildeten Personen, von Vermittlern, durchgeführt werden. Eine Abgrenzung entsteht in erster Linie dann, wenn kein Austausch stattfindet. Wollen wir verhindern, dass sich radikale Subkulturen entwickeln, muss eben solch ein Austausch gesucht werden. Dies kann jedoch nur von der Politik angestoßen werden. Das bedeutet, es müssen derartige »Vermittler« ausgebildet werden, und wir benötigen zudem auf der Seite der Exekutive mehr geeignetes Personal. Vielleicht ist dies vergleichbar mit den Konfliktberatern im Rahmen von Fußballspielen, die zwischen der Polizei und fanatischen Fans vermitteln und dadurch schon im Vorfeld Eskalationen verhindern. Selbstverständlich lassen sich Fußballfans – oder Hooligans – nicht mit Salafisten vergleichen, das ist hier auch gar nicht beabsichtigt. Vielmehr geht es darum, dass hier ein bereits bewährtes Modell angewendet werden sollte, damit ein Dialog zwischen zwei vollkommen verschiedenen Parteien zustande kommt. Einen solchen Dialog, bitte wundern Sie sich nicht, benötigen wir gerade auch mit radikalen Islamgruppen.

Zum Schluss plädiere ich dafür, dass auch Gruppierungen mit extremen Überzeugungen (wie etwa Salafisten) künftig in die gemäßigten Moscheen sowie – ganz wichtig – auch zu den Islamkonferenzen eingeladen werden. Hier gilt: Deeskalation kann nur stattfinden, wenn man in einen Dialog eintritt. Nur wenn man auch wirklich beide Seiten anhört, können wir alle Seiten verstehen. Entweder nehmen also alle Gruppen an den Islamkonferenzen teil, und dann kann sich – vielleicht – auch etwas ändern. Oder wir verzichten darauf und nehmen sehenden Auges in Kauf, dass sich der Extremismus weiter ausbreitet.

Wer sich genauer darüber informieren will, wie das Gefährdungspotenzial einzelner Moscheen eingeschätzt wird, findet entsprechende Listen auf https://s-haq.com

Anmerkungen

https://www.focus.de/politik/deutschland/bka-warnt-hohe-gewaltbereitschaft-so-skrupellos-gehen-tschetschenen-clans-in-deutschland-vor_id_8600849.html

[2] 1994–1996 und 1999–2009

[3] https://www.kleinezeitung.at/steiermark/chronik/4694828/MAeDCHEN-IN-UHAFT_Acht-von-19-Grazer-Moscheen-sind-islamistisch

[4] https://www.kleinezeitung.at/politik/innenpolitik/5442906/Verstoesse-gegen-Islamgesetz_Regierung-ueberprueft-61-Imame-und

[5] http://religion.orf.at/stories/2696523

[6] http://www.klippmagazin.at/2017/03/mit-denen-gehoert-kurzer-prozess-gemacht

[7] https://kurier.at/chronik/oesterreich/prediger-schwer-zu-ueberfuehren/282.602.364

[8] http://www.atanango.com/laendervergleich-bildung-analphabetenrate--top--50--28

[9] https://de.wikipedia.org/wiki/Koranverteilungskampagne_in_Deutschland

[10] Scharia ist das Gesetz des Islam, also vergleichbar mit dem Grundgesetz eines Landes

[11] http://www.izrs.ch

[12] Da in Genf vorwiegend Französisch gesprochen wird, habe ich meine Recherchen in dieser Stadt in Zusammenarbeit mit RTS Schweiz durchgeführt und ich bedanke mich bei den Kollegen, die mich dabei unterstützt haben. Dazu folgender Link zum Beitrag von RTS Schweiz: http://pages.rts.ch/emissions/temps-present/9047953-les-djihadistes-suisses-sont-parmi-nous.html#9047955

[13] https://www.zeit.de/gesellschaft/zeitgeschehen/2017-03/ditib-zusammenarbeit-bundesregierung-islamkonferenz-schulen

[14] http://www.ditib-gladbeck.com/index.php?option=com_content&view=article&id=8&Itemid=37

[15] http://starweb.hessen.de/cache/hessen/vsbericht2008.pdf

[16] https://www.tagesspiegel.de/berlin/islamisches-gemeindeleben-die-zahl-der-moscheen-in-berlin-steigt/22806924.html

[17] Landesgericht Berlin, Geschäftsnummer: 21.0.463/89

[18] https://www.morgenpost.de/berlin/article131983639/Wie-der-Berliner-Deso-Dogg-in-den-Heiligen-Krieg-zog.html

[19] https://www.heise.de/tp/features/Neuer-Verfassungsschutzbericht-Zahl-der-Salafisten-in-Deutschland-ueberschreitet-10-000-4119570.html

[20] http://www.verfassungsschutz-bw.de/,Lde/Startseite/ Arbeitsfelder/IS_Video+praesentiert+Terrorverdaechtigen+ Reda+SEYAM+als+wichtigen+Funktionaer

[21] https://as-sirat.de/impressum

[22] https://www.abendblatt.de/hamburg/article210344843/ So-umgehen-Salafisten-die-Verbote-der-Stadt.html

[23] https://www.welt.de/politik/deutschland/article13572179/ Nachmieter-in-der-Wohnung-von-Mohammed-Atta.html

[24] http://www.al-nour.de/index.php/de